W9-BKL-485

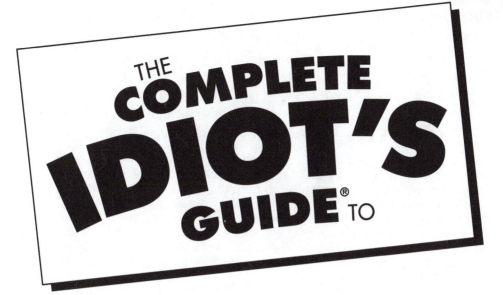

THE COMPLETE IDIOT'S GUIDE® TO

Intermediate French

by Hélène Knoerr and Alysse Weinberg

alpha books

DISCARDED

A Pearson Education Company

What a pleasure it was working together on this project, our third and best ever book together. We sure are a team!

To our children, we just want to say that we love you very much. Big huggles and big thanks to our loving husbands who patiently kept our family life going and provided support and encouragement while we were tied to our computers writing this book.

Copyright © 2000 by Hélène Knoerr and Alysse Weinberg

All rights reserved. No part of this book shall be reproduced, stored in a retrieval system, or transmitted by any means, electronic, mechanical, photocopying, recording, or otherwise, without written permission from the publisher. No patent liability is assumed with respect to the use of the information contained herein. Although every precaution has been taken in the preparation of this book, the publisher and authors assume no responsibility for errors or omissions. Neither is any liability assumed for damages resulting from the use of information contained herein. For information, address Alpha Books, 201 West 103rd Street, Indianapolis, IN 46290.

THE COMPLETE IDIOT'S GUIDE TO and Design are registered trademarks of Pearson Education, Inc.

International Standard Book Number: 0-02-863929-4
Library of Congress Catalog Card Number: Available upon request.

04   03   02   8   7   6   5   4   3   2   .

Interpretation of the printing code: The rightmost number of the first series of numbers is the year of the book's printing; the rightmost number of the second series of numbers is the number of the book's printing. For example, a printing code of 00-1 shows that the first printing occurred in 2000.

Printed in the United States of America

Note: This publication contains the opinions and ideas of its authors. It is intended to provide helpful and informative material on the subject matter covered. It is sold with the understanding that the authors and publisher are not engaged in rendering professional services in the book. If the reader requires personal assistance or advice, a competent professional should be consulted.

The authors and publisher specifically disclaim any responsibility for any liability, loss, or risk, personal or otherwise, which is incurred as a consequence, directly or indirectly, of the use and application of any of the contents of this book.

For marketing and publicity, please call: 317-581-3722

The publisher offers discounts on this book when ordered in quantity for bulk purchases and special sales.

For sales within the United States, please contact: Corporate and Government Sales, 1-800-382-3419 or corpsales@pearsontechgroup.com

Outside the United States, please contact: International Sales, 317-581-3793 or international@pearsontechgroup.com

Publisher
Marie Butler-Knight

Product Manager
Phil Kitchel

Managing Editor
Cari Luna

Acquisitions Editors
Susan Zingraf
Mike Sanders

Development Editor
Doris Cross

Production Editor
Christy Wagner

Copy Editor
Abby Lyon Herriman

Illustrator
Brian Moyer

Cover Designers
Mike Freeland
Kevin Spear

Book Designers
Scott Cook and Amy Adams of DesignLab

Indexer
Amy Lawrence

Layout/Proofreading
Terri Edwards
Ayanna Lacey
Donna Martin
Heather Hiatt Miller
Stacey Richwine-DeRome

Contents at a Glance

Contents

Part 2: The French Way of Life: *La société française*   77

6 *Savoir-Vivre*   79

Foreword

When I was first invited to write a foreword for *The Complete Idiot's Guide to Intermediate French,* I was very skeptical. After all, many have tried to write guides to speaking this language with all sorts of promises of fluency. Although modern technology has come a long way with videos, CD-ROMs, and the Web, there is still a need for those face-to-face exchanges that make the study of language vital.

Then came this wonderful tome with the catchy title. It is not just a guide to speaking or reading French; it is not just a primer in grammar or conversation. It includes all these elements, but is, above all, a fascinating introduction to the dozens of institutions that make the French *French.* If the French do everything somewhat differently than anyone else does (and I don't doubt this for a minute), the reader can learn why through the historical perspective the authors give us on France's legendary institutions and customs. In addition, readers are referred to French Web sites for more information on specific topics.

In this book you'll find the answers to questions such as:

Why do French women go topless on beaches and in the mass media?

Why do the French enjoy certain delicatessen items that frighten Americans?

What is the rating system for French hotels and restaurants?

How is raising children different in France? Why are the French not concerned with the "terrible twos" issue?

Why is it that when discussing the topics of sex and money, one topic is taboo in France and the other in the United States?

What is the reason for all those strikes occurring on a seemingly daily basis?

Why are the French the "slowest on the information highway"?

Why do the French seem to smoke so much?

Why do the French all seem to take their vacations in August?

This book covers the topics that have made the French famous—foods, wines, education, banking, sports, and dozens of other features of French life—organized so that one follows another in a logical sequence. Sports leads to gambling; foods lead to wines; literature leads to writers which, in turn, leads to cafés where philosophical and literary discussions take place. The introduction to each topic is in English and is followed by a passage in French, accompanied by a glossary and a self-test to check your progress. The French has not been simplified, but the use of cognates, glossaries, context, and grammatical explanations make each passage fairly easy to comprehend. The reader will also acquire a great deal of vocabulary in the process, which will be useful for follow-up readings and discussions.

This book is not intended for the rank beginner; it focuses on *intermediate* French and, as such, assumes that readers have either read the first book in this series or have learned about the French or their language from formal study, travel, or residency abroad. *The Complete Idiot's Guide to Intermediate French* can be read from start to finish for pleasure or consulted as a guide on an as-needed basis.

So, for whom is this book intended? It is useful for just about anyone interested in France, the French language, or the French people. It is a perfect guide for the traveler who will learn about places to visit as well as regional cuisine and modes of transportation; for newly installed residents seeking information on schools, social services, and formalities necessary for benefits; for students, to supplement the information they are acquiring about language and culture from their formal courses and for teachers of French for historical information and elaboration on a variety of cultural topics. *The Complete Idiot's Guide to Intermediate French* is a gem for everyone who is intrigued with France or baffled by the unique ways of the French.

Jean-Pierre Berwald

Jean-Pierre Berwald directs the Master of Arts in Teaching program and Foreign Language Teacher Training program at the University of Massachusetts at Amherst. He is the author of *Au Courant: Teaching French Language and Culture by Means of the Mass Media* and has written various journal articles devoted to the teaching of the French language.

Introduction

Congratulations! You just bought a new book! But this is not just any book, it is a kind of a textbook, which means more work than a regular book—say, a comic book; it is a book for learning French (which is not especially noted for being a piece of cake) and more specifically, for learning intermediate French (which means you won't get away with "Bonjour, comment allez-vous?)." This introduction is your user's manual. It explains why we wrote this book, what you can expect from it, how it is designed, and how to work with it. So why on earth would you want this book? Let's see ...

Using French to Teach French

In order to learn the language, you need exposure to the language. That's why the book contains context-based passages in French to serve as the basis for grammar explanations, language exercises, and vocabulary. As you progress from chapter to chapter, you will find that more French is used and that the paragraphs in French are longer. At the same time, you will find that your level of proficiency and your confidence are higher and that you can easily understand the material presented. So, although you don't have to follow the book sequentially, you might find it easier to do so.

(Reality) Check, Please!

As you probably realize, getting outside help and guidance from a teacher makes the whole thing a lot easier. But it's not always possible, for a variety of reasons, which may include:

➤ You work full-time and don't have time to take lessons.

➤ There are no intermediate French programs available where you live.

➤ You prefer to learn on your own schedule, at your own pace and convenience, and so on.

In that case, a self-help solution is what will work best for you. But choosing this book as a means of learning intermediate French does have some limitations: It is a book, not a teacher. *You will teach yourself* intermediate French using this book as a guide. You will have to look for ancillaries, especially audio, to help you get used to how French sounds and how to sound French (see our resource list in the appendixes). And you will have to discipline yourself to make time for daily study.

If you are aware of these conditions for success and ready to deal with the implications, then you are well on your way to a successful and enjoyable learning experience.

What We'll Show You in This Book

The book is divided into six parts: language, food and drink, work and leisure, politics, social issues, raising kids, and money. Several chapters in each part deal with one specific aspect of the main topic. So let's get started: allons-y!

Part 1, "Food for Thought—a Gastronomic View of the Universe," gives you the background on the place of food in French culture. You'll learn all about the basics (cheese and bread) and encounter the most exotic edibles on a region-by-region tour of France. Along the way you'll learn how to express your preferences and state your likes and dislikes in French.

Part 2, "The French Way of Life: *La société française,*" provides insight on what's important in French culture, and teaches you what you need to know to understand and maneuver your way through French social situations, including holidays. You'll also learn how to meet and greet the people you encounter, and how to express yourself in writing.

Part 3, "Money, Money, Money," starts with the basics of the French attitude toward their francs. You'll get lessons in how to deal with banking and credit cards, and you'll learn about France's advanced technologies and classic luxury items. You can also find out how to have a great time on a very small budget.

Part 4, "Politics," leads you through some of the history of France and some of the social issues of today to which it has led. You'll get a quick course in the political institutions and labor unions of France, and how they affect people's lives, particularly women. Of course you'll be learning your grammar, vocabulary, and pronunciation at the same time.

Part 5, "Education: Within and Outside the Family Unit," is about the basic principles of French education—respect and authority—and how deeply they influence French attitudes toward learning. You'll learn how different the school system is from ours, and how much the media have to do with how people think. You'll also find out a lot about how to express your wishes, doubts, and opinions in French.

Part 6, "How Does France Work ... and Play?" gives you a close look at daily life in France: the supermarket, the ubiquitous cafés and bakeries, and the obsession with soccer, bicycle racing, and *boules*. You'll find out what French people do on their five-week paid vacations, too. Naturally, at the same time, you'll learn all the words and constructions you'll need to have as good a time as they do.

We've put together a whole package of appendixes to help you make the most of the book: verb conjugation tables; the phonetic symbols for the sounds of French; and a list of resources that includes media, books, tapes, and videos to further explore the topics presented in the book.

Unfortunately, space limitations prevented us from including a vocabulary appendix. If you don't already have a French dictionary, buy the latest edition of the best one you can find. *Robert Collins* is a good choice for bilingual; for unilingual, try *Le Petit Robert* and *Le Larousse*. Just stay away from anything pocket-size.

Extras

Along with the "Je vous ai compris!" exercises and "Parlez haut et fort!" (which asks you to perform speaking tasks—don't skip it!) in every chapter, there are four types of sidebars in which you'll find additional information.

Tip du jour

Here you'll find advice on how to be a more efficient learner so that your learning experience will be easier.

Sound Advice

These sidebars contain pronunciation tips that will help you sound as French as possible.

Attention!

In these boxes, we point out exceptions to grammar rules, mistakes people frequently make, and give cultural pointers so you can avoid social blunders.

Incroyable mais vrai

Here you'll find informative, relevant, and yet hard-to-believe facts that are not essential linguistically, but are guaranteed to tickle your funny bone!

Acknowledgments

We'd like to thank our Acquisitions Editor, Suzan Zingraf, for giving us this opportunity to let our creative juices flow and for always welcoming our input. Special thanks are extended to Doris Cross, our Development Editor, whose professional advice, friendly cooperation, wonderful support, and genuine appreciation made our authoring experience thoroughly enjoyable.

Special Thanks to the Technical Reviewer

The Complete Idiot's Guide to Intermediate French was reviewed by an expert, Isabelle Chagnon, who double-checked the accuracy of what you'll learn here, to help us ensure that this book gives you everything you need to know about intermediate-level French.

For the last fifteen years, Isabelle Chagnon has worked as an administrator in the Department of French and Romance Philology at Columbia University.

Trademarks

All terms mentioned in this book that are known to be or are suspected of being trademarks or service marks have been appropriately capitalized. Alpha Books and Pearson Education, Inc. cannot attest to the accuracy of this information. Use of a term in this book should not be regarded as affecting the validity of any trademark or service mark.

Part 1

Food for Thought— a Gastronomic View of the Universe

It may seem like a cliché, but the French really see the world through food-oriented lenses! Just put two French people together—whether or not they know each other— and within half an hour they'll be talking about food!

So, if you want to be part of the French experience and join in the conversation, you will need to know not only how to name foods, but more important, how gastronomy—whether the chef is Mom or Bocuse—shapes French culture.

This part introduces you to the staples of French cuisine: basic ingredients along with more unexpected ones, food preparation methods and utensils, regional specialties, and of course, a meal's inseparable companion—wine. You'll then be able to not only experience the true taste of French living, you'll be able to talk about it—in French!

Chapter 1

What to Eat When ... and How

In This Chapter

➤ Learning the vocabulary of food and food preparation

➤ Times and composition of meals

➤ Christmas foods

➤ Revisiting nouns: gender, number, proper, and common

➤ Expressing preferences, likes, and dislikes

➤ Conjugating verbs

➤ Spelling changes in some *-er* verbs

➤ Using descriptive adjectives: regular and irregular forms

Food is more than just a way to sustain your body. To the French, it is one of the most artistic ways to express their culture. Food is a work of art and, like politics, it might generate a few heated battles over the proper way to cook an omelette or the right wine to accompany "un plateau de fromages."

But wait: Before you can enjoy a French meal in a restaurant, you must get acquainted with a number of facts so that you don't make a fool of yourself or end up with an empty stomach.

So, let's get ready for a complete mind-and-body experience!

Meal Time(s)

In France you don't snack your way through the day. There are specific times to have a meal, and you won't find a restaurant open between 2 and 6 P.M. Similarly, certain foods are reserved for specific times, and will vary from one region to the next.

So, let's set your biological clock straight!

L'heure des repas

Repas	Description
7h Petit déjeuner	bol de café noir ou au lait (chocolat pour les enfants); tartines (ou croissants le dimanche)
8h	
9h	
10h	
11h	
12h Déjeuner	un repas important qui se prend en principe en famille et comprend trois ou quatre plats: entrée, plat, fromage et/ou dessert
13h	
14h	
15h	
16h Goûter ou thé	Pour les enfants: pain et chocolat au retour de l'école. Pour Madame qui ne travaille pas, en visite chez ses amies: thé et petits fours.
17h	
18h	
19h	
20h Dîner	Le repas familial. Il comprend toujours trois ou quatre plats: potage, plat, fromage, dessert (entremets ou fruit).

Need some help with all those food items? Here is a quick look at what they are:

Food Items	
un bol	bowl
un café noir	black coffee
un café au lait	latte
une tartine	toasted or untoasted slice of baguette or white bread with butter and jam
une entrée	appetizer

Food Items	
un plat	a course (in a meal)
un petit four	tiny pastry bites or fruit stuffed with flavored butter cream and glazed
un potage	soup
un oeuf	egg
le poisson	fish
la charcuterie	deli meat
le fromage	cheese
un entremets	custard type dessert

Nouns

All the words listed in the preceding table are nouns. Nouns can refer to a person, place, idea, or thing. All nouns can be classified as either proper (*les noms propres*) or common (*les noms communs*): Nouns which begin with a capital letter, such as the names of people or places, are called proper nouns; nouns which do not begin with a capital letter are called common nouns.

La France and Sieburg are proper nouns.

Le restaurant, la charcuterie, and des oeufs are common nouns.

All French nouns are either masculine or feminine, or sometimes both, regardless of their meaning. Unless you are fluent in Latin there is no way for you to know the gender of a word. However, you can often use endings to predict if a word is masculine or feminine, as shown in the following table.

Tip du jour

Make a daily 15- to 30-minute appointment with yourself for studying French and treat it as any other business or medical appointment. Pick a time of day—or night—when you're most likely to be relaxed and worry-free. But remember that it does take 15 minutes a day, every day, and that at least five should be devoted to reviewing previous material.

Incroyable mais vrai

The following quotation will give you a good idea of how important food is to the French:

> *Le menu est l'expression de l'idée française de civilisation à table. Il trahit un besoin d'ordre et de durée.*
> —Sieburg

It means that "la cuisine française" is the culinary translation of "la civilisation." Cooking is the expression of what it means to be French: organized logically, anchored in time, beautifully presented. Cooking—and eating—are rites that follow many rules, often unspoken, always taught to children at a very young age.

Masculine or Feminine Endings

Ending	Most Notable Exceptions
Words with the following endings are masculine:	
age	cage, plage, image, nage, page, rage
i	merci, loi
in	main, fin
is	fois, souris, oasis
iste	liste, piste
l	(none)
m	faim
o	météo, moto (but these are abbreviations)
r	mer, profondeur, odeur, largeur, valeur, fleur, couleur, soeur, peur, erreur, horreur
sme	(none)

Ending	Most Notable Exceptions
Words with the following endings are feminine:	
ce	espace, exercice, bénéfice, dentifrice, service, silence, commerce, pouce
ée	lycée, trophée, musée
ie	incendie, génie, foie, parapluie
ière	arrière, derrière
ine	domaine, capitaine, magazine
ion	million, camion, avion, espion, pion
ite	satellite, site
ité	comité
lle	intervalle, mille
se	vase, malaise, suspense, pamplemousse
tte	squelette

Handwritten annotations: profit, toothpaste, thumb, fire, genie, liver, umbrella, back, behind, estate, captain, store, truck, plane, spy, piece, (m.) Vase¹ = (vase), (f.) Vase² = silt, mud, (f.) (bone) - mud, le même, pittoresque, space/interval, thousand, grapefruit, phonetique/chalet, (n.) squelette → feeling of faint or dizziness, skeleton, malaisé → (a.) difficult, dans l'intervalle. (in the meantime).

All nouns can also be classified according to their number (*le nombre*): singular (*singulier*) or plural. In French, as in English, the general rule for forming the plural of a noun is adding an "s" to the singular or base form. But of course, there are many exceptions to that rule.

The Right Way to Start the Day: Le petit déjeuner

Don't be offended if you see a French person dunk toast in his or her coffee. It is not only perfectly acceptable, but also delicious! More on breakfast habits:

En France, on boit le café et le chocolat du petit déjeuner (prononcé "ptidèj" en français familier) dans un bol et le thé dans une tasse. Quelquefois la chicorée remplace le café, surtout dans le Nord. La chicorée est un moyen d'initier les enfants au café. On boit rarement des jus de fruits au petit déjeuner.

Handwritten: moyen (average) (mean, way)

On trouve aussi des influences étrangères dans le petit déjeuner français: Par exemple, les enfants d'âge scolaire mangent des céréales (dans du lait ou du yaourt), inspirées des petits déjeuners anglais. Et dans l'Est, à cause de l'influence allemande, on mange souvent un petit déjeuner salé: Sur la tartine, la charcuterie remplace la confiture.

Handwritten: salty

Sound Advice

petit four—"pti" four (drop the "e"; final "t"s are always silent)

fromage, potage—as in garage

un oeuf—as in "tough"

des oeufs—closed vowel sound; also, the "f" is silent

charcuterie—charcutri (drop the "e")

entremets—e + 2 consonants sound like "è"

Handwritten: l'ouest - west, l'est - east

Je vous ai compris! 1

Indicate whether the following statements are true or false:

Vrai	Faux	
✗✗	✗	Pour boire un café on utilise une tasse. *(Coupe)*
	✗	On boit du jus d'oranges au petit déjeuner.
✗		Certains Français mangent du jambon le matin.
✗	✗	La chicorée est une sorte de café.
✗		La tartine habituelle est faite avec de la confiture.
	✗	Beaucoup d'adultes mangent des céréales.

Handwritten left margin: F, F, F, V, F, V, F

For quiz answers, see the end of this chapter.

Now say what you usually have for breakfast:

Au petit déjeuner, je mange, je bois …

je mange des céréale et je bois un café ou du jus d'oranges

Take a Break, a Lunch Break, That Is

We were talking about biological clocks just a few minutes ago, but sometimes you might feel as if you are in a totally new time dimension: Have you ever noticed that in the French universe time stands still every day for a couple hours?

Sound Advice

Note that unlike in English, the final "s" is not pronounced in French. Consequently, the singular and the plural forms of nouns both sound the same.

En France, la vie s'arrête chaque jour entre midi et quatorze heures. Les magasins, les banques, les administrations ferment. Mais c'est l'heure où les restaurants ouvrent pour la traditionnelle pause—déjeuner.

Le déjeuner est un bon repas copieux et complet qu'on mange dans un environnement formel. Le Français n'avale pas un sandwich devant son ordinateur ou perché sur une marche d'escalier. Il mange assis à une table recouverte d'une belle nappe, dans une assiette en porcelaine, avec un couteau et une fourchette en métal. Il boit du vin ou de l'eau dans un vrai verre.

S'il n'est pas possible de rentrer à la maison pour le déjeuner, les Français prennent un repas rapide à la cafétéria (au travail) ou à la cantine (à l'école).

> ## Je vous ai compris! 2
>
> Can you answer the following questions?
>
> Combien de temps dure la pause déjeuner? *deux heures*
>
> À quelle heure les restaurants ouvrent-ils? *Midi*
>
> Comment est mise la table du déjeuner? *une nappe sur la table, des assiettes,*
>
> Que boit-on au déjeuner? *Il boit du vin*
>
> Si on ne mange pas à la maison à midi, où peut-on manger? *à la cantine (à l'école)*
>
> For answers, see the end of this chapter.

Variations in Descriptive Adjective Formation

Although the main rule for the formation of the feminine and plural forms of adjectives is ...

Masculine + e = feminine

Singular + s = plural

there are many secondary rules applying to subcategories of adjectives:

Main Variations in the Formation of Feminine Adjectives

Masculine Ending In	Feminine Form Is
-e	same as masculine
-el	masculine + l + e
-en	masculine + n + e
-c	masculine + h + e
-et	masculine + t + e/ -ète
-er	-ère
-eur	-euse
-teur	-trice
-x	-se
-eau	-elle

continues

continued

Main Variations in the Formation of Plural Adjectives	
Singular Ending In	**Plural Form Is**
-s, -x	same as singular
-eau	singular + x
-al	-aux

What's for Dinner?

As we'll see later when we discover the French at work, the work day and school day is quite long in France. How good it feels at the end of a long day—and if you live in Parisian suburbia, at the end of a long commute—to come home to a delicious meal!

Il est 20 heures, toute la famille est à la maison; la journée à l'extérieur est finie. C'est l'heure du dîner! Le dîner est le repas familial par excellence: on parle de sa journée à l'école ou au bureau autour d'un repas complet.

Après l'entrée, le plat principal est servi avec une garniture de légumes et/ou de riz, ou encore avec des pâtes.

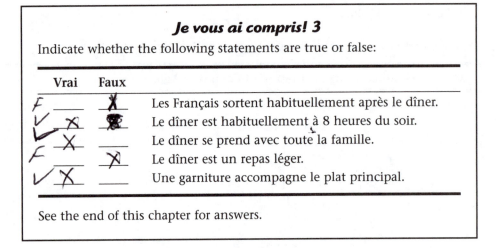

Je vous ai compris! 3

Indicate whether the following statements are true or false:

Vrai	Faux	
F	X	Les Français sortent habituellement après le dîner.
V	X	Le dîner est habituellement à 8 heures du soir.
X		Le dîner se prend avec toute la famille.
F	X	Le dîner est un repas léger.
V X		Une garniture accompagne le plat principal.

See the end of this chapter for answers.

How Much Stew Do You Want?—the Partitive Article

Talking about eating, you will have to use the following partitive articles when you deal with an unspecified amount of food (bread, wine, meat, as opposed to a loaf of bread, a glass of wine, two pounds of meat):

Masculine Noun	Feminine Noun
starting with a consonant	du de la
starting with a vowel/silent h	de l'
in a negative sentence	de, d'

Je bois du thé/de la bière/de l'eau

Je ne bois pas de thé/pas de bière/pas d'eau

Let's Eat: Qu'est-ce qu'on mange?

Now choose from the table the foods you would like to eat tomorrow for each meal:

Pour le petit déjeuner, je voudrais *du un pain au chocolat avec un café*

Pour le déjeuner, je vais prendre *des crudités et du bœuf bourguignon*

Pour le dîner, je mangerais bien *de la blanquette de veau avec du pain et fromage.*

conditionel est avec le impératif et ! form impartit endin d

Miam miam! (Yummy Foods)	
le chocolat chaud	hot chocolate
la chicorée	chicory
la brioche	brioche (egg bread)
le pain au chocolat	turnover-shaped chocolate croissant
la confiture	jam
le beurre	butter
le pain	bread
les céréales	cereals
les crudités	assorted raw veggies
les oeufs mimosa	devilled eggs
l'assiette de charcuterie	assorted cold cuts
le pâté et les cornichons	pâtés with French pickled gherkins
le potage	soup
la soupe de légumes	vegetable soup
le steak/l'entrecôte frites	steak and French fries
le coq au vin	chicken in wine stew
le petit salé aux lentilles	lentils with cured pork
le boeuf bourguignon	beef stew
la blanquette de veau	veal stew in a creamy white sauce
le filet de sole	sole filet

continues

continued

Miam miam! (Yummy Foods)

la truite meunière	pan-fried floured trout
la purée	mashed potatoes
le gratin	vegetable casserole
les légumes (m)	vegetables
la salade	salad greens
le plateau de fromages	cheese platter
le yaourt (nature/aux fruits)	yogurt (plain/fruit)
le flan	custard
la mousse au chocolat	chocolate mousse
la crème caramel/brûlée	caramel custard/baked custard
la tarte aux pommes	single crust apple pie
le panier de fruits	fruit basket

Incroyable mais vrai

Marie-Antoinette, Louis XVI's wife, was so disconnected from the standard of living of her starving French subjects that when the latter marched on the Versailles castle complaining that they did not have any bread, she replied: "S'ils n'ont pas de pain, qu'ils mangent de la brioche!"

Oeufs Mimosa: The name comes from the fact that the crumbled egg yolks resemble the tiny yellow fluffy flowers of the mimosa tree.

One main objective of King Henry IV was that every French family be able to eat chicken stew once a week: "Mettre la poule au pot tous les dimanches."

A Matter of Taste

Not everybody has a taste for lentils and pork. When talking about food, which is what the French inevitably do after five minutes of polite conversation, you will need to express your likes and dislikes.

How do I love thee?

Je déteste. Ça me déplaît. J'aime bien. J'adore. J'ai horreur de. Ça ne me plaît pas. J'aime assez. Je raffole de. Je n'aime pas (trop). Ça me plaît. J'aime beaucoup.

Here is what all these mean:

Expressing Likes and Dislikes	
avoir horreur de	to loathe
détester	to hate
aimer	to like
adorer	to love
raffoler de	to be fond of
plaire/déplaire	to please/displease

Now we're dealing with verbs here, so of course they'll need to be conjugated. And one of them is a bit trickier than the others: *plaire.*

Conjugation Table for Plaire, Present Indicative		
je plais	nous plaisons	plu (past participle)
tu plais	vous plaisez	
il/elle/on plaît	ils/elles plaisent	

Now go back to the table of foods and state which three foods/courses you love/like or hate (three of each). Be sure to use different verbs or phrases.

Christmastime

Special times call for special foods, and Christmas is the epitome of family holidays. Everybody is sitting at the table to share a sumptuous repast; the biggest, richest, longest, and probably the most fattening meal of the year. Tradition plays an important part in the Christmas menu and comes with regional variations.

Traditional

Un repas de Noël traditionnel commence avec un choix d'entrées, la plus typique étant le boudin blanc. On sert ensuite la traditionnelle dinde aux marrons. *symbolic* La bûche de Noël constitue le dessert <u>emblématique</u> de Noël; on boit souvent du champagne pour l'accompagner.

Modern

widened

La France moderne a élargi ses choix culinaires pour la saison des fêtes. Le repas de Noël devient une des rares occasions dans l'année où les Français oublient le coût *(cost)* des aliments et achètent des nourritures très chères, qu'ils ne peuvent pas s'offrir le reste de l'année. Sur la table on retrouve des fruits de mer, du foie gras et des grands vins. Le champagne est servi à l'apéritif. On continue à manger de la bûche au dessert, mais dans une variante plus légère: la bûche glacée.

Attention!

The verb "plaire" has a peculiar structure in the sense that it is the opposite of what you'd say in English:

Quelque chose me plaît: I like something.

Me déplaît: I don't like _____.

Ne leur plaît pas: They don't like _____.

Je plais à quelqu'un: Somebody likes me.

Je vous ai compris! 4

Indicate whether the following statements are true or false:

Vrai	Faux	
X		*spends* On dépense beaucoup d'argent pour le repas de Noël.
	X	Le boudin blanc est un plat principal.
X		Le foie gras est une nourriture chère.
X		On mange traditionnellement de la dinde à Noël.
	X	On mange de la bûche glacée toute l'année.

For answers, see the end of this chapter.

Are you finding all these dish names a little hard to digest? Here are some explanations!

Festive Foods for the Christmas Table

Les fruits de mer	seafood
les huîtres (f)	oysters
le caviar	caviar
le foie gras	foie gras (goose liver pâté)
le saumon fumé	smoked salmon
le boudin blanc	white sausage
la dinde aux marrons	roasted turkey and chestnuts
le homard	lobster
la langouste	Caribbean lobster
l'aspic	molded eggs or poultry bits
le chapon	capon
le vol au vent financière	puff pastry stuffed with veal, mushrooms and pike dumplings
le filet de boeuf en croûte	roast beef in pastry
les tournedos Rossini	beef medallion on toast with truffles and foie gras in a wine sauce
la salade d'endives	Belgian endive salad
la bûche	log-shaped chocolate layer cake iced in a chocolate buttercream
la bûche glacée	same as above but ice cream replaces cake

[handwritten note: boudin = black pudding]

As you reread the paragraphs on traditional and modern Christmas menus, can you name (in French, of course) two common elements and two elements unique to each style?

For the Sweet Tooth: Quelques douceurs

What would Christmas be without sweets? Little kids and big kids alike indulge in seasonal treats, blissfully ignoring the most basic dietary principles (those are saved for New Year's resolutions). Ready for some sweet talk? Read on to find out what those delicious treats are made of.

Sound Advice

Les huîtres: The "h" is silent, so there is a liaison in "z."

Le homard: The "h" is not silent, so there is no elision.

Aspic: A final "c" is almost always pronounced.

Foie gras: A final "e" is always silent; so are most final consonants—homard, filet, tournedos.

15

Christmas Sweets	
une papillotte	French Christmas crackers: chocolate candies wrapped with a silly joke and a tiny cracker
un marron glacé	chestnuts boiled in a sweet syrup then glazed
une noix	walnut
un fruit confit	candied fruit
la pâte de coings	quince paste
un calisson	almond paste-based treat
la pompe à huile	flat brioche made with olive oil
la fougasse	olive oil-based bread

Sound Advice

All three singular forms and the past participle form of *-ir* verbs sound the same, since final consonants are not pronounced.

Les douceurs de Noël les plus typiques sont les truffes au chocolat, les papillottes, et les marrons glacés.

En Provence, le repas finit avec les treize desserts, qui symbolisent le Christ et les douze apôtres: des raisins secs, des figues sèches, des dattes, des amandes, des noix, des fruits confits, de la pâte de coings, des calissons, des nougats, la typique pompe à huile et la fougasse.

I Like You Best

With all these choices you'll need to be able to express your preferences when the time comes to plan the perfect Christmas menu. You may use the following verbs and phrases:

Expressing Preferences

Preference	Indifference
Préférer:	
Je préfère	Ça m'est égal
I prefer	*I don't mind*
Aimer:	
J'aime mieux	Comme tu veux
I'd rather	*As you wish*

Preference	Indifference
Vouloir:	
Je voudrais plutôt	
I'd rather	
Choisir:	
Je choisis	
I'll go for	

Incroyable mais vrai

A true Provençal Christmas dinner is actually a very lean and health-conscious meal: assorted raw veggies with an olive or anchovy spread, garlicky snails, roasted fish with spinach. This leaves plenty of room for the traditional desserts!

In France, you don't hang out Christmas stockings; you put your shoes in front of the fireplace for Santa to fill them with treats. Yes, Virginia there is a Santa Claus ...

Now use these verbs and phrases to indicate your favorite items for a Christmas meal.

After the *-er* category, which accounts for over 80 percent of all French verbs, the *-ir* category is the second most frequent conjugation type. In the present tense it goes as follows:

tu préfères, elle préfère, ils préfèrent (but: nous préférons, vous préférez)

Verbs ending in é + consonant + er, although they follow the conjugation table for *-er* verbs, change the é for è for all subject pronouns except *nous* and *vous* in the present indicative and subjunctive. This change affects the pronunciation: È is an open sound (as in "get") while è is closed.

Sound Advice

Saignant: pronounced like "ni" in **oni**on. Bouilli, grillé, papillotte: pronounced like "y" in **y**ou.

Conjugation Table for –ir Verbs

je choisis	nous choisissons	choisi (past participle)
tu choisis	vous choisissez	
il/elle choisit	ils/elles choisissent	

Other *-ir* verbs useful for talking about food include: finir (to finish/end), garantir (to guarantee), grossir (to gain weight), maigrir (to lose weight), réussir (to succeed).

Je vous ai compris! 5

Now your turn! Which *-ir* verb from the table would you use to complete each of the following sentences? Remember to use the appropriate verb forms.

Le repas_____ avec la bûche de Noël.

Nous _____ des huîtres comme entrée.

Suivez la recette et je _____le succès!

Avec toute cette nourriture, je vais _____!

Votre repas est parfaitement _____!

Je_____ avant Noël pour pouvoir ensuite manger sans remords.

See the end of this chapter for correct answers.

How Is It Prepared?

As you can see, there are hundreds of ways to eat and hundreds of things to eat, too! So, if you're tempted to give cooking *à la française* a try, besides a list of ingredients, you'll also need to know how these are prepared. The following words will come in handy:

Préparation des aliments

cru, crue	raw
cuit, cuite	cooked
saignant, saignante	rare
à point	medium rare
bien cuit, cuite	well done
cuit au four	baked

Préparation des aliments	
à la vapeur	steamed
aux micro-ondes	microwaved
au barbecue	barbecued
frit, frite	fried
sauté, sautée	sautéed
poché, pochée	poached
grillé, grillée	grilled
rôti, rôtie	roasted
bouilli, bouillie	boiled
fumé, fumée	smoked
gratiné, gratinée	in a casserole
mijoté, mijotée	simmered
en papillotte	tightly wrapped in foil
au bain-marie	in a double boiler
à feu doux/moyen/vif	on low/medium/high heat

Speak Your Mind: Parlez haut et fort!

List your five favorite ways to prepare chicken; give directions as needed and list the cookware needed.

The Least You Need to Know

➤ Eating is strictly regulated in terms of timing and content.

➤ *-Er* verbs of the *-écer* type change é to è for all subject pronouns except nous and vous in the present indicative and subjunctive.

➤ Second group *-ir* verbs form their present indicative by adding the following endings to the base form: *-is, -is, -it, -issons, -issez, -issent.*

➤ Descriptive adjectives agree in gender and number with the noun they modify: The basic rule consists of adding *-e* to the masculine and *-s* to the singular.

➤ Some adjectives follow a modified version of that rule: They end in *-eux, -eau, -ien, -on, -el, -et.*

Je vous ai compris! Answers

1. F, F, V, F, V, F

2. Deux heures/Midi/Une nappe sur la table, des assiettes en porcelaine, des couverts en métal, un verre/Du vin ou de l'eau/à la cafétéria (au travail) ou à la cantine (à l'école).

3. F, V, V, F, V

4. V, F, V, V, F

5. Le repas **finit** avec la bûche de Noël.

Nous **choisissons** des huîtres comme entrée. → *oysters*

Suivez la recette et je garantis le succès!

Avec toute cette nourriture, je vais **grossir**!

Votre repas est parfaitement **réussi**!

Je maigris avant Noël pour **pouvoir** ensuite manger sans remords.

Say Cheese!

No doubt you are already familiar with French cheeses. You have seen Camembert, Brie, and Roquefort. Yet these are the smallest expression of a vast and rich cheese-making tradition in France. *Bienvenue dans la patrie du fromage français!* In this chapter we will examine the origins of French cheese, the different varieties, and some recipes which use cheese. Bread, the natural companion of cheese, will be a tasty addition to this chapter.

A Country with More Than 300 Cheeses

General de Gaulle, who was President of France after the Second World War, once complained: "Comment gouverner un pays où il existe 258 variétés de fromages?"

Tip du jour

No matter how busy you are—and we know you are busy—you can find time you didn't even know you had and use it for extra opportunities to sneak some French into your day. For example, make use of that un-productive time in public trans-portation or in your car: Pop a French cassette in your Walkman or your car stereo.

True to his nature as a politician, he stretched the truth a bit; specialists have identified 120 unique vari-eties defined through their method of production and source of milk, the rest being variations based on vil-lage of origin, type of milk, or differences in crust. Nevertheless, the different recipes extend to infinity and no one really knows exactly how many cheeses there are in France. When it comes to creating cheeses, the sky is the limit!

Different Types of Cheese

If you thought there were only three kinds of cheese—mild, medium, and sharp—you're in for a big shock. The French have managed to make cheese almost as complex as their administration! Let's try to sort things out, shall we?

Incroyable mais vrai

The importance of cheese is such that it is reflected in the language. Here are some ex-pressions using the word "fromage." And they say a picture is worth a thousand words ...

(dire quelque chose) entre la poire et le fromage = small talk at the end of a meal

se retirer dans un fromage = to find a well-appointed position (this refers to La Fontaine's fable about the rat who retreated from the outside world into a fat cheese)

Il n'y a pas de quoi en faire un fromage! = It's no big deal!

Les fromages sont classés en sept grandes familles selon leur méthode de fabrication:

➤ les pâtes molles à croûte fleurie: camembert, brie
➤ les pâtes molles à croûte lavée: munster

➤ les pâtes persillées, ou bleus: roquefort

➤ les pâtes pressées non cuites: cantal

➤ les pâtes cuites (gruyère, emmental)

➤ les fromages de chèvre ou de brebis

➤ les fromages fondus: crème de gruyère

The Language of Cheese

la croûte	rind or crust of a cheese
une croûte fleurie	wrinkled rind
une croûte lavée	washed
la pâte	the cheese itself
une pâte persillée	blue-molded
une pâte pressée	pressed, hard
une pâte molle	soft
une pâte cuite	cooked

Principales régions fromagères de France

Ces fromages sont produits dans certaines régions de France et sont le fruit d'une très longue tradition.

Il ne faut pas oublier les fromages frais qui eux aussi existent en grande variété: demi-sel (salé), Suisse, petit-suisse, fromage blanc, fromage à la crème, et fromage à la pie (fromage blanc maigre). Le fromage blanc a différentes textures: molle, onctueuse, granuleuse, mousseuse selon les différents processus de fabrication.

Je vous ai compris! 1

Thanks to technological advances, you can now order cheese directly from France! Log on to the Internet, pick one of the following sites and explore your options. Be careful, as it can be quite expensive. Remember to cancel and close before giving your credit card number!

www.fromages-de-france.com/Cde/cde.htm

www.fromages.com

secure.catalog.com/fromages/secure/commande.htm

www.fromages.com/fra/chseboard.htm

myweb.worldnet.net/festival/cheeses.html

www.france-gourmet.com/fr/cfm/boutique/index.cfm

Print out your shopping list and post it on the fridge door; next time you get a chance to visit a French food store, ask for the cheeses and make sure to describe their characteristics—in French of course.

The Accents of French

There are three types of written accents in French, aigu, grave, and circonflexe.

➤ The accent aigu can only be found on the vowel "e." It changes the pronunciation of that vowel: *méthode*.

➤ The accent grave can be found on three vowels: "e" (most frequently), "a" in the preposition *à*, and "u" in the adverb of place *où*. It changes the pronunciation of "e" but not that of "a" or "u": *crème*.

➤ The accent circonflexe [^] can be found on all French vowels except "y": *pâte*, *croûte*; it signals most often the disappearance of the letter "s" which originally existed in the Old French or Latin word. You might still find traces of the letter "s" in English cognates: paste, crust.

Methods of Production

Until the middle of the nineteenth century, cheese was mostly peasant food because only peasants had cows. In cities, because cows were nowhere to be found and there was no dairy industry, cheese was rare and expensive.

Nowadays, the situation is very different. French people hold the world record for eating cheese, with more than 23 kilos per year per person, up from 2 kilos per person per year at the end of the eighteenth century. In the United States, the annual per capita consumption of cheese is 13.3 kilos.

The Language of the Cheesemaker	
la présure	rennet
le caillement	curdling
caillé	curdled
le lait cru	unpasteurized milk
l'affinage	maturation

Cheesemaking, like all art, takes time. The manufacture of cheese may take three weeks, two months, or even a year or more. The cheese, prepared in charcoal ashes, flavored with aromatics, or soaked in "eau de vie," matures slowly in its cellar.

Rien ne se fait en un jour. Pour la fabrication d'un camembert, par exemple, il faut compter environ trois semaines. On commence par ajouter de la présure naturelle pour faire cailler le lait cru, qui contient beaucoup de matières grasses. Ce lait caillé est ensuite versé à la louche ou à la main dans des moules individuels. Lorsque les fromages se sont suffisamment écoulés, ils sont retournés. Par la suite, on sale le fromage sans le manipuler et on rajoute la bactérie du fromage. Puis vient la période d'affinage, où le fromage développe ses arômes et son goût. Pour le camembert, cette étape peut durer jusqu'à 12 jours. Pour déterminer si les fromages sont prêts, il faut les toucher, un par un, manuellement. Toutes ces étapes se font à des températures précises pour garantir la sécurité et la qualité du produit.

Cheese: A Religion?

As is the case with wine and alcohol, monks have often played a very active part in the making of cheese. Maybe one cannot live on prayers alone ...

Cheese and Religion	
un moine	a monk
une abbaye	an abbey
un abbé	an abbot
une laitière	a dairy producer (here, female)

Sound Advice

Moine *is pronounced* mwan. Abbé: *"bb" is pronounced* b; *you do not hear two "b"s.* Abbaye *is pronounced* abbéi.

Words ending in *–tion,* although they are cognates, are definitely not pronounced the same in French as in English. Here is how it works. In French, the *–ti–* part sounds like *–sj–,* not *–sh–,* and the *–on* part is a nasal vowel.

Remember also that all *-ent* verb endings are silent. For example, provenaient *sounds like* prove-**nait,** étaient *sounds like* ét**ait,** conservent *sounds like* conser**ve,** and recherchent *sounds like* recher**che.**

L'intérêt pour le fromage s'est développé à partir du Moyen Age grâce aux religieux des différents ordres. Peu importe les régions de France, on retrouve toujours la présence de moines, de prêtres, d'abbayes à l'origine des fromages.

Par exemple, en Alsace, au VIIe siècle, des moines s'installent dans le monastère d'une petite municipalité. Ils élèvent des vaches dont ils utilisent le lait pour faire du fromage. Ils donnent le nom de ce monastère à la ville ainsi qu'au fromage: c'est ainsi qu'est né le Munster (Munster = monastère en allemand).

Et que dire du camembert dans sa petite boîte ronde en bois? Une légende raconte qu'à l'époque de la Révolution française en 1789, alors que les prêtres catholiques étaient persécutés, un abbé de la Brie, région proche de Paris connue pour son fromage, avait trouvé refuge chez une laitière, Marie Harel. Pour la remercier, il lui révéla les secrets des techniques fromagères de sa région. Ainsi est né le camembert. Le bicentenaire du fromage de Camembert a été fêté en 1991.

Dans le Nord de la France, les moines cisterciens-trappistes de l'Abbaye du Mont des Cats vivent d'une petite fromagerie. On trouve dans cette abbaye la vie monastique, des offices religieux et la production fromagère. Cette tradition fromagère a plus de cent ans et propose une riche variété de fromages au lait cru.

Cheese Categories: Good, Better, Best

As with all good things, imitation is rampant and fakes are a constant threat. That's why the appellation d'origine contrôlée (AOC) label was created. This label guarantees that a product has been produced within a specified region following established methods of production. It is strictly regulated by a specific set of laws.

Les AOC s'appliquent aux vins, aux eaux de vie, mais ils s'appliquent aussi aux fromages. Saviez-vous que le premier texte juridique de protection d'un fromage date de 1666 et s'applique au Roquefort? C'est vraiment à partir du XXe siècle que se développe la protection des différents produits. Pour les fromages, les éléments à prendre en considération portent essentiellement sur la définition du fromage, la région productrice, les techniques de fabrication et les méthodes d'affinage, l'origine du lait, et parfois également le mode d'alimentation du bétail.

De nos jours, 36 fromages ont obtenu l'appellation d'origine contrôlée, et d'autres sont en voie d'obtenir cette protection de leur patrimoine.

Je vous ai compris! 2

Indicate whether the following statements are true or false by checking the appropriate column.

Vrai	Faux	
_____	_____	Le Munster est un fromage de Normandie.
_____	_____	La petite boîte ronde est le symbole du camembert.
_____	_____	On fait des camemberts en Normandie.
_____	_____	La Brie est une région de France.
_____	_____	Le fromage du Mont des Cats provient d'Alsace.
_____	_____	La production de fromage à l'Abbaye du Mont des Cats est industrielle.
_____	_____	On produit des fromages au lait cru dans cette abbaye.
_____	_____	La tradition des moines cisterciens date de plus de cent ans.

For correct answers see the end of this chapter.

The Raw Milk Thing

You might have heard of political clashes about the issue of raw milk cheese. What is all the commotion about?

For your information, cheeses are classified into two categories: raw milk cheese and pasteurized cheese.

Au début, tous les fromages provenaient de lait cru et étaient produits localement et artisanalement. Pour répondre à la demande grandissante, la fabrication du fromage est passée graduellement à une production industrielle.

La pasteurisation et la réfrigération ont modifié en profondeur les frontières des aires de production et les techniques de production. Actuellement, on a le choix entre les fromages pasteurisés et les fromages de lait cru. Les fromages produits dans les grandes ou les petites usines sont des produits pasteurisés au goût fade, sans grande surprise. Néanmoins ce sont des produits de bonne qualité qui se conservent bien. Les fromages pasteurisés satisfont les goûts de monsieur tout le monde mais les aficionados du fromage recherchent en particulier les fromages de lait cru au goût riche, fort, prononcé, produits typiques d'une région, symboles d'un terroir riche en traditions.

Je vous ai compris! 3

Go back to one of the following cheese Web sites and list five cheeses made from pasteurized milk and five made from raw milk.

www.fromages-de-france.com/Cde/cde.htm

www.fromages.com

secure.catalog.com/fromages/secure/commande.htm

www.fromages.com/fra/chseboard.htm

myweb.worldnet.net/festival/cheeses.html

www.france-gourmet.com/fr/cfm/boutique/index.cfm

Alternatively, visit the cheese section of your favorite food store or market and find the same information.

For possible answers see the end of this chapter.

More Than a Tidbit—Cheese-Based Cuisine

Cheese is not just a delicious way to end a meal; it can also *be* your meal! The French have used their culinary ingenuity to create entire meals with cheese only. You can start with "un soufflé au fromage" or go for "une raclette," and serve "une tarte au fromage" for dessert.

Cooking with Cheese

râpé	grated
fondu	melted
une meule	a wheel (of cheese)
un moule à soufflé	soufflé dish (round deep porcelain dish)
monter	to rise
s'affaisser	to collapse
refroidir	to cool
racler	to scrape

Cheese Soufflé:
Le soufflé au fromage

Un soufflé est une sauce béchamel dans laquelle on ajoute des jaunes d'oeufs, puis du fromage ou autre ingrédient dominant, et des blancs battus en neige juste avant la cuisson.

1. Faire une sauce béchamel (lait, farine, beurre). Laisser refroidir.

2. Ajouter un à un les jaunes d'oeuf, une pincée de sel, de poivre et de muscade.

3. Ajouter le gruyère râpé.

4. Ajouter les blancs battus en neige très ferme.

5. Verser dans un moule à soufflé beurré et fariné.

6. Cuire au four pendant 40 minutes. Le soufflé est cuit lorsqu'il ne monte plus et commence à s'affaisser.

Sound Advice

As a rule, double consonants sound as the single consonant: Soufflé: *-ff-* sounds like *-f-*. Battus: *-tt-* sounds like *-t-*. Beurré: *-rr-* sounds like *-r-*. Commence: *-mm-* sounds like *-m-*.

One notable exception is *-ss-*: the single consonant would sound like *z*. This is the difference between "dessert" and "désert," between "poisson" and "poison."

Cheesecake: La tarte au fromage blanc alsacienne

Why should it be "fromage ou dessert"? Cheese can be dessert, too! Read on:

À partir des fromages blancs frais, on réalise aussi de délicieux desserts comme cette tarte au fromage blanc.

Les ingrédients (see the list of metric equivalents later in the chapter):

➤ 200 grammes (7 oz.) de pâte

➤ 500 grammes (18 oz.) de fromage blanc à 20% de matière grasse

➤ 130 centilitres ($\frac{1}{2}$ cup) de crème fraîche

➤ 150 grammes (5 oz.) de sucre en poudre

➤ 3 oeufs

➤ un sachet de sucre vanillé

➤ 1 cuiller à soupe de farine

1. Mélanger le fromage blanc et la crème fraîche.

2. Ajouter les oeufs entiers un à un, le sucre, la farine, et le sucre vanillé tout en continuant à battre au fouet.

3. Étaler la pâte dans un moule à tarte beurré.

4. Garnir avec le mélange de fromage.

5. Mettre la tarte au four pendant 45 minutes.

6. Démouler et saupoudrer de sucre.

Expressions of Quantity and Units of Measure

As you read the previous recipe you may have noticed two things. First, the French use metric measurements, not imperial. Second, when expressing quantity, the word "de" is always present. Let's take a closer look.

In French, quantity is expressed as follows: expression of quantity + de + noun without article. The following expressions are followed directly by the noun.

Expressions of Quantity

peu de	little/few
un peu de	a little of
assez de	enough of
beaucoup de	a lot of
plus de	more
moins de	less
autant de	as much as/as many as
tant de	so much/so many
trop de	too much of

Units of Measure

une assiette de	a plate(ful) of
un bol de	a bowl of
une tasse de	a cup of
un verre de	a glass of
une boîte de (bte)	a can of, a box of
un paquet de	a package of
un sac de	a bag of
un pot de	a jar of
un sachet de	a packet of
une bouteille de	a bottle of

Units of Measure	
une cuillère à café (c. à c.)	a teaspoon
une cuillère à soupe (c.à s.)	a tablespoon
un morceau de	a piece of
une rondelle de	a round slice of
une tranche de	a slice of
une pincée de	a pinch of
une pointe de	a dash of
une portion de	a portion of
un doigt de	a bit of (= a couple fingers' width worth of a liquid)
une douzaine de	a dozen
un filet de	a drizzle of
une goutte de	a drop of

Je vous ai compris! 4

Complete the following table with the appropriate format/size/amount for each type of food, as shown in the example.

Type d'aliment	Format
des oeufs	une douzaine d'oeufs
de la confiture	_____
du saucisson	_____
du fromage	_____
du sucre	_____
du vin	_____
du beurre	_____
des yaourts	_____
des biscuits	_____

See the end of the chapter for answers.

The Metric System

Logic being second nature for the French, in 1795 they adopted a standardized measuring system based on 10 units. They use it for weight, distance, volume, surface, any kind of measurement you can think of (except time). Here is how it works: The base unit can be divided into 10 smaller units which can, in turn, be divided into 10 smaller units and so on. For example, a litre is made up of 10 décilitres (= 10 tenths of a litre) or 100 centilitres (= 100 hundredths of a litre) or 1,000 millilitres (= 1,000 thousandths of a litre). When dealing with larger amounts, 10 litres make up 1 décalitre and 100 litres make up 1 hectolitre.

Attention!

The difference in measuring systems goes farther than you might think. In France, don't try talking about a car's gas consumption in miles per gallon. Measure in litres per 100 kilometers (= how many liters of gas are necessary for the car to drive 100 kilometers). Similarly, speed limits are expressed in kilomètres-heures as opposed to mph.

Metric Units and Equivalents

Metric Units	American Equivalent
un kilo de (kg) (a kilo of)	2.2 pounds
un gramme de (g) (1/1000 kilo)	0.035 ounce
une tonne de (T) (1000 kilos)	1.1 u.S. ton
un litre de (l) (a liter of)	1.06 quart/2.11 pints
un décilitre (dl)	$^1/_{10}$ litre
un centilitre (cl)	$^1/_{100}$ litre
un millilitre (ml)	$^1/_{1,000}$ litre
un mètre (m) (a metre)	3.28 feet/1.09 yard
un centimètre (cm) (1/100 metre)	0.39 inch
un millimètre (mm)	$^1/_{1,000}$ metre
un kilomètre (km) (1000 metres)	0.62 mile
un mètre carré (1 square metre)	10.76 square feet
un centimètre carré (1 square cm)	0.15 square inch
un kilomètre carré (1 square km)	0.39 square mile

And Then There Was Bread

Bet you have this picture in the back of your mind of a Frenchman riding his bicycle, a *béret* on his head, carrying a *baguette* in his bicycle's basket. Well, you might be a little outdated about the béret, but the baguette is still part of a complete French diet. Although other types of bread are available, the baguette certainly is a defining element of the national identity. Let's see what these breads are:

Types of Breads	
le pain blanc	crusty loaf of white bread
la baguette	200 grams
la ficelle	100 grams
le restaurant	400 grams
le bâtard	200-gram short, fat baguette
le pain de mie en tranches	sliced white bread
le pain de seigle	rye bread
le pain aux céréales	cereal bread
le pain complet (pain au son)	whole wheat bread
le pain viennois	milk bread
le pain brioché	egg bread
le pain d'épices	gingerbread
le pain perdu	French toast
le pain rassis	day-old bread

Incroyable mais vrai

France boasts over 80 different types of breads!

Half of the French population buys a baguette daily—and ten million baguettes are sold in France every day.

La baguette fraîche est délicieuse nature ou tartinée de beurre et de confiture au petit déjeuner. Elle est la base de délicieux sandwiches. Elle sert aussi à faire les mouillettes, indispensables pour déguster un oeuf à la coque. Coupée en rondelles, elle agrémente une soupe à l'oignon gratinée ou, frottée d'ail, une soupe de poissons; en cubes, elle accompagne une fondue au fromage.

Sound Advice

The letter "e" followed by a double consonant is pronounced "è," as is the case in: la baguette, les mouillettes, les rondelles.

Le pain de mie sert à réaliser des croque-monsieurs (tranches de gruyère et de jambon entre deux tranches de pain de mie grillées à la poêle ou au four).

Une délicieuse façon d'utiliser du pain rassis est de préparer du pain perdu: les tranches sont trempées dans du lait, recouvertes d'oeuf battu et de sucre, et poêlées.

Speak Your Mind: Parlez haut et fort!

Find a French recipe with ingredients listed in metric (or convert the ingredients list for your favorite recipe) and record yourself as you read them aloud. When you're done, listen to yourself and check for the accuracy of expressions of quantity (especially, the use of the preposition *de*).

The Least You Need to Know

➤ The cheese industry is strictly regulated in order to protect consumers and quality.

➤ In order to make the most of your visit to a bakery you will need to know the many different types of breads.

➤ In order to follow a French recipe, you have to become familiar with the metric system, which the French use to express measurements, including quantities and temperature.

➤ Expressions of quantity are always followed by "de" and the noun minus the article.

Je vous ai compris! Answers

2. F, V, V, V, F, F, V, V

3. Answers will vary. For example:

Five cheeses made from pasteurized milk: morbier, mimolette, tomme de Savoie, boulette d'Avesne, raclette.

Five cheeses made from raw milk: camembert, coulommiers, roquefort, beaufort, vacherin.

4. une douzaine d'oeufs/un pot de confiture/une rondelle de saucisson/un morceau de fromage/une épincée/un morceau de sucre/une bouteille de vin/un paquet/une livre de beurre/un pot de yaourt/un paquet de biscuits

The French Spirit(s)

Is there anything more evocative of France than the single word *wine?* Bordeaux, Beaujolais Nouveau, Dom Pérignon, these few names can conjure up powerful images of intense, flavorful pleasure. But wine can be intimidating; there are those special words used to describe the look and taste of wine that nobody understands except wine gurus. Also, how do you know which wine to serve with a particular food? And what on Earth do these labels mean? Relax! Wine was meant to be a pleasurable experience, not a stress factor. In this chapter we'll guide you through the basics of wine.

Then, we'll move on to the other French drinks: beer and spirits. As you'll see, there are many differences between French beer and North American beer. You'll also come to realize that there is more to spirits than Grand Marnier. You'll become knowledgeable enough to mingle with the natives and share their love of ... the French Spirit.

The Wine Country

France is the world's top producer of wine and the French are the world's top consumers of wine. Makes sense, doesn't it? But it didn't happen overnight. Painful, rigorous selection, continued refinement of the wine-making process, and strict regulations about what can—and most important, cannot—be added to the grapes were necessary to ensure consistent top-quality wines. The result? Satisfaction guaranteed, if you know a few basics …

Incroyable mais vrai

Christianity, which originated in the Mediterranean, uses wine (as well as bread and oil) as an instrument and symbol of the faith. Consequently, in the Middle Ages, wine became emblematic of the new religion: The entire ecclesiastic hierarchy set out to spread the culture of vines throughout Europe, equating wine making and drinking with embracing Christianity.

Wine was first recognized for its therapeutic qualities in Ancient Greece; Hippocrates wrote extensively about it. In fifteenth and sixteenth century France, wine was served daily to patients in the Hôtel-Dieu hospital. Even today, studies show that in moderation red wine is beneficial to our arteries.

The Colors of Wine

Les vins rouges constituent l'essentiel de la production française. Ensuite viennent les vins blancs, puis les vins rosés. Il existe aussi des vins gris (le Listel, par exemple), qui sont une variante du vin rosé. Un vin peut être pétillant (comme le champagne) ou tranquille (c'est le cas de la plupart des vins français).

Adjectives of Color

Adjectives characterize nouns. Most agree in gender and number with the nouns they accompany. There are several categories of adjectives.

Adjective Categories

Type	English Example	French Example
qualificatif	blue, big, French	bleu, grand, français
possessif	my (car, cat)	ma (voiture), mon (chat)
démonstratif	this, these	ce, cette, ces
interrogatif	which	quel
numéral	two	deux
ordinal	second	deuxième
indéfini	several	plusieurs

Adjectives of color, like most descriptive adjectives, are placed after the noun they describe (with which they agree in gender and number):

> *Le vin rouge, les vins blancs*

The only exceptions are nouns used as adjectives of color: *marron, orange.*

The exception to the exception is *rose,* which follows the rule.

Remember that when modified by another adjective, adjectives of color become invariable:

> *Des vins rouge sombre, une robe vert clair*

Common adjectives of color are: blanc (white), rouge (red), bleu (blue), noir (black), jaune (yellow), brun (brown), vert (green), marron (chestnut color), violet (dark purple), gris (grey), rose (pink), orange (orange), mauve (mauve), and beige (beige).

Tip du jour

Maybe a family in your neighborhood has a live-in nanny from France, Belgium, Switzerland, Canada, or another country where French is spoken. That person would certainly be happy to chat for a few minutes a couple times a week over coffee—and you can offer help in English as well as relief from kid conversation in return!

All Wines Are Not Born Equal: Wine Categories

Les vins sont classés en deux grandes catégories. La première, celle des vins de qualité produits dans une région délimitée (VDQPRD), comprend deux sous-catégories: les AOC (appellation d'origine contrôlée) sont la catégorie des grands vins; les VDQS (vins délimités de qualité supérieure) ont des critères de sélection moins rigoureux. La deuxième catégorie de vins comprend elle aussi deux sous-catégories: les vins de pays, qui offrent souvent un excellent rapport qualité/prix, et les vins de table, qui peuvent être un mélange de vins français et étrangers, et dont la qualité est moindre.

Je vous ai compris! 1

Indicate whether the following statements are true or false by checking the appropriate box.

Vrai	Faux	
_____	_____	Les VDQPRD proviennent de régions spécifiques.
_____	_____	Les grands vins français sont des AOC.
_____	_____	Il existe deux catégories de vins AOC.
_____	_____	Les VDQS sont moins réputés que les AOC.
_____	_____	Les vins de pays sont de qualité médiocre.

See the end of the chapter for correct answers.

Attention!

When used as nouns (for example, "red" for the color red), adjectives of color are always masculine: *le rouge, le blanc.* The feminine form of "blanc" is "blanche."

La présentation de l'étiquette d'une bouteille de vin est réglementée et fournit des renseignements obligatoires sur le contenu de la bouteille.

Elle mentionne obligatoirement:

➤ la catégorie du vin

➤ le nom du domaine et du producteur

➤ le degré d'alcool

➤ l'appellation contrôlée

➤ le volume de la bouteille

Les renseignements suivants sont par contre facultatifs:

➤ le millésime

➤ un dessin (représentation du château pour un bordeaux, ou un écusson pour d'autres vins)

The Main Wine Regions

Les vins de Bordeaux ont le premier rang pour la production de vins AOC. Les cépages sont peu nombreux mais de qualité supérieure: trois cabernets pour les vins rouges; le sémillon, le sauvignon, et le muscadet pour les vins blancs. Il existe trois catégories de bordeaux blancs: les secs, les moelleux, et les liquoreux.

Principales régions vinicoles de France

Main wine regions.

Basic Wine Terminology

sec	dry
brut	extra-dry
moelleux	mellow
fruité	fruity
doux	sweet
liquoreux	very sweet
pétillant	sparkling
fin	not too overpowering
puissant, corsé	strong
capiteux	heady

continues

continued

Basic Wine Terminology	
chambré	at room temperature
frappé	ice-cold
frais	chilled
verser	to pour

Incroyable mais vrai

The phylloxera is a disease that attacked the vinestocks in France at the end of the nineteenth century and nearly destroyed all of the vineyards.

For Bordeaux wines, the best vintage years are 1945, 1947, 1949, 1953, 1955, 1961, 1966, 1970, 1975, 1978, 1982 and 1985 for the reds; 1945, 1947, 1949, 1953, 1959, 1961, 1966, 1967, 1969, 1976, 1978, and 1985 for the whites.

One glass of bordeaux or bourgogne = 80 calories.

Les vins de Bourgogne sont produits en quantité beaucoup moins importante que les vins de Bordeaux, car le vignoble couvre une petite superficie. Les deux grands cépages des vins de Bourgogne sont le pinot noir pour les rouges et le chardonnay pour les blancs.

Les vins d'Alsace, essentiellement blancs, sont les seuls qui s'identifient par leur cépage, et non par leur région d'origine. Ils doivent absolument être servis frais mais non glacés, et bus jeunes.

Adverbs of Manner

Adverbs characterize verbs, adjectives, or other adverbs. Their form never changes; that is, they have no gender or number ("invariables"). There are several categories of adverbs, among which are:

Adverb Categories

Type	French	English
manner	facilement	easily
time	maintenant	now
place	ici	here

In the passage on Alsace wines you probably noticed two words that end in *-ment*, which corresponds to English adverbs ending in -ly.

All are derived from adjectives through a fairly simple process: Start from the feminine form of the adjective, add -ment, and voilà! Here is your adverb of manner. Let's reverse the process using examples from the previous passage:

Adverb of Manner	Feminine Adjective	Masculine Adjective
essentiellement	essentielle	essentiel
également	égale	égal
finalement	finale	final
absolument	absolue	absolu

Adverbs derived from adjectives ending in -ent follow a slightly different process: the -ent ending is dropped altogether and replaced by -emment (pronounced *ament*). Here are a few examples:

> violent: *violemment*

> patient: *patiemment*

> prudent: *prudemment*

As for where in the sentence these adjectives are positioned, it is fairly straightforward. They are placed before the adjective or adverb they modify, or after the verb they modify:

Le gewurztraminer est également bon en entrée et au dessert (before the adjective: equally good).

Certains vins se conservent extrêmememt longtemps (before the adverb: a very lengthy period).

L'Alsace produit essentiellement des vins blancs (after the verb: produces mostly).

Je vous ai compris! 2

For each of the following adjectives, supply the corresponding adverb of manner. Then put each adverb in the appropriate blank in the following passage, taking your clues from their meanings.

Complet   **Fréquent**   **Mondial**   **Préférable**

Le Beaujolais est divisé en deux terroirs _____ différents: au nord, le beaujolais-villages et ses neuf crus _____ célèbres, dont le moulin-à-vent (qui atteint _____ les 16 degrés), le chiroubles, le morgon, le brouilly; au sud, le bas-beaujolais, aux vins peu alcoolisés (10 degrés), qui comprend les beaujolais nouveaux et des beaujolais supérieurs utilisés _____ pour cuisiner.

For correct answers, see the end of the chapter.

La région de Champagne, entre Reims et la Seine, est strictement délimitée et seuls les vins produits dans cette zone peuvent porter l'appellation "champagne." Trois cépages donnent le champagne: le pinot noir, le pinot meunier (deux raisins noirs) et le chardonnay (raisin blanc). La principale opération dans l'élaboration de ce vin mousseux est l'assemblage de vins différents: s'ils proviennent d'années différentes, le champagne est non millésimé; s'ils proviennent d'une même année exceptionnelle, il est millésimé; s'ils proviennent exclusivement de raisins blancs, il est "blanc de blancs." Le champagne rosé est obtenu par addition de vin rouge.

On distingue plusieurs types de champagnes, mais le brut, très sec, est le meilleur. Un champagne se sert frappé, non glacé (10 degrés environ), dans une flûte plutôt que dans une coupe, pour ne pas que les bulles se dissipent trop vite. Un champagne se garde environ six ans.

The Matchmaker

Pairing wine with food is probably one of the most intimidating tasks for a nonspecialist. It's not just a matter of picking the right color; you'll also have to take into account the dryness or sweetness of the wine as well as its strength. Overwhelmed? Don't panic, we're here to help.

The Matchmaker

Avec	Servir
des coquillages et crustacés	un blanc sec
du poisson grillé	un blanc sec
du poisson en sauce	un blanc moelleux
de la charcuterie	un rouge jeune/un rosé
une entrée chaude en sauce	un blanc corsé
une viande blanche	un rouge fin/un rosé
une viande rouge grillée	un rouge jeune
une viande rouge rôtie	un rouge plus vieux
du gibier	un rouge puissant
un plat régional	un vin de la même région
du fromage	un vin de la même région
un dessert	un vin liquoreux/du champagne

De plus, on sert le vin blanc avant le rouge, le sec avant le doux, le jeune avant le vieux. Si plusieurs vins sont servis pendant un repas, on va du plus léger au plus corsé.

The Articles

An article can be generic or specific, and it indicates the gender and number of a noun. Nouns are almost always accompanied by their corresponding articles, including names of countries (la France, les États-Unis), nouns referring to qualities (la patience), concepts (le romantisme), or colors (le bleu).

Article Type	Masculin	Féminin	Pluriel	English
défini	le	la	les	the
indéfini	un	une	des	a/an/or none
partitif	du	de la	—	some

Beer

The farther north you travel, the more beer becomes popular. In France, people from the north and northeast widely favor beer over wine, and they drink it as a refreshment as well as with meals, whereas those in the south drink wine a lot more than beer, which is mostly a hot-weather treat. Like wine, beer comes with its own vocabulary, so let's take a look at it first.

The Language of Beer	
le malt	malt
l'orge grillée	roasted barley
le houblon	hops
l'amertume	bitterness
Une bière	
blonde	lager
rousse	red
brune	stout, brown ale
à la pression	draft beer
en canette	canned beer
en bouteille	bottled beer

La bière est un mélange fermenté d'eau pure, de malt (orge grillée) et de houblon; le degré d'alcool varie: de deux à trois degrés pour les bières de table (comme la Valstar), de quatre à cinq degrés pour les bières de luxe; de cinq à sept degrés, parfois plus, pour les bières spéciales. La seule région de France qui produit de la bière est l'Alsace; la bière alsacienne est blonde, légère et amère. Une bière à la pression est meilleure qu'une bière en canette; une bière en bouteille se conserve six mois au frais et au sec.

Spirits

The word "spiritueux" means a liquid with a high alcohol content, alcohol being referred to as "the spirit of the wine." Grand Marnier, Calvados, and Cognac are probably the best known French spirits, but others are definitely worth mentioning: White alcohols such as Marie Brizard and its distinctive aniseed flavor, fruit alcohols (blackcurrant, pear, raspberry, cherry) are delicious on the rocks or mixed in cocktail drinks. How about an Attack? Mix $\frac{1}{2}$ Calvados, $\frac{1}{4}$ Sherry, $\frac{1}{4}$ cognac, 1 dash of Anise, 3 dashes of grenadine, 1 dash of Angostura, shake and strain, and voilà!

Eaux-de-vie

L'eau-de-vie résulte de la distillation d'un liquide alcoolisé: vin, cidre, jus de canne, grains fermentés. Elle est vieillie en fût et titre de 40 à 45 degrés d'alcool (voire 50 pour la vodka).

Le cognac est une eau-de-vie de vin distillée deux fois. Il vieillit dans des barriques de chêne pendant plusieurs années: deux ans pour les "Trois étoiles," quatre ans pour les VSOP ou "Réserve," et cinq ans et plus pour les grands cognacs (fine champagne). Un vieux cognac a un parfum de violette.

Le calvados, eau-de-vie de cidre distillée en Normandie, doit vieillir plusieurs années: trois ans pour un "Trois pommes," 10 ans pour une "Réserve," et 29 ans pour une "vieille réserve."

L'armagnac, eau-de-vie de vin, provient essentiellement du département du Gers. Elle existe en trois catégories d'âge: le "Trois étoiles," le VSOP, et le "hors d'âge."

Attention!

Bet you never thought beer had anything to do with France! And yet, because of the influence of its northern neighbors Belgium and Germany, beer is the second national drink of France, after wine, of course.

Je vous ai compris! 3

Can you complete the following sentences with information from the previous passages?

Une eau-de-vie provient de _____ d'un alcool.

Le cognac vieillit dans des _____ en chêne.

Un cognac Trois étoiles est âgé de _____.

Un calvados "réserve" est âgé de _____.

Un très vieil armagnac est classé _____.

Le calvados est une eau-de-vie de _____.

L'armagnac est une eau-de-vie de _____.

Le cognac est distillé _____ fois.

You'll find the correct answers at the end of the chapter.

Liqueurs

Une liqueur est une boisson élaborée à partir de plantes, de fruits, de graines ou de racines infusées, macérées ou distillées dans de l'alcool, puis additionnée de sucre, de caramel ou de miel. Elles titrent généralement 40 degrés et se consomment en digestif, après le repas. Elles entrent souvent dans la préparation des cocktails. Les grandes liqueurs françaises sont la Chartreuse (mélange de plantes; existe en vert, 55 degrés, et en jaune, 40 degrés), la Bénédictine, le Cointreau, et le Grand Marnier.

Incroyable mais vrai

Chartreuse is an ancient recipe created by monks from the Chartreux religious order. Bénédictine, too, originated in a monastery.

L'Apéritif

L'apéritif a pour objectif d'ouvrir l'appétit mais il est surtout un rite social qui fait partie de l'identité française. Il se boit généralement le soir, mais en vacances, le dimanche ou lors d'occasions spéciales, il est aussi servi à midi.

Les principaux apéritifs sont les vins doux naturels (muscat), les vins de liqueur (porto, madère, pineau), le vermouth (à base de vin blanc), les apéritifs à base de vin (Martini), les apéritifs anisés (pastis), les whiskies, et les alcools de grain.

L'apéritif est servi accompagné d'amuse-gueules, un assortiment de petits hors-d'oeuvres chauds et froids. Les plus simples, achetés tout préparés, sont les chips, les arachides salées, les crackers aromatisés, les bretzels, ou les olives.

And Then There Was Water ...

You are probably familiar with the shapely Perrier bottle. But you probably did not know that this shape is due to the source's second owner, Sir John Harmsworth. After being paralyzed in a car accident, Sir John did a lot of physiotherapy using Indian clubs; he decided to use this familiar shape as a sledgehammer argument to market his new product.

But there is more to water than Perrier. Like wine, water now has its own bars where you can sample dozens of different varieties. Noblesse oblige!

Incroyable mais vrai

Bottled water consumption in France stands at 121 litres per person per year; wine consumption is 60.2 litres per person per year, down from 135 litres in 1950 and 162 litres in 1900.

"Robinet" (tap) comes from "Robin," which was the nickname given to rams. Small sculptures of ram heads used to adorn ancient taps.

Water Words

Eau	
potable	drinking water
du robinet	tap water
plate	regular water
gazeuse	naturally carbonated
gazéfiée	artificially carbonated
de source	spring
mettre de l'eau dans son vin	to water down one's principles
une bulle	a bubble

Pour le plus grand malheur des producteurs de vin, la consommation d'eau en France a dépassé la consommation de vin. C'est ce qui s'appelle "mettre de l'eau dans son vin"!

Les Français ont tendance à boire de l'eau en bouteille plutôt que de l'eau du robinet. Saviez-vous qu'un litre de Perrier contient plus de 50 millions de bulles? Sachant que, en 1997, Perrier a vendu 800 millions de bouteilles de $^3/_4$ de litre, pouvez-vous dire combien de bulles cela fait?

Speak Your Mind: Parlez haut et fort!

Let's play sommelier! Choose a menu then offer a wine list to accompany each course, justifying each of your choices.

The Least You Need to Know

➤ Adverbs modify adjectives, verbs, or other adverbs. To form adverbs of manner, add -ment to the feminine form of the adjective.

➤ Most adjectives of color agree in gender and number with the noun they describe.

➤ Articles, which can be generic or specific, are used with nouns including names of countries, nouns referring to qualities, and concepts or colors; they indicate the gender and number of nouns.

➤ Wines are identified according to their geographical origin, not their grape types.

➤ When serving several wines in the course of a meal, go from light to strong, dry to sweet, and young to old.

Je vous ai compris! Answers

1. V, V, F, V, F

2. complètement/mondialement/fréquemment/préférablement

3. la distillation/barriques/deux ans/10 ans/hors d'âge/cidre/vin/deux fois

Incredible Edibles

You've probably heard of coq au vin, boeuf bourguignon, and blanquette de veau: These are traditional bistro fare and almost a historical part of French culinary life. But there are many more uncommon dishes to be discovered, each in its particular genre. This chapter introduces you to two such categories: How-can-they-eat-that foods (or things you did not even know could qualify as edible) and wish-I'd-thought-of-it foods (or things so simple that you wonder why nobody else eats them).

Batrachians, Molluscs, and Fungi

No matter how adventurous you might be, there are some dishes you may be quite reluctant to sample because they do not fit into your concept of "edible." However, some items that are unheard of in North American cuisine, or that are not viewed as part of the edible world can indeed provide the basis for a palatable meal. So take heart and read on!

Frogs: Les grenouilles

La grenouille est un batracien qui ne sert pas seulement à indiquer la météo. On peut l'accommoder de diverses manières: en brochettes, sautées, ou en soupe. On trouve les cuisses fraîches chez le poissonnier ou surgelées dans les supermarchés. Les cuisses des grosses grenouilles fournissent une chair blanche plutôt fade qui a un peu le goût et la texture du poulet. Elles sont riches en protéines et pauvres en calories.

Special Foods: Frogs	
une grenouille	frog
une cuisse	thigh
une brochette	a skewer (and whatever is threaded onto it)
le poissonnier	fishmonger
la chair	flesh
charnu	fleshy
en conserve	canned
surgelé	frozen
nature	plain, undressed

Je vous ai compris! 1

Indicate whether the following statements are true or false by checking the appropriate box. You may want to refer to the preceding vocabulary table before you begin.

Vrai	Faux	
_____	_____	Les cuisses de grenouilles sont vendues surgelées seulement.
_____	_____	La chair des cuisses de grenouilles a le goût du poulet.
_____	_____	On peut manger les cuisses de grenouilles en soupe.
_____	_____	Les cuisses de grenouilles sont une bonne source de protéines.
_____	_____	Les cuisses de grenouilles sont très caloriques.

See the end of the chapter for correct answers.

Snails: Les escargots

Seules deux espèces de ce mollusque ont une valeur culinaire: l'escargot de Bourgogne, le plus gros et le plus réputé, et le petit-gris, moins charnu mais au goût plus fruité. Les escargots frais sont meilleurs en hiver, mais on peut les trouver toute l'année en conserve ou surgelés. Il faut compter environ une douzaine d'escargots par personne (mais deux fois plus pour les petits-gris). Cent grammes d'escargots "nature" couvrent les besoins journaliers en protéines et apportent seulement 77 calories, malheureusement ils n'ont bon goût que cuisinés en sauce: beurre ou crème (très caloriques), ail, vin blanc.

Tip du jour

It may sound trivial, but the best way for you to become familiar with the sounds of French is to listen to French as often as possible, even if you don't understand everything you hear.

Wild Mushrooms: Les champignons sauvages

Les champignons les plus recherchés et les plus chers sont indiscutablement les truffes (environ 5,000 francs ou 1,000 dollars le kilo). La plus réputée est la truffe noire du Périgord, récoltée entre novembre et février. La truffe d'été, récoltée de juin à novembre, est brune marbrée de blanc. La saison de la truffe blanche va de septembre à janvier. La truffe est le plus calorique de tous les champignons: deux fois plus que le champignon de Paris et trois fois plus que les autres champignons sauvages.

Les morilles ne sont pas aussi chères mais elle sont aussi importantes dans la gastronomie; la morille blonde est moins réputée que la morille noire, mais toutes les morilles sont comestibles à condition de bien les faire cuire, car crues, elles sont toxiques. Elles se récoltent au printemps.

Seasons in French	
le printemps	mars avril mai
l'été	juin juillet août
l'automne	septembre octobre novembre
l'hiver	décembre janvier février

You will say "en été, en automne, en hiver" (en + vowel or silent "h") but "au printemps."

Les cèpes, de la famille des bolets, sont parmi les plus savoureux des champignons sauvages. Les meilleurs sont: le cèpe de Bordeaux, à la chair ferme et parfumée; le cèpe bronzé, à la saveur un peu plus musquée; le cèpe des pins, au parfum très intense, et le cèpe d'été, le moins savoureux.

Je vous ai compris! 2

Indicate which characteristics apply to which type of mushroom by checking the appropriate box in the following table.

Les champignons	Musqué	Cher	Parfumé	Toxique cru	Calorique
Truffe	❏	❏	❏	❏	❏
Morille	❏	❏	❏	❏	❏
Cèpe de Bordeaux	❏	❏	❏	❏	❏
Cèpe bronzé	❏	❏	❏	❏	❏

Comparative and Superlative Adjectives and Adverbs

You probably noticed that there are a lot of comparisons and judgements in the previous passages. Comparing things means measuring their qualities against those of others. One item can possess a quality more than, less than, or as much as another item. Therefore, there are three forms of the comparative: superiority, inferiority, and equality. And when an item possesses that quality to a greater or lesser extent than all other items, it can only be in two ways, the most or the least, which is why there are only two forms of the superlative. In French, the problem is that the grammatical form you use for the comparative and superlative will vary depending on whether you're comparing adjectives, adverbs, nouns, or verbs. So hang in there! The following table will explain it all.

The Comparative

	Adjective	Adverb
+	plus + adjective + que	plus + adverb + que
-	moins + adjective + que	moins + adverb + que
=	aussi + adjective + que	aussi + adverb + que

The Superlative

	Adjective	Adverb
+	le plus	le plus
-	le moins	le moins

The two words that were irregular in the comparative will also be irregular in the superlative:

Bon (adjective)	le meilleur
Bien (adverb)	le mieux

And for mauvais (bad, adjective) and mal (bad, adverb) you will still have a choice of two forms:

Mauvais (adjective)	le plus mauvais/le pire
Mal (adverb)	le plus mal/le pis

Note that the preposition used after a superlative is "de," not "dans":

Les truffes noires sont les meilleures *de* toutes les truffes.

To translate "in the world," you may say either *du monde* or *au monde*.

Je vous ai compris! 3

The following examples are taken from the previous passages. For each item, indicate whether it is a comparative or a superlative. Don't forget to specify the degree of comparison: more, less, or equal.

Comparative	Superlative	
_____	_____	Les champignons les plus recherchés et les plus chers sont indiscutablement les truffes.
_____	_____	Les morilles ne sont pas aussi chères mais elles sont aussi importantes dans la gastronomie.
_____	_____	La morille blonde est moins réputée que la morille noire.
_____	_____	Le cèpe d'été est le moins goûteux savoureux.
_____	_____	Le meilleur cèpe est le cèpe de Bordeaux.

For correct answers, see the end of the chapter.

A Matter of Taste—and Texture

Taste and texture are definitely very personal. But how does one describe them in concrete terms—and in French? Here's some help:

Describing Tastes	
sucré	sweet
fruité	fruity
doux	mellow
fade	bland
salé	savoury
poivré	peppery
fort	strong, pungent, sharp
musqué	musky
piquant	hot
épicé	spicy
acide	sour, tart
amer	bitter
doux-amer	bittersweet
aigre-doux	sweet and sour
savoureux	tasty
ça a le goût de …	It tastes like …
ça a un goût amer	It tastes bitter
ça a un goût d'alcool	It tastes of alcohol

Food Textures	
ferme	firm
charnu	fleshy
spongieux	sponge-like
dur	tough, hard
fondant	melt-in-your-mouth
syrupeux	syrup-like
épais	thick
tendre	tender
moelleux	mellow
élastique	chewy
croquant	crunchy
juteux	juicy
sec	dry

From Spelling to Sound— and Vice Versa

In some languages, every written letter in the word is pronounced. But French—and English, for that matter—are quite different. There are many written letters that are not pronounced, and there are many others that are not pronounced in a way that you can infer from their spelling. For example, in the word *oiseau* (bird), not a single written letter is pronounced according to its spelling: *Oiseau* sounds like wazo.

Sound Advice

In the superlative, the final "s" in *plus* and *moins* is not pronounced.

Remember that "qu" sounds like "k."

The Sounds of French

Spoken French has 16 vowels (12 oral vowels and four nasal vowels), 17 consonants, and three semivowels or semiconsonants (remember the old pessimist versus optimist joke?). While some sounds are identical or similar in English and French, many are quite different, especially the vowels.

How Do You Pronounce This?

You already know the basics in terms of letters-to-sound correspondences. Here are a few more things to remember:

From Spelling to Sound	
ai, ei	è
au, eau	o
ou	as in "book"
oi	wa
ch	sh most of the time (but sometimes k)
ph	f
th	ç or ss
g + e, i, y	j (soft sound)
g + a, o, u	g (hard sound)
gn	nj (as in "onion")
h	never pronounced
qu	k
t + ion, ie	ss
s between vowels	z

Heart, Kidneys, and Other Organs

Don't run away! These body parts are quite palatable when prepared the French way. As a matter of fact, they are the starting point of many delicious traditional recipes.

Heart, Kidneys, and Other Organs	
le coeur	heart
le rognon	kidney (as a food; otherwise: le rein)
la longe	loin
le foie	liver
les abats (m.)	innards
la volaille	poultry
les tripes (f.)	stomach

Attention!

French being French, there are exceptions, but only two of them, and only for the plus comparative:

Bon (adjective): *meilleur que*

Bien (adverb): *mieux que*

For "mauvais" (bad, adjective) and "mal" (bad, adverb) you have a choice of two forms: you may go the regular route:

mauvais (adjective) plus *mauvais que*

mal (adverb) plus *mal que*

or use the irregular forms:

mauvais (adjective) plus *pire que*

mal (adverb) plus *pis que*

Give Me Your Heart

Le coeur est un aliment peu coûteux qui se prépare de différentes façons: le coeur de boeuf ou de mouton est excellent braisé; le coeur de veau peut se déguster en tranches sautées à la poêle, mariné puis grillé en brochettes, ou braisé. Mais c'est un aliment riche en cholestérol.

Kidneys

Les rognons de veau sont particulièrement délicats et peu caloriques: 100 grammes apportent 100 calories. Grillés en brochettes ou sautés, ils sont aussi délicieux mijotés dans du Calvados et de la crème fraîche.

La rognonnade est un morceau de longe de veau roulé avec le rognon coupé en deux à l'intérieur. On la saisit à four chaud, puis on la laisse cuire à four doux en comptant 30 minutes par livre.

Liver

Le foie de veau est le plus moelleux et le plus savoureux, mais c'est aussi le plus cher. Ensuite viennent le foie d'agneau, le foie de boeuf et le foie de mouton, puis le foie de porc, surtout utilisé pour faire des terrines. Le foie se cuisine entier, braisé ou rôti, ou en tranches poêlées 5 minutes seulement (la viande doit être rosée et non à point). C'est le plus riche en fer de tous les abats, mais il contient également beaucoup de cholestérol.

Les foies de volailles (surtout le poulet) sont excellents pour garnir une omelette, du risotto, une salade composée ou pour préparer une terrine ou une mousse.

Il faut aussi mentionner une variante particulière du foie d'oie ou de canard, le foie gras, frais ou en conserve.

Sound Advice

Sai**gn**ant: pronounced like "ni" in on**i**on. Boui**lli**, gri**ll**é, papi**ll**otte: pronounced like "y" in you. **Po**ê**l**é: pronounced "poi" (pwa).

Bowels

Les tripes de boeuf sont la base de spécialités régionales bien connues. On les trouve toutes prêtes, il suffit de les réchauffer au bain-marie. Les tripes à la mode de Caen sont mijotées dans du cidre avec des poireaux et des carottes. Les tripes à la provençale sont cuites dans une sauce tomate. Les tripes d'Auvergne sont complétées par des pieds de porc. C'est un plat parfois difficile à digérer mais peu calorique: 95 calories pour 100 grammes.

Les tripous sont une spécialité d'Auvergne à base de tripes de mouton roulées et mijotées dans une sauce riche en aromates.

What Came First: Egg or Hen?

Do these foods sound a bit too eccentric for your taste? Relax. France also has wonderfully simple recipes made from the most humble, ordinary ingredients. Take eggs, for example. There are dozens of ways to incorporate them into mouth-watering dishes. So, let's find out how to create delicious meals from these foods!

With eggs, timing is essential, and the French have taken it to the extreme: For every minute or so of cooking, there is a specific name.

Je vous ai compris! 4

Referring to the previous passages, can you complete the sentences explaining how to prepare the following foods or dishes?

On fait _____ le coeur de veau avant de le griller en brochettes.

Les rognons sont excellents en _____, sautés, ou _____ dans du Calvados.

On prépare le foie de porc en _____.

On réchauffe les tripes de boeuf _____.

Les tripous sont faits avec des _____.

Correct answers are at the end of the chapter.

Name	Cooking Time	Description
à la coque	2 minutes	blanc et jaune peu cuits
	3 minutes	blanc pris (set) et jaune peu cuit
	3 minutes 30 seconds	blanc très pris et jaune épaissi
mollet	6 minutes	blanc très pris et jaune épaissi
dur	10 minutes	blanc et jaune complètement pris

Incroyable mais vrai

Eggs are labeled *extra-frais* if they have been packaged 24 hours after being laid (that date is shown on the carton). They are *frais* up to seven days after that date. A 15-day-old egg is perfectly good if cooked well.

How can you tell how fresh an egg is? Put it in a pan filled with water. If the egg stays at the bottom, it is fresh that day; if it moves toward the surface, it is a few days old; if it floats, there might be a baby chick inside!

Pour faire un oeuf à la coque, on plonge l'oeuf dans une casserole d'eau bouillante pendant trois minutes. Ensuite, on le retire de l'eau avec une cuiller et on le place dans un coquetier (*egg cup*). On découpe l'extrémité avec une petite cuiller ou un couteau, et on déguste avec des mouillettes (bâtonnets de pain beurré).

There are so many ways to prepare eggs that a variety of cooking utensils will be necessary. Here they are:

Cooking Utensils	
une casserole …	
à fond épais	a heavy-bottom saucepan
émaillée	enameled
en acier inoxydable	stainless steel
en porcelaine à feu	ovenproof
en cuivre	copper
avec un couvercle	covered saucepan
une poêle	a frying pan
une cocotte	a Dutch oven
un ramequin	a ramequin
un poêlon	a pint-sized saucepan
une cuiller …	
en bois	a wooden spoon
en inox	stainless steel
une louche	a ladle
un fouet	a whisk
un plat creux	a shallow dish
un plat à gratin	a gratin dish
une terrine	earthenware bowl or dish
une passoire	a sieve, a colander

Pronouncing Semivowels

There are three semivowels (or semiconsonants, depending on whether you like to see the glass as half-full or half-empty) in French. Two of them also exist in English:

/j/ based on /i/ (as in h**e**) but pronounced with a glide: **y**es

/w/ based on /u/ (as in y**ou**) but pronounced with a glide: **w**hat

The third one is specific to French and is based on the French "u" as in *tu,* but pronounced with a glide. The semivowel-vowel combination is pronounced as one syllable:

Émaillée	é-ma-**yé**	y and é as one syllable
Cuiller	**cui**-yèr	u and i as one syllable
Poêle, **poêlon**	**wa**	w and a as one syllable
Passoire		
Fouet	**we**	w and e as one syllable

Now let's get cracking!

En entrée, servez des oeufs en gelée:

1. Dans des moules individuels, placez un oeuf mollet entier sur une petite tranche de jambon.
2. Entourez-le de légumes en dés, et versez de la gelée parfumée au madère.
3. Réfrigérez avant de servir.

Sound Advice

Pronouncing –*ill*– in words can be tricky:

Bou**ill**ante: bou-yante (two syllables)

Mou**ill**ettes: mou-yettes (two syllables)

Cui**ll**er: cui-yer (two syllables)

Pour un repas léger, faites des oeufs brouillés:

1. Cassez les oeufs dans une casserole beurrée.
2. Ajoutez quelques cuillérées à soupe d'eau, salez, poivrez, et faites cuire au bain-marie en mélangeant régulièrement.
3. Servez dans des ramequins individuels ou dans un plat creux bien chaud, nature ou garnis de crevettes ou de foies de volaille.

Au dessert, proposez des oeufs à la neige: ce dessert est fait de blancs d'oeufs battus en neige et pochés dans du lait, et servis avec de la crème anglaise (*custard*). Si vous avez le temps, faites une omelette norvégienne (*baked Alaska*): un biscuit imbibé (*soaked*) de liqueur ou d'alcool, recouvert de glace puis de meringue et passé au four.

Bon appétit!

Je vous ai compris! 5

Indicate whether each of the following egg dishes is savory or sweet by checking the corresponding column:

Salé	Sucré	
_____	_____	Oeufs brouillés
_____	_____	Omelette norvégienne
_____	_____	Oeufs à la florentine
_____	_____	Oeufs en gelée
_____	_____	Oeufs à la neige

For correct answers, see the end of the chapter.

Pastries: Pâtisseries

America may be world-famous for cookies, but nobody beats the French when it comes to pastries. The distinctive feature of French pastries is their delicate, airy, refined quality. It's not about double-crust pie with a scoop of ice cream, it's about lighter-than-air cakes, delicately flavored cream, and spectacular presentation. Let's get acquainted with the most popular and the most striking pastries (now that's guilt—and calorie-free!).

Pastries: Doughs and Ingredients

la pâte brisée	pastry dough
la pâte sablée	shortbread dough
la pâte feuilletée	flaky pastry
la pâte à choux	puff pastry
la pâte à crêpes	pancake-like batter
la pâte à frire	batter
la génoise	layer cake
le biscuit à la cuiller	ladyfinger
la crème au beurre	butter cream
la crème pâtissière	confectioner's custard
la crème anglaise	custard
la crème frangipane	almond butter cream
la crème chantilly	whipped cream with vanilla sugar
le fondant	syrup paste

continues

continued

Pastries: Doughs and Ingredients

le glaçage	icing
fourrer	to stuff
imbiber	to soak

Attention!

When pronouncing names of food stores, remember to drop the "e" before the *–rie* ending:

You buy:

pastries in a pâtisserie

bread in a boulangerie

meat in a boucherie

deli meat in a charcuterie

fish in a poissonnerie

groceries in an épicerie

Traditionnellement, les Français achètent des pâtisseries pour le déjeuner du dimanche. Les pâtisseries individuelles les plus populaires sont sans doute l'éclair au chocolat (pâte à choux allongée fourrée de crème au chocolat et couverte de glaçage), le mille-feuilles (couches de pâte feuilletée superposées fourrées de crème pâtissière parfumée au rhum ou au kirsch, recouvertes de fondant ou de sucre glace), le baba au rhum (petit gâteau moelleux aux raisins secs imbibé de sirop au rhum).

Les pâtisseries de prestige sont le croquembouche (cream puffs arranged in a huge cone and held together with caramel), le fraisier (gâteau à étages fait de génoise imbibée de sirop de kirsch, de fraises, de crème au beurre et au lait, et recouvert de génoise), le paris-brest (couronne de pâte à choux fourrée de crème au beurre pralinée et poudrée de sucre glace), le pithiviers (rond de pâte feuilletée fourré d'une crème frangipane), l'opéra (biscuit au chocolat fourré de crème au café et recouvert d'épais glaçage au chocolat noir), et le saint-honoré (cercle de pâte brisée surmonté d'une couronne de pâte à choux remplie de crème pâtissière à la vanille ou de crème chantilly).

Incroyable mais vrai

Le paris–brest is named in honor of a once famous bicycle race between Paris and Brest; the circular shape looks like a bicycle wheel. *Le saint-honoré* is a Parisian pastry named after the patron saint of pastry chefs.

Je vous ai compris! 6

You own a pastry shop in France. What would you recommend to the following customers?

Geneviève aime le chocolat. Elle va acheter _____.

Stéphane cherche un gâteau aux fruits. Il peut choisir _____.

Marie-Claire est allergique à l'alcool. Elle ne peut pas manger

_____

Monsieur Clément veut une pâtisserie au rhum. Il peut acheter

_____

Antoine veut un gâteau à base de pâte à choux. Il a le choix entre

_____

Answers can be found at the end of this chapter.

Speak Your Mind: Parlez haut et fort!

Choose an egg-based dish and describe the steps, tools, and cooking methods necessary to make it.

The Least You Need to Know

➤ There are three degrees of comparison: superiority (plus + adjective/adverb + que), inferiority (moins + adjective/adverb + que), equality (aussi + adjective/adverb + que).

➤ There are two superlative forms: superiority (le plus + adjective/adverbe + de) and inferiority (le moins + adjective/adverbe + de). Remember that the definite article and the adjective will vary in gender and number.

➤ Many written letters are not pronounced, and many others are not pronounced in a way that can be inferred from their spelling.

➤ Wines are identified according to their geographical origin, not their grape types.

➤ Experiencing new, unusual foods is an enriching and rewarding experience: try to sample frog legs, snails, or offal.

Je vous ai compris! Answers

1. F, V, V, V, F

2.

	Musqué	Cher	Parfumé	Toxique cru	Calorique
Truffe		X			
Morille				X	X
Cèpe de Bordeaux			X		
Cèpe bronzé	X				

3. superlatives of superiority/comparatives, equality/comparative, inferiority/superlative, inferiority/superlative, superiority

4. mariner/brochettes/mijotés/terrines/au bain-marie/tripes de mouton

5. Salé/Sucré/Salé/Salé/Sucré

6. des éclairs au chocolat ou un opéra.

un fraisier.

de millefeuilles, de baba au rhum ni de fraisier.

un millefeuilles ou un baba au rhum.

des éclairs au chocolat, un croquembouche, un paris-brest et un saint-honoré.

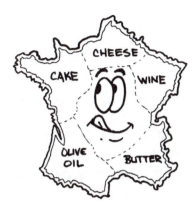

Chapter 5

Gastronomic Geography of France

In This Chapter

➤ Regions of France and their culinary specialties

➤ Rating restaurants

➤ Beyond canola oil: cooking with fat

➤ Capitalization rules

➤ Relative pronouns: *qui* and *que*

We already visited certain districts when we described aspects of food and cooking à la française. Let us finish Part 1 with *un tour de France gastronomique*. The decision, made with some faint regrets, not to stop in crowded, busy, and overpriced Paris is intentional for we want to partake of the culinary pleasures from the periphery of *l'hexagone*.

Lyon

Let us go immediately to Lyon, the *capitale mondiale de la gastronomie* since the sixteenth century. Many chefs call Lyon home: Jean-Paul Lacombe, Paul Bocuse. Bocuse once said that in Lyon you will always have a memorable meal whether it is in a three-star restaurant or in a small bistro: "C'est à Lyon que la gastronomie prend toute sa saveur aussi bien dans le petit bouchon qu'autour des grandes tables."

Incroyable mais vrai

Lyon is also famous for its past. It was a Roman city: Lugdunum and the capital of ancient Gaul. Later it developed into a thriving city and became the silk capital of France. "Les canuts," the silk workers, left a strong influence on the city. It is also the city of the Lumière brothers who, in 1895, invented the "cinématographe."

A Gastronomic Tour of the City

En France, la région lyonnaise est la deuxième région la plus peuplée après la région parisienne. Mais Lyon surpasse Paris quand on parle de gastronomie. Lyon est en effet considérée comme la capitale mondiale de la gastronomie.

Regional Foods	
la cochonaille	pork-based deli meat
la cervelle de canut	fresh cheese with salt and pepper and herbs
un plat, un mets	dish
une quenelle	dumpling
le tablier de sapeur	name of a steak dish

De nos jours, le savoir faire culinaire lyonnais se retrouve dans les 1,000 restaurants que compte la ville. Les trois étoiles du guide Michelin (Léon de Lyon, Bocuse, depuis 1965) cohabitent à côté des bouchons, petits restaurants traditionnels où on sert des plats et des mets régionaux. Riche des différents produits des régions qui entourent Lyon, les chefs ont créé des spécialités culinaires nombreuses, variées et savoureuses: cochonnailles et cervelle de Canut, salade lyonnaise, tablier de sapeur, quenelles de brochet, …

Here's the Menu, Starring …

Mais qu'entend-on exactement par "trois étoiles?"

Cette terminologie a été inventée par les frères Michelin qui ont publié le Guide Michelin pour la première fois en 1900.

Ce guide recense chaque année les hôtels et les restaurants français et dans le cas des restaurants, il leur décerne des étoiles. Un restaurant "trois étoiles" représente une des meilleures tables de France et vaut le voyage; un restaurant "deux étoiles" représente une table excellente qui mérite un détour alors qu'un restaurant "une étoile" propose une très bonne table dans sa catégorie.

D'autres guides sont publiés en France et proposent des classifications différentes mais en même temps fort semblables comme les "toques" du Gault et Millaut ou le guide Lebey qui propose lui "des tours Eiffel" aux restaurants parisiens.

The Relative Pronoun Qui

A pronoun is used in place of a noun: *Pierre étudie: il étudie.*

There are several types of pronouns, as shown in the following table.

Tip du jour

Here are some useful learning tools you may want to gather:

➤ Dictionaries (both bilingual and unilingual French)

➤ A conjugation table

➤ A notebook, binder, or computer to enter your notes and organize what you are learning; divide it into sections and highlight important items

➤ Post-it notes

➤ Highlighters

Pronouns

Type	English Example	French Example
Personnel	I, me	je, me
Réfléchi	himself	se
Relatif	who, whose	qui, dont
Interrogatif	which one	lequel
Possessif	theirs	le, leur
Démonstratif	these	ceux-ci
Indéfini	someone	quelqu'un

The relative pronoun *qui* is used to join two sentences that share a common element. It replaces the common element in the second sentence. This element can refer to a person, place, or thing:

> les frères Michelin qui ont publié le Guide Michelin

> une table excellente qui mérite un détour

Qui replaces a noun that is the subject of the verb (the subject, or agent, performs the action expressed by the verb):

Cette terminologie a été inventée par les frères Michelin; les frères Michelin ont publié le Guide Michelin.

Un restaurant "deux étoiles" représente une table excellente; cette table excellente mérite un détour.

Attention!

Qui is always qui; it never changes, even in front of a vowel. The verb agrees with the person(s), place(s), or thing(s) represented by qui; consequently, the verb can be first, second, or third person singular or plural.

Je vous ai compris! 1

Indicate whether the following statements are true or false by checking the appropriate box.

Vrai	Faux	
_____	_____	Le guide Michelin est paru au début du XXe siècle.
_____	_____	Il n'y a qu'un seul guide qui décerne des étoiles aux restaurants.
_____	_____	Il y a quatre catégories de classification des restaurants dans le guide Michelin.
_____	_____	Le Gault et Millaut est un autre guide des restaurants français.
_____	_____	Le guide Lebey recense les restaurants de Paris.
_____	_____	Le guide Lebey décerne des "toques" aux restaurants qu'il classe.

Answers can be found at the end of this chapter.

Initial Capitals

Of course you know that names of people, races, countries, and cities along with their inhabitants must be capitalized. You also know that the initial of the first word following a period, a final question mark, or an exclamation mark should be capitalized as well. But there are many other instances in which the French word is capitalized and the English is not.

Names of languages are not capitalized; neither are the adjectives referring to nationalities.

Capitalization

Languages and Nationalities

French	le français
English	l'anglais
my French friend	mon ami français
the American economy	l'économie américaine

Days and Months

Names of days and months are not capitalized.
Nous sommes le lundi 15 janvier.

Professional Titles

Professional titles are not capitalized.
I met Dr. Black.   J'ai rencontré le docteur Black.

➤ There are no capitals within a title, unless you are quoting. Let's compare the following examples:

> *Tourist Guides for Business Travelers*
>
> *Les guides touristiques pour voyageurs d'affaires* (generic)
>
> *The Complete Idiot's Guide to Intermediate French*
>
> *Le Guide du parfait idiot pour l'apprentissage du français intermédiaire* (quoting the guide's name)

Attention!

Professional titles are capitalized when addressing the person: "Bonjour, Docteur" or "Bonjour, Docteur Black."

➤ Names of companies, agencies, associations, and so on. Only capitalize the first letter of the first word:

> The Department of Modern Languages and Literature

> Le Département des langues et littératures modernes

➤ There are no capitals after a colon:

> *Learning Intermediate French: A Complete Idiot's Guide*

> *Apprendre le français intermédiaire: le guide du parfait idiot*

Je vous ai compris! 2

Indicate which words should be capitalized in the following paragraph:

> quelques faits intéressants sur la langue française. Le français est une langue qui provient du latin. par exemple, le mot "lundi" signifie: le jour de la lune (luna, lune et dies, jour). les français sont très attachés à leur langue et sont prêts à tout pour la défendre! c'est d'ailleurs dans ce but que napoléon créa l'académie française. saviez-vous que le français était la langue des cours royales d'europe au XVIIème siècle?

See the end of the chapter for correct answers.

The Southeast

The zone in which the olive may be cultivated lies in a band of land encircling the Mediterranean. Within that zone a Mediterranean culture has developed a cuisine based on bread, fish, garlic, and olive oil. North of this zone, the olive tree cannot survive and the cuisine relies more on butter.

Olive Oil	
cueillir	to pick
mûr	ripe
une dénomination	name
vierge	virgin
presser à froid	cold-press
un baril	a barrel
une jarre	a jar
une bonbonne	a demijohn, a cask

Incroyable mais vrai

An olive tree may live for 1,000 years and will produce olives for 200 years!

Olive Oil Country

L'olive est un fruit qui existe en deux couleurs: les olives vertes, cueillies avant maturité en été, et les olives noires, qui sont mûres et cueillies en hiver. On les mange de façon variée, à l'apéritif ou cuisinées. Elles s'associent avec tout et sous toutes les formes.

L'huile vierge est extraite du fruit par des moyens mécaniques et n'est pas traitée de façon chimique.

L'huile pressée à froid indique que la température de la presse ne dépasse pas 60 degrés Celsius. Une huile de première pression désigne la première extraction. L'huile extra-vierge est une huile de première pression contenant moins de 1% d'acidité. L'huile d'olive est conservée dans des barils en métal, des jarres ou des bonbonnes en verre mais toujours à l'abri de la lumière et dans des endroits frais.

Je vous ai compris! 3

Indicate whether the following statements are true or false by checking the appropriate box. You may want to refer to the preceding olive oil vocabulary table before you begin.

Vrai	Faux	
_____	_____	Les olives vertes sont des olives mûres.
_____	_____	Il n'y a qu'une seule façon d'apprêter les olives.
_____	_____	Il y a plusieurs types de production d'huile d'olive.
_____	_____	L'huile vierge ne subit pas de traitement chimique.
_____	_____	L'huile extra-vierge est très acide.
_____	_____	On peut conserver l'huile d'olive à la lumière du jour.
_____	_____	Il est préférable de garder l'huile d'olive au frais.

For answers, see the end of the chapter.

Cooking with Olive Oil

L'huile d'olive vient accommoder toute la cuisine provençale: légumes, poissons de la Méditerranée, viandes, fromages. Les autres éléments de base de la cuisine provençale sont l'ail et les épices comme les herbes de Provence. Tous ces produits sont à la base des plats comme la célèbre bouillabaisse de Marseille, la ratatouille ou l'aïoli, mayonnaise montée à l'huile d'olive et assaisonnée d'aïl.

Cooking in Southern France	
la bouillabaisse	Provencal fish soup
la ratatouille	Provencal vegetable stew
baisser	to turn down (the heat)

Incroyable mais vrai

Where does the name "bouillabaisse" come from? When giving directions for the recipe, people said that when the broth was boiling, one had to turn down the heat: "Quand ça bouille, tu baisses."

The Southwest

Few images from France have attained mythical status in English-speaking countries, but foie gras, the soft liver of specially fed geese or ducks, is one of them. Another is the truffle mushroom which we introduced in Chapter 4, "Incredible Edibles."

More on Food	
la graisse	fat
le confit	duck or goose meat preserved in fat
la volaille	poultry
un haricot	a bean

Chaque région a une variété infinie de traditions et de spécialités. Par rapport aux autres régions, le Sud-Ouest se démarque par sa cuisine à la graisse et par certains produits de luxe comme le foie gras et la truffe.

Incroyable mais vrai

Truffles, about the size of potatoes, grow about eight inches below ground. Female pigs are the best for hunting them; apparently the mushroom smells like the male pig!

Confit

La région du Sud-Ouest est le pays des confits de canard ou d'oie. Les quartier de volaille sont cuits dans leur propre graisse avant d'être mis en pot. Les plats cuisinés utilisent souvent ces confits: lors de la préparation du cassoulet de Toulouse on ajoute du confit d'oie ou de canard à ce ragoût de haricots blancs, de saucisses, de lard, et de morceaux de viande.

Foie gras

Le foie gras provient du foie d'un canard ou d'une oie gavé, c'est-à-dire soumis à une alimentation forcée pendant plusieurs mois, ce qui entraine un développement de cinq à dix fois la taille d'un foie normal.

On peut acheter les foies frais sur les marchés, en particulier celui de Sarlat.

Normandie and Bretagne

Normandie is famous for its apples and dairy products. From its apples come ciders and calvados, a powerful apple brandy. From its dairies come various cheeses including Camembert and Livarot, and butter, which is a mainstay of the local cuisine. Celtic Bretagne, haunted by megaliths at Carnac, is famous for its vegetables—artichokes and cauliflowers—and its crêpes.

Sound Advice

The French written alphabet only has 6 vowels, but the phonetic alphabet has 16 vowel sounds: 12 oral and 4 nasal vowels. Remember that: "an," "en," "in," and "on" at the end of a word or followed by a consonant are nasals sounds. When followed by a vowel or another "n," they are pronounced as oral vowels.

Nasal: provençale, éléments, romarin, poisson

Oral: cuisine, mayonnaise, assaisonnée

Cooking with Butter

La Bretagne et la Normandie, que leurs produits laitiers ont rendues célèbres, sont la patrie du fromage, du beurre (beurre doux en Normandie et beurre salé ou demi-sel en Bretagne), de la crème et de tous leurs dérivés. La cuisine au beurre est à l'honneur dans ces régions, et la crème donne naissance à toute une série de sauces que différents plats mettent en valeur.

Crêpes

Symbole de la Bretagne, les crêpes de froment ou de sarrazin sont apparues à la fin du XIXe siècle. Les crêpes sont de fines galettes faites d'une pâte liquide composée de lait, de farine et d'oeufs, qu'on fait cuire dans une poêle ou sur une plaque très chaude. Lors de la cuisson, pour retourner la crêpe, on peut la faire sauter en l'air. Comme pour toute la cuisine française, il existe différentes façons d'apprêter les crêpes: elles peuvent ête salées ou sucrées. En dessert, elles sont au sucre ou à la confiture, fourrées de fruits ou même flambées. Traditionnellement, les Français mangent des crêpes en février pour la Chandeleur.

Crêpes	
la crêpe	paper-thin French pancake
le sarrazin	buckwheat
le froment	wheat
une galette	cake

Attention!

Que changes to *qu'* in front of a vowel:

une pâte liquide qu'on fait cuire dans une poêle

The Relative Pronoun Que

The relative pronoun *que* is used to join two sentences that share a common element. It replaces the common element in the second sentence. This element can refer to a person, place, or thing:

La Bretagne et la Normandie, que leurs produits laitiers ont rendues célèbres, sont la patrie du fromage.

La crème donne naissance à toute une série de sauces que différents plats mettent en valeur.

Que replaces a noun that is the direct object of the verb:

La crème donne naissance à toute une série de sauces que différents plats mettent en valeur.

La crème donne naissance à toute une série de sauces; différents plats mettent les sauces en valeur.

Je vous ai compris! 4

Read the following sentences then fill in the blanks with the appropriate relative pronoun: qui or que/qu'.

J'adore les crêpes ___ ma mère prépare.

La cuisine ___ je préfère est la cuisine au beurre.

Les crêpes ___ contiennent de la farine de sarrasin ont beaucoup de goût.

Le beurre ___ est produit en Normandie est doux.

Le beurre ___ on produit en Bretagne est salé.

Answers can be found at the end of the chapter.

Alsace

Alsace is an affluent district on the French side of the border with Germany. The many villages here with their highly admired vineyards have been occupied and re-possessed between the Germans and the French for more than a century. The native Alsatian patois has a Germanic accent. Their rich artistic and culinary heritage reflects both traditions.

Eau de vie d'Alsace

As mentioned in Chapter 3, "The French Spirit(s)," virtually each region of France produces spirits. Alsace is no exception, and its trademark is fruit- and berry-based white alcohol.

De nombreuses régions produisent des eaux de vie mais en Alsace ce qui prime ce sont les eaux de vie dérivées de baies ou de fruits. Les plus courantes sont la framboise, le kirsch, la quetsche, la mirabelle, et la poire Williams. L'arôme et la saveur des eaux de vie de fruits dépendent principalement de la qualité des fruits.

Fruits and Berries

une baie	berry
une framboise	raspberry
la cerise	cherry
le kirch	("cherry" in German) cherry-based spirit
une mirabelle	a small yellow plum produced mostly in the east of France
une quetsche	purple plum (Alsatian for "plum")

L'eau de vie transparente, fruitée vient parfumer salades de fruits et sorbets ou agrémenter des boissons comme ce lait-framboise où vous mélangerez $^6/_{10}$ de lait, $^1/_{10}$ de sirop de framboise, et $^3/_{10}$ d'eau de vie de framboise.

A Specialty Menu

Si vous vous arrêtez dans un restaurant en Alsace, que trouverez-vous au menu? Certainement des plats courants partout en France, mais aussi une gastronomie propre à l'Alsace: tarte à l'oignon, charcuterie, escargots, choucroute apprêtée de différentes façons, civet de lapin (rabbit stew) et Spätzle, Baeckeoffe, munster, gâteau au fromage, tarte aux quetsches.

Choose Your Restaurant

Allez donc faire un tour sur ce site www.webstub.com/au_restaurant/decouvrez.html. Ce site vous permet de voyager aux quatre coins de cette région et de prendre connaissance de différents restaurants (winstubs). Mais le winstub traditionnel s'est transformé pour les besoins de l'Internet et du touriste virtuel en webstub. N'oubliez surtout pas de passer au vote sur le site suivant: www.webstub.com/cgi-webstub/mailmat.cgi. Expliquez les raisons de votre choix!

Speak Your Mind: Parlez haut et fort!

Describe how to make pancakes (ingredients, tools, cookware, method) and explain how they are different from French crêpes.

The Least You Need to Know

➤ Budget your restaurant money by knowing the star ratings: the more stars, the higher the bill.

➤ Relative pronouns are used to join two sentences that share a common element: *qui* replaces the subject of the second sentence, *que* replaces the direct object in the second sentence.

➤ *Que* becomes *qu'* in front of a vowel or a silent "h."

➤ The fat used in cooking varies with the geographical areas of France.

Je vous ai compris! Answers

1. V, V, F, V, V, F

2. Quelques Les Français/C'est Napoléon/Par exemple l'Académie/Saviez-vous d'Europe

3. F, F, V, V, F, F, V

4. que/que/qui/qui/qu'

Part 2

The French Way of Life:
La société française

Ah, la joie de vivre … But where does this untranslatable concept come from? Here's the answer: It is the result of a unique combination of rigid rules, centuries-old traditions, historical values, and an astonishingly relaxed approach to bodily matters.

French society has been irreversibly shaped by centuries of centralized government. As a result, Big Brother—l'administration—is watching the French so closely that they often feel compelled to either hide or overexpose themselves. For example, they will be very secretive about money matters, but quite open about sex. Since this is quite unusual to North American eyes, it will take getting used to. This part tells you how.

Public life is also greatly influenced by the nation's past. Only a long and eventful history could yield as many holidays; only hundreds of years of aristocratic life could produce so many social rules; only a rich tradition of cultural life could explain the brainy side of French entertainment and the popularity of some prominent figures. You'll discover the keys to unlock these mysteries and the linguistic tools to talk about them.

Chapter 6

Savoir-Vivre

In This Chapter

➤ Using direct and indirect object pronouns

➤ The imperative, negative form

➤ Letter-writing: opening and closing formulas

➤ Table manners in France

➤ Reflexive verbs

➤ Using a dictionary effectively

How do you address people? How do you eat? In France manners are expressed more deliberately and formally than in the United States, where a more relaxed approach is in style. However nobody likes to make a social faux pas, since neglecting one of these many small rituals might have you categorized as "not being one of us" or, as the French put it, a *paysan*—a peasant—and not one of the cultured. So let's get ready for a crash course with Miss Manners, French-style.

Who Wrote the Book of Etiquette?

The term "étiquette" comes from the name given to the set of rules set out for the court of King Philippe Le Bon. These rules governed life in the courts of the French Kings and extended to apply to society in general in the eighteenth century.

Labeling Étiquette	
la règle	rule
la préséance	precedence
la cour	court
le comportement	behavior
les moeurs	customs
les us	the ways
se vêtir	to get dressed
se déplacer	to move
manquer à	to fail
un impair	a blunder
éviter	to avoid
embarrasser	to embarrass
sommeiller	to lie dormant
inculquer	to instill

What's in a Label? Defining Étiquette

It is no coincidence if even in English the French term is used: Etiquette is a French contribution to the world of stylish living. Now you know why Martha Stewart uses so many French words and phrases!

Sound Advice

Watch for the pronunciation of the following words: m**oeurs**: as in *peur* + the final "*s*" is not pronounced, and u**s**: the final "*s*" is pronounced.

L'étiquette est l'ensemble des règles qui gouvernent le comportement des personnes. Elle précisent les moeurs, les habitude de vie, les us et coutumes d'un peuple ou d'une société. On fait référence à la multitudes de coutumes et d'interdits qui entourent l'art de manger, la façon de se vêtir, les échanges interpersonnels aussi bien dans le cadre du travail et des petits événements de tous les jours que des grandes occasions de la vie. La connaissance des bonnes manières nous permet de nous déplacer dans la société sans commettre de fautes, d'impairs.

Les coutumes ont un double objectif, paradoxalement contradictoire: faciliter les contacts et servir d'outil de ségrégation. Celui qui ne leur obéit pas ne fait pas partie de ce segment de la société.

On peut finalement envisager les bonnes manières sous un angle philosophique et les considérer comme un moyen pour contrôler l'animal qui sommeille en nous. Elles font alors partie de la culture qui est inculquée aux hommes pour les sortir de leur état brut, animal.

Incroyable mais vrai

Mademoiselle is reserved for very young women. Respect commands that you address a woman as *Madame*, regardless of her marital status.

There are only two instances in which a man should walk in front of a woman: When going up the stairs (otherwise he would get an inappropriate view of her legs) and when going down the stairs (so that he can cushion her fall in case she misses a step).

Direct and Indirect Object Pronouns

Object pronouns are used to replace a noun that is the complement of transitive verbs, which can be of two types: "transitif direct" and "transitif indirect," depending on whether or not they are followed directly by the object:

> On peut finalement considérer *les bonnes manières* (considérer quelqu'un/quelque chose)

> Celui qui n'obéit pas *aux coutumes* (obéir *à* quelqu'un/quelque chose)

In the first sentence, the object comes right after the verb; it is known as "complément d'objet direct." In the second sentence, the object is separated from the verb by "à/aux"; it is known as "complément d'objet indirect."

Direct and indirect object pronouns are used to replace nouns that are direct or indirect objects of the verb:

> On peut finalement *les* considérer = objet direct

> Celui qui ne *leur* obéit pas = objet indirect

Tip du jour

Buy the latest edition of the best dictionary you can find. Select a dictionary that offers plenty of examples of how each word is used. Robert-Collins is a good choice for bilingual; for unilingual, try Le Petit Robert and Le Larousse. Anything that says "pocket-size" is a waste of time and money: You won't find anything in it that's beyond beginner's level.

Most object pronouns have the same form for the direct and indirect functions. Only the third person singular and plural have different forms.

Forms of the direct object pronouns:

> me, te, la, le, nous, vous, les

Forms of the indirect object pronouns:

> me, te, lui, nous, vous, leur

Je vous ai compris! 1

Indicate whether the pronoun in bold is a direct or indirect object pronoun. You may want to check the verb structure first.

	Objet Direct	Objet Indirect
Notre éducation **nous** apprend	_____	_____
à **nous** comporter dans n'importe	_____	_____
quelle situation. Nos parents	_____	_____
nous répètent constamment ce	_____	_____
que nous devons faire.	_____	_____

Answers can be found at the end of the chapter.

A Timeless Classic: BCBG

North Americans have their yuppies and the French have their "BCBG" or "bon chic, bon genre," those people who present themselves well and are of respectable families. Unlike "yuppie," "BCBG" gets its aura not from business money but from gentry money and aristocratic descent—or aspirations. The BCBG are a little elite unto themselves. Want to crack their code? Read on!

The ABC of BCBG

le sigle	acronym
un foulard	a scarf
un collier	necklace
une perle	pearl
une cravate	a tie
griffé	with a designer name
une marque	a brand name

The ABC of BCBG

déchiré	ripped
un pull de laine	a wool sweater
une queue de cheval	ponytail
le maquillage	makeup
un bijou	jewelry
les fiançailles (f.)	engagement
rasé de près	closely shaven
une chevalière	signet ring

BCBG: ce mot, nom invariable ou utilisé comme adjectif, est l'acronyme de bon chic, bon genre. Il décrit tout un segment de la société qui suit certaines règles de vie bien précises, des normes très complexes pour s'habiller, se coiffer, se comporter, parler, et tout simplement vivre, depuis la naissance et le choix du prénom des enfants jusqu'à la mort. Ces règles permettent de reconnaître immédiatement qu'une personne fait partie du clan.

Deux autres sigles servent à décrire certains représentants de ce groupe: NAP, nom donné à la jeunesse dorée de trois banlieues riches de l'ouest parisien, Neuilly-Auteuil-Passy; et CPCH, pour les jeunes filles qui ont reçu leur premier collier de perles et leur carré Hermès.

Les BCBG s'habillent de manière conservatrice. Maman ne porte jamais de pantalons et Papa est en chemise et cravate même les week-ends. Quant aux enfants, même si les jeans sont permis, ils doivent être griffés de la bonne marque et certainement pas déchirés; ils se portent avec une chemise blanche ou un pull de laine fine et des chaussures plates.

Les filles assortissent un pantalon beige avec un pull bleu marine ou clair et une paire de ballerines; côté cheveux, la coupe au carré ou la queue de cheval sont la coiffure de choix; bien entendu, le maquillage est limité au strict minimum et les seuls bijoux autorisés sont le collier de perle, la croix en or et la médaille du baptême et la bague de fiançailles. Les garçons portent souvent une veste de laine à motif Argyle par-dessus leur chemise, leurs cheveux sont courts et leurs visages rasés de près. Pas de boucle à l'oreille, tout au plus une chevalière au doigt.

Attention!

Do not confuse the sounds of "g" and "j." In French, "g" is "gé" (jay), and "j" is "ji" (gee). In English, "g" is "ji" (gee), and "j" is "gé" (jay). When reciting the French alphabet, pronounce as: a, bé, cé, dé, e, èf, gé, ach, i, ji, ka, èl, èm, èn, o, pé, ku, èr, ès, té, u, vé, doublevé, iks, igrec, zèd.

Dans les familles BCBG, le père travaille et la mère reste à la maison. Les enfants portent des prénoms traditionnels, voire démodés, et souvent à caractère religieux (toute la famille va à l'église tous les dimanches): Marie-Sophie, Agathe ou Blanche pour les filles, Grégoire, Clément—comme les papes—Charles, Emery, ou Thibaut pour leurs frères.

Je vous ai compris! 2

Complete the following sentences using information from the previous passage:

Le sigle BCBG signifie _____.

Le sigle NAP signifie _____.

Le sigle CPCH signifie _____.

Les femmes BCBG ne s'habillent pas en _____.

Les filles BCBG portent des talons _____.

Les hommes BCBG portent une _____ tous les jours.

Les garçons BCBG ont les cheveux _____.

Les familles BCBG vont à _____ le dimanche.

Les filles BCBG se maquillent _____.

Clément et Grégoire sont des prénoms d'origine _____.

Answers can be found at the end of the chapter.

Table Manners

As soon as French babies can sit in a high chair they are taught the basics of table manners. This apprenticeship will last well into their teenage years and nothing makes parents prouder than being told how "bien élevés" their offspring are. Ready for an education?

Table Manners

un interdit	something prohibited
se balancer	to rock
un coude	elbow
un bruit	noise
couper la parole	to interrupt

Table Manners	
repasser	pass a dish around for a second helping
une tige	a stem
une croix	a cross

Très jeunes, les enfants entendent répéter les principaux interdits de la vie à table:

Ne te balance pas sur ta chaise!

Ne mets pas tes coudes sur la table!

Ferme la bouche quand tu manges!

Ne fais pas de bruit en mangeant!

Ne parle pas la bouche pleine!

Ne mange pas avec tes doigts!

Lorsqu'ils grandissent et atteignent l'âge adulte, ils approfondissent et raffinent ces règlements:

Il ne faut pas parler constamment de vous ou couper la parole.

Ne remplissez pas votre assiette d'énormes portions. Le plat repasse en général une deuxième fois.

Vous ne devez pas poser vos couverts sur la nappe (à cause des taches); placez-les sur le porte-couteau ou sur le bord de l'assiette.

Ne portez jamais votre couteau à la bouche.

Pensez à ne pas tenir votre verre à vin par la tige.

Il n'est pas recommandé de saucer votre assiette avec un morceau de pain puis de la repousser en déclarant que vous avez l'estomac plein. Vous n'avez qu'à disposer votre couteau et votre fourchette—côte à côte, jamais en croix—sur l'assiette.

The Negative Imperative

The previous passage was a list of things you are not supposed to do. How do you command someone not to do something in French? You use the negative imperative.

Attention!

In the infinitive, both negative markers are placed before the verb form: *Ne pas* mettre ses coudes sur la table.

The negative form of the imperative is similar to the affirmative as far as the verb forms are concerned: Only three forms exist, and they are obtained by using the present indicative forms of "tu," "nous," and "vous" minus the subject pronouns (remember that for -er verbs the final -s is dropped from the verb form). The negative markers "ne … pas" go on either side of the verb form:

Ne mets *pas* tes coudes sur la table!

Ne portez *jamais* votre couteau à la bouche!

Ne parlons *pas* la bouche pleine!

Je vous ai compris! 3

Indicate whether the following statements are true or false. You may want to refer to the vocabulary table before you begin.

Vrai	Faux	
_____	_____	Les enfants peuvent se balancer sur leurs chaises.
_____	_____	Les enfants peuvent mettre les coudes sur la table.
_____	_____	Les enfants peuvent manger avec les doigts.
_____	_____	On doit manger le plus silencieusement possible.
_____	_____	Vous pouvez poser vos couverts sur la nappe.
_____	_____	Il est permis de lécher son couteau.
_____	_____	Les plats passent une seule fois.
_____	_____	On peut tremper son pain dans sa sauce.
_____	_____	Il ne faut pas placer ses couverts en croix.

See the end of the chapter for correct answers.

The only major difference with the affirmative form is that there is no special pronoun for the "tu" form ("toi" instead of "te"): The regular "te" pronoun is used. Compare:

Affirmative: Tiens-toi droit!

Negative: Ne te balance pas sur ta chaise!

Pronominal (Reflexive) Verbs

Pronominal verbs have an additional element, which is part of the conjugation of the verb; it is called a reflexive pronoun. All reflexive verbs use the same reflexive pronouns, which can be seen in the following table.

Pronoun	Reflexive Pronoun
je	me
tu	te
il/elle/on	se
nous	nous
vous	vous
elles/ils	se

As for meaning, pronominal verbs can have a reflexive or nonreflexive meaning.

➤ In the first case, the action carried out by the verb reflects back to the subject and can be either reflexive or reciprocal:

Je me balance sur ma chaise (reflexive: I rock myself).

Nous nous parlons (reciprocal: I talk to you and you talk to me).

➤ In the case of nonreflexive meaning, the pronoun does not refer to the subject. As a result, the meaning of the pronominal verb is different from the meaning of the verb used on its own.

For example, *on s'attend à ce que* means "to expect" while the verb "attendre" means "to wait for."

Other times these verbs only exist in the pronominal form: *se souvenir de* means "to remember," and there is no such thing as a "souvenir" verb.

➤ The reflexive pronoun has the same form whether it is direct or indirect:

Direct: je me balance

Indirect: je me demande

Direct: nous nous tenons droits

Indirect: nous nous parlons

Sound Advice

The reflexive pronouns "me, te, se" become "m', t', s'" before a vowel or a silent "h"(this is called "élision"): **Je m'**intéresse aux bonnes manières. Therefore the "m," "t," "s" are pronounced as if they were the first consonant of the following word (this is called "enchaînement consonantique" or consonant-linking).

Using the Right Tool

Remember that scene in *Pretty Woman* when Julia Roberts did not know which utensil to use? She asked for a crash course from the maître d' before going out to a very chic restaurant for a high-profile business dinner. You'll be surprised at how much good table manners will improve your social status!

Incroyable mais vrai

Étiquette used to dictate not to use a knife to cut up lettuce. Why? Because in those pre-stainless steel days, cutting vinaigrette-laden salad greens with the blade of the knife would cause oxidation and ruin the taste of the lettuce!

Setting the Table

dresser la table	to set the table
le couvert	flatware/place setting
l'inox	stainless steel
l'argenterie	silverware
une assiette	a plate
un couteau	a knife
une fourchette	a fork
une cuillère	a spoon
une assiette	a plate
creuse	soup plate
plate	dinner plate
à dessert	dessert plate
empiler	to stack
cela ne se fait pas	it is a no-no
déboucher	to open/uncork
un tire-bouchon	corkscrew

Le savoir-vivre régit de manière très stricte la manière de dresser la table. Les couverts sont disposés à droite et à gauche de l'assiette dans l'ordre où ils doivent être utilisés en commençant par l'extérieur. Les couteaux et la cuillère à soupe à droite de l'assiette, fourchette à gauche, cuillère et fourchette à dessert au-dessus.

Il existe trois types d'assiettes: l'assiette creuse pour le potage, une grande assiette plate pour les entrées, et le plat de résistance et une assiette à dessert (ou petite assiette) pour le fromage ou le dessert. Bien entendu, on ne sert pas le plat suivant dans la même assiette que celle qui a contenu du poisson ou des oeufs. En général, on n'empile pas les assiettes sauf pour l'assiette creuse. Cela ne se fait pas de mettre les assiettes à dessert sur la table.

Les verres sont placés devant l'assiette par ordre décroissant de taille, de gauche à droite: verre à eau (le plus grand), verre à vin rouge, verre à vin blanc (la forme dépend du vignoble), une coupe ou une flute pour le champagne, un verre pour le digestif (liqueurs ou alcools) après le repas. On peut aller jusqu'à sept verres. Par contre, pour un dîner familial ou entre amis on utilise un ou deux verres, pour l'eau et le vin.

Je vous ai compris! 4

Indicate whether the following statements are true or false. You may want to refer to the preceding vocabulary table before you begin.

Vrai	Faux	
_____	_____	On utilise les couverts de l'intérieur vers l'extérieur.
_____	_____	Les couteaux sont à droite de l'assiette.
_____	_____	La cuillère à soupe est à gauche de l'assiette.
_____	_____	La cuillère à dessert est à côté du couteau, la fourchette à dessert est à gauche.
_____	_____	On ne met pas les assiettes à dessert sur la table.
_____	_____	On n'empile pas l'assiette à soupe dans la grande assiette.
_____	_____	On place le verre à eau à gauche.
_____	_____	On utilise différents verres pour le vin blanc et le vin rouge.
_____	_____	On ne met pas le verre à digestif sur la table.
_____	_____	On remplit les verres de vin.
_____	_____	On doit servir le champagne dans des coupes.

Answers can be found at the end of the chapter.

The Right Way to Write a Letter

It often seems contrived, insincere, and utterly unnatural for you to write an overly elaborate closing at the end of a letter. The French phrases sound pompous and overdone to American ears, and they certainly are. However, make sure you end your French letters in this formal way. A formal ending sets a serious, professional tone to a letter, which is noticed in business as well as social correspondence.

Voici quelques tournures les plus courantes pour vous aider à commencer et finir une lettre:

Writing a Letter	
Familier	Salut
Standard	(Mon) Cher + prénom
	ou lien familial
Formel	(Chère) Madame
	(Cher) Monsieur
Familier	Grosses bises/bisous/salut
	Je t'envoie de grosses bises
	À la prochaine
Standard	Baisers à tous/Bons baisers
	Je vous/t'embrasse
	Bien à toi/vous
	(Très) amicalement/(Bien) affectueusement
	Bien cordialement/Bien à vous
	Amitiés
	À bientôt
	Affectueuses pensées
Formel	(general)
	Recevez mon meilleur souvenir/mes cordiales pensées/mes amicales pensées
	Avec nos meilleures salutations
	Veuillez croire, Madame, à l'expression de mes sentiments les meilleurs.
	(to someone with an official position)
	Je vous prie d'accepter, Madame, l'hommage de mon profond respect.
	Je vous prie d'accepter, Monsieur, l'assurance de toute ma gratitude.
	Veuillez agréer l'expression de mes salutations distinguées.

Yours: Politely or Friendly?

The use of "tu" and "vous" represents a special emotional area of the French language. There is even a special untranslatable word to describe this exquisitely subtle social interaction: *vouvoiement* means the use of the "vous" form and *tutoiement* refers to the use of the "tu" form.

De nos jours, les membres de la famille se tutoient, sauf peut-être dans certains milieux bourgeois ou aristocrates et envers les personnes âgées. Mais on vouvoie les inconnus et les supérieurs hiérarchiques, et à l'extérieur de la cellule familiale les plus jeunes vouvoient leurs aînés. Le tutoiement et le vouvoiement sont donc soumis à des règles bien précises et les erreurs sont très mal acceptées.

Dans certains milieux, le vouvoiement crée un cercle de distanciation que seuls les très proches peuvent franchir.

A l'inverse, le tutoiement souligne les liens d'amitiés entre différentes personnes. Quand on passe du vouvoiement au tutoiement, on ne peut plus revenir en arrière.

Je vous ai compris! 5

Indicate whether in the following situations you would use tu or vous.

Tu	Vous	
_____	_____	Vous parlez à votre soeur.
_____	_____	Vous rencontrez le doyen de l'université.
_____	_____	Vous rencontrez le représentant d'une compagnie française.
_____	_____	On vous présente le maire du village.
_____	_____	Vous rencontrez les parents de votre future bru.
_____	_____	Vous parlez à un enfant dans la rue.
_____	_____	Vous vous adressez à votre fille.
_____	_____	Vous parlez au médecin.

See the end of this chapter for the correct answers.

More Etiquette: Using a Dictionary Effectively

Owning a dictionary is one thing; knowing how to use it properly and effectively is another. When using a dictionary—whether unilingual or bilingual—there are a few things to keep in mind.

Sound Advice

For "u" as in *tu*, lips are rounded and the tongue is in the front of the mouth. For "ou" as in *vous*, lips are rounded and the tongue is in the back of the mouth. Let's practice: Start from "ee" the corners of your mouth are stretched, the tip of your tongue touches the base of your teeth. Now round your lips without moving your tongue.

➤ **Grammar is key.** You need to know the grammar category of the word you are looking for. Let's take an example: You want to know what the word *livre* means. The easy way is to look up *livre* in the French section of your bilingual dictionary and proudly retrieve *book* as the translation. This is perfectly fine if the sentence was about *un livre*. But what about the following sentence:

On vous livre le meuble demain.

There is no book in there, but something about delivering a piece of furniture the next day! The word *livre* is a conjugated form of the verb *livrer*, to deliver.

➤ **The gender issue.** Similarly, you need to check the gender of the noun you are looking for. Let's go back to our previous example, *livre*. In the following sentence, *book* is certainly not the answer:

Je voudrais une livre de beurre.

We're not talking about a book on butter but about a pound of butter. *Un livre* is a book, but *une livre* is a pound!

➤ **A risky preposition.** When looking up verbs, make sure you take the preposition into account, since many verbs change meanings along with prepositions. For example, you will say *Je te charge de réserver une table au restaurant pendant que je charge la voiture* (I put you in charge of making reservations while I load up the car).

➤ **Putting things in context.** One word may have several meanings depending on the context it is used in. For example, *un pied* refers to a foot; but when talking about vineyards you'll refer to *un pied de vigne* when talking about a vine plant; when discussing poetry and metrics you'll discover *un alexandrin a douze pieds;* and if someone is said to speak French *comme un pied* it is not a compliment on their proficiency in the language …

➤ **Bilingualism is a two-way street.** Whenever you look up a word in a bilingual dictionary, always double-check the translation by looking up the translation. If you come up with the original word, you can assume you picked the right translation. If not, start the process again.

➤ **Learn the meaning of the abbreviations used in your dictionary.** In order to pick the right word or meaning, you will need to know that *nf* refers to a feminine noun, that *loc* identifies a phrase, and that *lit* means that this word is only used in classic literature, not in modern language. Abbreviations are always listed and explained at the beginning of the dictionary.

Speak Your Mind: Parlez haut et fort!

Tell us your top five faux pas. What, in your opinion, are the five social mistakes you should absolutely not make?

The Least You Need to Know

➤ Good manners in general and good table manners in particular are essential to the French.

➤ Most object pronouns have the same form for the direct and indirect object functions; only the third person singular and plural have different forms.

➤ The negative imperative uses the same verb forms and object pronouns as the affirmative imperative except for the second person singular ("te" as opposed to "toi").

➤ Correspondence has its own set of opening and closing formulas, which are extremely elaborate but absolutely necessary.

➤ "Tu" and "vous" are used for specific relationships with specific people in specific situations, and not knowing these rules is a major social blunder.

➤ Make sure you learn how to use your dictionary effectively; know what the different abbreviations mean, make use of grammar indications, and always check the context.

Je vous ai compris! Answers

1. The pronoun in bold is direct (COD) or indirect object pronoun (COI).

Notre éducation **nous** apprend (COI) à **nous** (COD) comporter dans n'importe quelle situation. Nos parents **nous** (COI) répètent constamment ce que nous devons faire.

2. bon chic bon genre/Neuilly-Auteuil-Passy/collier de perles carré Hermès/pantalon/plats/cravate/courts/l'église/peu/religieuse

3. F, F, F, V, F, F, F, F, V

4. F, V, F, F, V, V, F, V, V, F, F, F

5. tu/vous/vous/vous/vous/tu/tu/vous

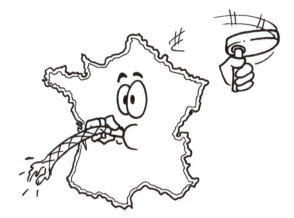

Truly French Celebrations

The French calendar is marked by numerous holidays which bring people and families together to enjoy a casual, leisurely day. Many of these are quite foreign to the North American experience, but you will like them if you ever have the chance to celebrate them in France.

The French Calendar

The Calendar

le calendrier	calendar
l'année	year
le mois	month
la semaine	week
le jour	day

continues

The French Calendar   (continued)

The Calendar

un almanach	almanac
la fête	holiday
férié	holiday (adjective)
chômer	to take a day off work
le congé	vacation, day off
le pont	getting or taking a day off to bridge the gap between a holiday and a weekend

As you will see, there are many more holidays in the French calendar than in your own. Most of these are religious, France having long been "the eldest daughter of the Catholic Church." But many other holidays are of a historical, political, or purely commercial nature. Here they are:

French Holidays

Date	Holiday	Translation
1er janvier	Jour de l'An	New Year's Day
début janvier	Fête de l'Épiphanie ou fête des Rois	Epiphany
entre le 22 mars et le 25 avril	Pâques	Easter
1er mai	Fête du travail	Labor Day
8 mai	Armistice du 8 mai 1945 (fin de la 2ème guerre mondiale)	End of WWII
mai	Ascension (40 jours après Pâques)	Ascension
Pentecôte (50 jours après Pâques)		Pentecost
21 juin	Fête de la musique	Music Day
14 juillet	Fête nationale	Bastille Day
15 août	l'Assomption	Assumption
1er novembre	la Toussaint	All Saints' Day
11 novembre	Fête de la victoire (armistice 1918: fin de la 1ère guerre mondiale)	Armistice Day
25 décembre	Noël	Christmas

Holidays and Days Off à la Française

Each French holiday is special in that it partakes of the religious, historical, and national experience, which is quintessential French culture.

Voici un parcours du calendrier des Postes de Lille pour l'an 2000. En ouvrant la couverture illustrée d'une photo de chat, on trouve à gauche une page de carton qui rappelle les différents services postaux; À droite, un article détaille la technologie, la climatologie, l'automobile, les transports, et l'énergie au XXIe siècle. Une carte de l'Europe communautaire, avec les 15 drapeaux, indique les noms des capitales, la superficie, la population et la densité de population.

Aux pages suivantes, on peut consulter une carte de la France administrative; le code des départements regroupé par régions, puis une liste des communes du nord avec code postal et nombre d'habitants, un plan routier de Lille Roubaix Tourcoing ainsi qu'un plan des principales villes de la région, et le plan du métro de Lille. Un article précise combien de temps conserver vos papiers. Les horaires des marées dans le port de Dunkerque ainsi que les dates et coefficients des grandes marées sont donnés. On trouve encore les heures de lever et coucher de soleil et de la lune à Paris et les prévisions météorologiques et astrologiques pour l'année 2000.

Tip du jour

Here are more learning tools you might like to have:

➤ A tape recorder with both blank tapes to record yourself and prerecorded tapes of French songs or language learning cassettes or some radio or TV segments to improve your listening comprehension skills

➤ A map of France and of any other French-language country that sparks your interest

➤ A couple videos of French movies

Vocabulary of the Post Calendar

le carton	cardboard
les papiers	ID papers
la marée	tide
le port	harbor
le coefficient	coefficient measure
le métro	subway
le lever du soleil	sunrise
le coucher du soleil	sunset
brumeux	foggy

Incroyable mais vrai

"Le Calendrier des Postes" first appeared in France in 1762. The custom was for the post-man to sell it as a small fundraiser. However, competition to this profitable little sideline soon started coming from the firefighters and the sanitation workers, who are now selling their own version of this utilitarian calendar. Eighteen million copies of the Calendrier des Postes were sold in France in 1997. Expect to contribute about 100 francs if you want to maintain a good relationship with the local representative of these organizations.

Un calendrier synoptique de l'année 2000 donne les dates des vacances scolaires. Sur la couverture cartonnée grise imprimée aux couleurs de la poste figure la liste des services financiers; une photo couleur de petits chiens et les six derniers mois de l'année. Cela représente en tout 36 pages en comptant les couvertures.

Je vous ai compris! 1

Indicate whether the following information can be found in the Calendrier des Postes.

Oui	Non	
_____	_____	des recettes de cuisine
_____	_____	le calendrier des marées
_____	_____	des plans de villes
_____	_____	le prix des timbres
_____	_____	l'horoscope
_____	_____	le plan du métro
_____	_____	la liste des pays d'Europe
_____	_____	les grandes découvertes du XIXe siècle
_____	_____	les prévisions météorologiques
_____	_____	les horaires de train

For correct answers, see the end of the chapter.

Certaines fêtes sont d'ordre religieux (Noël, Pâques, le 15 août), d'autres sont des fêtes civiles célébrées dans la plupart des pays (le jour de l'An, la fête du Travail), ou parfois d'ordre national comme les fêtes qui évoquent les grands moments de l'histoire nationale française (la fête nationale le 14 juillet ou la fête de Jeanne d'Arc, le 2ème dimanche du mois de mai).

Les Français font généralement le pont quand un jour—ou parfois deux!—sépare un week-end d'un jour férié. C'est une tradition bien appréciée!

A Saint a Day (Keeps the Office Away)

You already discovered the importance of religion in wine and cheese making, but it does not stop there. Thanks to the calendar, every kitchen in France is reminded daily of the deep relationship between France and the Catholic Church.

Historiquement la France se définissait comme la fille aînée de l'Église, et on retrouve dans le calendrier de nombreuses fêtes liées à la religion. L'Épiphanie (le premier dimanche après le jour de l'An) rappelle l'apparition de Jésus aux trois Rois Mages. Aussi connue comme "fête des rois" elle se célèbre avec la fameuse "galette des rois," gâteau brioché avec ou sans crème pâtissière qui cache une fève: celui ou celle qui trouve la fève dans sa part de gâteau devient le Roi ou la Reine et porte la couronne dorée vendue avec le gâteau. Il faut aussi mentionner l'Ascension, la Pentecôte, ou l'Assomption. Mais comme Noël, ces fêtes ont souvent beaucoup perdu leur caractère religieux et sont devenues une raison pour se réunir en famille et manquer un jour de travail.

Dans le calendrier, le nom d'un saint ou d'une sainte est indiqué à côté de chaque jour de la semaine. Pendant très longtemps les enfants n'étaient pas baptisés au hasard mais recevaient le nom du saint du jour de leur naissance: c'est ce qui s'appelle la fête, la célébration du saint dont le prénom figure sur le calendrier catholique.

Section de calendrier avec la liste des saints pour chaque jour du 17 au 23 mars

lundi	17	Se Gertrude
mardi	18	S Alexandre
mercredi	19	S Joseph
jeudi	20	S Joachim
vendredi	21	S Benoît
samedi	22	S Emile
dimanche	23	Rameaux

Les saints étaient aussi les saints patrons de certaines corporations professionnelles dont ils protégeaient les membres. Par exemple, Sainte Barbe (le 4 décembre) est la sainte protectrice des pompiers et des mineurs. Saint-Honoré (le 16 mai), le saint patron des pâtissiers, a donné son nom à un gâteau.

Cognates

If you take a closer look at the previous paragraph, you will probably notice that many words, such as "saints," "corporations," "professionnelles," look familiar. And with good reason: One of the best-kept secrets of vocabulary learning is the study of cognates. Cognates are words that are identical or similar in form and meaning in two languages. Lucky for you, there are over 23,000 pairs of such words in French and English!

Main Correspondence Formulas for Cognates

French	English	Derivation Formula
organisation	organization	-tion/-tion
plastique	plastic	-que/-c
université	university	-ité/-ity
industrie	industry	-ie/-y
directeur	director	-teur/-tor
industriel	industrial	-el/-al
actif	active	-if/-ive
canadien	Canadian	-ien/-ian
totalement	totally	-ment/-ly

Je vous ai compris! 2

For each of the following English words, supply the French equivalent using the corresponding preceding formulas.

English	French
extremely	_____
actor	_____
authentic	_____
innovation	_____
creative	_____
density	_____
Bolivian	_____
sequential	_____

See the end of the chapter for the correct answers.

The Relative Pronoun Dont

The relative pronoun *dont* is used to join two sentences that share a common element. It replaces the common element in the second sentence. This element can refer to a person, place, or thing:

> La fête correspond à la célébration du saint **dont** le prénom figure sur le calendrier catholique.

Dont replaces a noun that is the complement of a noun or a verb introduced by the preposition "de" (which may be contracted with the definite article into "du" or "des"):

> La fête correspond à la célébration du saint **dont** le prénom figure sur le calendrier catholique.

La fête correspond à la célébration du saint; le prénom du saint figure sur le calendrier catholique.

> La fête **dont** je vous parle est le 18 août.

> Je parle de la fête; la fête est le 18 août.

Incroyable mais vrai

Religion has also left its mark in many usual phrases:

ne plus savoir à quel saint se vouer: to be helpless

on lui donnerait le bon Dieu sans confession: in reference to a person who seems to be so good that you can trust him or her blindly

une Sainte Nitouche (colloquial): a prude

Dangerous Liaisons: Initial H

An initial "h" is never pronounced. Although most of the time it could as well not be there at all and it wouldn't make any difference, in some words it means that no elision or liaison can take place, as in *le hasard*. The most common of these words are:

Dangerous Liaisons: Initial H	
hacher, une hache, un hachoir	to ground; an axe, a grinder
la haine, haïr	hatred; to hate
un hamac	hammock
un hamburger	hamburger
un hamster	guinea pig
une hanche	a hip
un handicap, un handicapé	handicap, handicapped person
hanter	to haunt
harceler, le harcèlement	to harass, harassment
un haricot	bean
une harpe	harp
la hâte, (se) hâter	haste, to make haste
haut, hauteur	high, height
un héron	heron
hideux	hideous
une hiérarchie	hierarchy
un héros	hero
(se) heurter	to hit
la Hollande, hollandais	The Netherlands, Dutch
la honte, honteux	shame, shameful
hors (de)	out (of)
le houx	holly
huit, huitième	eight, eighth
hurler, un hurlement	to scream, a scream

Mother's Day

Mother's Day is celebrated in most Western countries, but often on different dates. The common element is the celebration of motherhood and a tribute to the first woman we ever loved.

L'origine de la fête des mères remonte à l'Antiquité romaine, mais elle s'est vraiment développée au début de ce siècle et, à partir de 1950, elle est devenue fête légale. Elle est habituellement célébrée le dernier dimanche de mai.

La fête des pères est également apparue dans les années 50; elle a généralement lieu le dernier dimanche de juin. En 1988, on a ajouté la fête des grands-mères, en mars. Mais comme beaucoup d'autres ces trois fêtes font l'objet d'une vaste récupération commerciale.

> **Je vous ai compris! 3**
>
> Go to: www.le-petit-bouquet.com and send virtual flowers to your mom.
> Don't forget to write a note!

History 101

You might have heard of Bastille Day, whose bicentennial was celebrated with pomp and grandeur in 1989. You know it is the French national day, but do you know exactly what it commemorates and how it is celebrated?

The Most French of All: Le 14 juillet

Le 14 juillet commémore la prise de la Bastille, emblème de la monarchie absolue, et symbolise le renversement de cette monarchie le 14 juillet 1789. C'est à partir de l'année suivante que le 14 juillet est devenu la fête nationale française. De tout temps, le 14 juillet a été marqué par des défilés. Le plus grand est un défilé militaire, retransmis par la télévision, qui remonte les Champs Élysées en présence du Président de la République et des dignitaires de l'État. Les drapeaux tricolores décorent les fenêtres des maisons, les frontons des mairies, et les monuments aux morts.

Revolutionary Vocabulary

la prise	capture
le renversement	overthrow
un défilé	procession
un drapeau	flag
la mairie	city hall
un feu d'artifice	fireworks
une retraite aux flambeaux	torch-lit procession
un lampion	lantern
le vin d'honneur	reception in honor of …
l'étendard	banner
sanglant	bloody
mugir	to roar
le bataillon	batallion
abreuver	to quench one's thirst
le sillon	furrow
égorger	to slaughter

Le 13 ou le 14 au soir, on tire des feux d'artifice et on danse dans des bals gratuits en plein air. Ces *bals musette* font danser les couples, autrefois au son de l'accordéon et maintenant au rythme des derniers succès. Dans les petits villages, à la campagne, on organise une retraite aux flambeaux dans les rues. Les gens font alors le tour du village avec des lanternes ou des lampions puis retournent à la mairie pour un vin d'honneur. Au Palais de l'Élysée, résidence du Président de la République, une garden-party rassemble des centaines de personnes invitées par le chef de l'état.

Incroyable mais vrai

"La Marseillaise" as we now know it was written in 1792 by Rouget de Lisle as a war song for the French Army on the Rhine front. It was appropriated by a group of 500 Marseillais who marched to Paris to disseminate the ideals of the Revolution, and renamed "la Marseillaise." Here are the beginning and the chorus:

Allons enfants de la Patrie,
Le jour de gloire est arrivé.
Contre nous de la tyrannie,
L'étendard sanglant est levé. (bis)
Entendez-vous dans les campagnes,
mugir ces féroces soldats.
Ils viennent jusque dans vos bras,
égorger vos fils et vos compagnes.
Aux armes citoyens! Formez vos bataillons!
Marchons, marchons, qu'un sang impur
abreuve nos sillons.

Labor Day: A Union Victory

The Industrial Revolution brought about horrendous labor conditions well depicted by Zola. Gradually, people began to organize and form into unions to demand better working hours and a safer environment. The battle continues to this day!

The Month of May Vocabulary	
une églantine	wild rose
le muguet	lily of the valley

The Month of May Vocabulary	
une revendication	a demand
une manifestation	a demonstration
le charbon	coal
un défilé	a march
un dirigeant syndical	a union leader
un slogan	a motto
une pancarte	a sign
une bannière	a banner

À partir de 1889, la France connaît des mouvements de protestation pour la revendication de la journée de travail de 8 heures. Ces manifestations ont lieu le premier mai en commémoration de la répression sanglante d'une manifestation ouvrière aux États-Unis en 1886. Les manifestants portent un triangle rouge qui représente la division de la journée de travail en trois sections de 8 heures: travail, sommeil, loisirs. Par la suite, on remplace le triangle rouge par une fleur d'églantine, la fleur traditionnelle du Nord de la France.

Le matin du premier mai, les dirigeants et les membres des différents syndicats défilent dans les rues des grandes villes avec des slogans inscrits sur des pancartes et des bannières. Le plus grand défilé a lieu à Paris. Les défilés du premier mai ont un caractère annuel et international.

Logical Markers

As you may have noticed in the previous passage, a number of words are used to indicate the different types of logical relationships that exist between words, sentences, or ideas. The following table shows the main types of logical categories along with the most frequently used corresponding markers.

Marker	Meaning
Relationship: Time (temps)	
quand	when
d'abord	first
ensuite	then
aujourd'hui, de nos jours	nowadays
souvent	often
parfois, quelquefois	sometimes
ce jour-là	on that day

continues

continued

Marker	Meaning
Relationship: Time (temps)	
toujours	always
par moments	at times
à partir de …	from, on, as of
Relationship: Restriction	
ne … que	only
toutefois	however
Relationship: Opposition	
mais, or	but
cependant, pourtant	however
contrairement à	unlike
même si	even though
alors que	whereas/while
bien que	although
Relationship: Explanation (explication)	
en fait	actually
en d'autres mots	in other words
par exemple	for example
Relationship: Addition	
et	and
aussi	also
Relationship: Condition	
si	if
Relationship: Cause	
parce que, car	because
puisque	since
Relationship: Alternative	
ou	or
Relationship: Consequence	
ainsi	thus
par conséquent	consequently

A New Classic: La Fête de la musique

A recent addition to official French celebrations, "la Fête de la musique" is not marked by a day off. It is cultural and has been so successful that it has crossed the border and is now celebrated in many countries!

En 1982, Jack Lang, le ministre de la culture de François Mitterand, a ajouté la Fête de la musique au calendrier des fêtes célébrées en France. Cette fête célébrée le 21 juin marque le solstice d'été, le jour le plus long de l'année. Le but de la Fête de la musique était de mettre à l'honneur les musiciens amateurs. En 1995, plus de 4000 manifestations de musique et de danse ont été recensées partout en France. Les musiciens, soloistes ou en orchestre, les chorales, les groupes, sortent dans les rues et jouent sur les places publiques. En 1998, plus de 10 000 concerts ont eu lieu en province et près de 3000 à Paris. C'est une fête très appréciée du public. Le phénomène s'est rapidement étendu hors frontières et plus de 80 pays à travers le monde célèbrent maintenant cette journée.

Sound Advice

Although the sequence "ch" is usually pronounced *sh* there are some exceptions, like or**ch**estre or **ch**orale (additional ones follow): in that case the sequence is pronounced **k.**

Other exceptions in which "ch" is pronounced **k** include é**ch**o, words beginning with *arch-:* ar**ch**étype, ar**ch**éologie (but not architecte and related words), and words beginning with *dicho-:* di**ch**otomie.

Je vous ai compris! 4

Indicate whether the following statements are true or false:

Vrai	Faux	
_____	_____	La Fête de la musique est une fête historique.
_____	_____	La première célébration date de 1995.
_____	_____	La première Fête de la musique a été créée par le ministre de la culture.
_____	_____	La Fête de la musique célèbre le solstice d'hiver.
_____	_____	Les célébrations ont lieu à Paris seulement.
_____	_____	Il y a des spectacles de danse pendant la fête.
_____	_____	La Fête de la musique honore les musiciens célèbres.
_____	_____	La Fête de la musique connaît un succès international.

For the correct answers, see the end of this chapter.

Wishing Well: Sending Your Wishes

You will not find in France the same variety of cards as you are accustomed to finding at home. However, if you have a social life at all while in France, you are likely to be faced with the challenge of picking—and worse, writing!—a card. How exactly would you do that in French? Here are a few examples for those special occasions that call for a card (from standard to more formal):

Noël

Joyeux Noël à tous!

Paix et bonheur à l'occasion de Noël!

Nouvelle année

Bonne année et bonne santé!

Recevez tous nos meilleurs voeux pour la nouvelle année.

Je vous envoie mes voeux de santé, bonheur et prospérité pour la nouvelle année.

Anniversaire

Tous mes meilleurs voeux d'anniversaire!

Joyeux/Bon anniversaire!

Une année de plus! Mais tu as l'air toujours aussi jeune!

Bonne fête des mères/pères!

Bonne fête Maman!

À la plus merveilleuse des mamans avec tout mon amour.

Je ne pourrais pas rêver d'un meilleur père que toi!

Mariage

Tous nos voeux de bonheur en ce jour unique.

Pour le meilleur et pour le pire! Je vous souhaite qu'il n'y ait que du meilleur.

Naissance

Félicitations aux heureux parents et bienvenue au bébé!

Meilleurs voeux de longue vie, bonheur et prospérité à votre poupon!

Décès

Recevez mes condoléances les plus sincères.

Nos pensées sincères sont avec vous en ces circonstances douloureuses.

> ### *Je vous ai compris! 5*
>
> Visit one of the following Web sites:
>
> > www.plaisirdoffrir.com/fr/cal_fetes.htm
> >
> > www1.montbleu.com
> >
> > www.virtualflorist.com/en/act/selection/
>
> Then, select a special occasion and compose an electronic greeting card:
> Pick a picture or an animation, type in your message in French, and
> send it to the French-speaking recipient of your choice. Be sure to ask
> the recipient for a return e-card!

Speak Your Mind!: Parlez haut et fort!

Describe what you do to celebrate your favorite holiday: place, food, people, activities, traditions. Don't forget to use logical markers.

The Least You Need to Know

➤ Most holidays in France are of religious origin.

➤ Make full use of the 23,000 pairs of cognates—words that are identical or similar in form and meaning in two languages—to increase your French vocabulary.

➤ The relative pronoun *dont* replaces a noun that is the complement of another noun (i.e., introduced by the preposition "de").

➤ Logical markers indicate the relationships between words, sentences, or ideas (time, cause, consequence, explanation, opposition, sequence).

➤ Although an initial "h" is never pronounced, it sometimes indicates that no liaison or elision can take place with the previous word; you will need to memorize those words.

Je vous ai compris! Answers

1. Non/oui/oui/non/oui/non/non/non/oui/non

2. Extrêmement/Acteur/Authentique/Innovation/Créatif/Densité/Bolivien/Séquentiel

3. Answers will vary. One message may read: Bonne fête à la meilleure des mamans!

4. F, F, V, F, F, V, F, V

5. Answers will vary.

Chapter 8

Le Body Language

In This Chapter

➤ Learning the words and ways of greetings

➤ Different strokes: swimsuit issues

➤ Deriving opposites from words you've learned

➤ Exploring the differences between *savoir* and *connaître*

➤ Using demonstrative adjectives and pronouns

If there is one thing anybody knows about France, it is probably the French kiss ... The French have a very specific, quite relaxed way to relate to bodily matters, and to the untrained eye it may sometimes seem shocking. But there is nothing provocative in the way the French use body language and imagery in everything from making contact and taking leave to selling a product and going to the beach. Rather, it is the expression of a natural approach to physical relationships. But as we said, it takes some getting used to. So why wait?

Greetings Earthlings

When introduced to someone, the British will straighten up and utter a very formal "How do you do?" with a very stiff upper lip; the Russians will embrace the person and plant a kiss on his or her lips.

Each culture has its own rituals, and the French are no exception. So, if you hope to be more than just a foreigner, you need to know these cultural conventions.

Greetings Earthlings

la bise	a peck on the cheek
un bisou	colloquial name for "la bise"
rmbrasser	to kiss someone
s'embrasser	to kiss each other
faire la bise	to give a kiss
la joue	cheek
la bouche	mouth
les lèvres	lips
se serrer la main	to shake hands
un inconnu	a stranger
connaître	to know
présenter	to introduce

Tip du jour

Try to designate a space as your French corner. It can be as luxurious as a room in your house or as humble as a corner desk in the basement or walk-in closet. The point is, you need a space for your French resources; if you spend half of your precious daily fifteen minutes searching for your notes, dictionary, or book you won't be accomplishing much.

Greetings 101: La bise

La bise est ce baiser sur la joue que les Français se donnent quand ils se rencontrent ou quand ils se séparent. Selon les régions, on s'embrasse deux, trois ou même quatre fois, comme c'est le cas dans le Sud de la France. Les filles et les femmes se font la bise entre elles, de même que les amis, hommes et femmes; les garçons et les hommes ne se font la bise que s'ils font partie de la même famille. Il n'est pas rare que mère et fille se donnent ce baiser non pas sur la joue mais sur la bouche (mais ce n'est pas un *French Kiss!*).

En France, les contacts physiques sont importants. Les membres de la famille se font la bise le matin au réveil et le soir avant d'aller se coucher, et souvent même à chaque rencontre.

Greetings 201: Shaking Hands

La bise is for people who know each other or who are young enough to say *tu* to each other. For the rest, there is the handshake.

The verb *connaître* is irregular. Here is its conjugation table, which also applies to other verbs in *–aître* (except *naître*, to be born). Forms with the same number are pronounced the same.

Conjugations of Connaître

	Pres. Indic.	Imperf.	Future	Pres. Subj.
je	connais[1]	connaissais[2]	connaîtrai[3]	connaisse[4]
tu	connais[1]	connaissais[2]	connaîtras[5]	connaisses[4]
il	connaît[1]	connaissait[2]	connaîtra[5]	connaisse[4]
nous	connaissons	connaissions[6]	connaîtrons[7]	connaissions[6]
vous	connaissez	connaissiez[8]	connaîtrez[3]	connaissiez[8]
ils	connaissent[4]	connaissaient[2]	connaîtront[7]	connaissent[4]
p.part.	connu			

Pour dire bonjour ou au revoir, les hommes se serrent la main, qu'ils se connaissent ou non. Les inconnus, hommes ou femmes, se serrent également la main lorsqu'ils sont présentés les uns aux autres. Il faut savoir que c'est la personne la plus âgée ou la plus titrée qui tend la main vers l'autre personne, plus jeune ou moins importante sur le plan social ou hiérarchique.

Je vous ai compris! 1

What would be the appropriate greeting in the following situations?

	Faire la bise	Serrer la main
Deux hommes qui ne se connaissent pas	_____	_____
Deux femmes qui ne se connaissent pas	_____	_____
Une mère et sa fille	_____	_____
Deux amies	_____	_____
Deux amis	_____	_____
Un homme et une femme qui sont amis	_____	_____
Un père et son fils	_____	_____
Un employé et son directeur	_____	_____

See the end of this chapter for correct answers.

Attention!

Beware of the word *baiser!*
There is no problem with the
noun *un baiser* (a kiss), but by all
means stay clear of the verb: It is
the equivalent of the F-word!

Word Derivation

You just read two words: *inconnu* and *impoli*. These words are derived from *connu* and *poli* respectively, to which the prefix "in-" or "im-" was added. What that particular prefix "in-" does is change the meaning of the base word in a way that means "opposite": *inconnu* means *non connu*, *impolite* means "not polite."

You probably noticed that the spelling of the prefix varies: *in-* becomes *im-* before "p," "b," and "m," and *il-* before "l."

Knowing how words are structured can help you find the right French words even if you've never seen or used them before. Let us explain what we mean. Take the following series of words:

Facile, difficile, facilement, facilité, faciliter

You probably noticed that all these words have one common element, the root, or stem, to which a specific affix is added: either a suffix (i.e., an affix attached after the stem), for example *-ment* for the adverb, *-ité* for the nouns, *-(it)er* for the verb; or a prefix (i.e., an affix attached before the stem), like *di(f)-*. Once you realize that each affix has a particular meaning, understanding and generating new words becomes a lot easier.

Je vous ai compris! 2

Using the preceding derivation rules, can you derive the opposites of the following words?

Noms	Opposé	Adjectifs	Opposé
prudence	_____	amical	_____
précision	_____	logique	_____
sensibilité	_____	populaire	_____
conscience	_____	légitime	_____
décence	_____	moral	_____

See the end of the chapter for correct answers.

Affix Examples

Affix	Meaning	Example
co-	with	opérer, coopérer
dé-	un-	faire, défaire
in-, ir-, -il	not	digeste, indigeste; réel, irréel; légal, illégal
més-	mis-	aventure, mésaventure
pré-	before	natal, prénatal
re-, ré-	again	faire, refaire; édition, réédition
-ment	-ly	facile, facilement
-able, -ible	able	lire, lisible; faire, faisable
-ir	to become	rouge, rougir; pâle, pâlir
-fier	to render	fort, fortifier

Savoir vs. Connaître

The verb *to know* in English is translated into French using two verbs, *savoir* and *connaître*. How do you know which one to use and when? Actually, it's fairly simple:

➤ *Savoir* is used for intellectual or factual knowledge resulting from indirect learning experiences (books, teaching, memorization).

➤ *Connaître* is used for emotional or experiential knowledge resulting from direct experience such as getting to know people or becoming familiar with places or situations.

But an easier way to pick the right verb is simply to look at the sentence structure:

➤ *Savoir* is most frequently followed by a clause with a verb in a conjugated or infinitive form:

Savez-vous combien de bises il faut faire?

➤ *Connaître* is most frequently followed by the name of a person, place, or thing:

Si on connaît une personne, on lui fait la bise.

Je vous ai compris! 3

Complete the following sentences with the appropriate verb: *savoir* or *connaître* (don't forget to conjugate as required).

Je _____ le rituel des prises de contact en France.

Elle _____ ce qu'il faut faire quand elle rencontre un étranger.

Nous _____ bien la France.

Vous _____ que les contacts physiques sont importants en France.

Tu _____ quand tu dois employer *tu*.

Voulez-vous _____ les habitudes des Français?

See the end of the chapter for correct answers.

Hands-On Vocabulary

Many French phrases use the word *main*. Here are the most common:

Hands-On Vocabulary

donner un coup de main	to give a hand
avoir un poil dans la main (fam.)	to be lazy
de première main	firsthand
vol à main armée	armed robbery
la main dans le sac	(caught) red-handed
faire main basse sur	to run off with
ne pas y aller de main morte	to be heavy-handed
j'en mettrais ma main au feu	I'd stake my life on it
prêter main forte	to come to help
la main-d'oeuvre	manpower, labor

On the Beach: Breathless Topless

Most French beaches would be X-rated in North America, because body parts normally kept hidden are blatantly exposed to the passerby. Nude beaches are quite common as well. Get used to it: The French are very comfortable with their bodies and they will show them off!

Here are some terms you'll need on the beach.

On the Beach	
un maillot de bain	swimsuit
un string	a thong
le corps	body
(se faire) bronzer	to get a tan
le bronzage	a tan
les seins (f.)	breasts
nu	bare
décontracté	relaxed

Depuis le début du siècle, on pratique le naturisme en France. Plusieurs associations et fédérations défendent ce style de vie et tiennent annuellement leurs congrès. Le naturisme se pratique souvent en famille. Les plages nudistes existent depuis longtemps en France.

Dans les années 70, l'influence du féminisme et du mouvement de libération de la femme ont changé l'attitude envers le corps et maintenant sur toutes les plages, il n'est pas rare de voir les jeunes filles et les femmes se faire bronzer les seins nus.

Ces pratiques n'ont aucune connotation sexuelle ou pornographique. Elle témoignent simplement de l'attitude naturelle et décontractée des Français envers le corps.

Sound Advice

Some tricky words to pronounce: Un maillot: **ma-yo.** Le corps: **cor.** Les seins: nasal vowel, as in **main** (hand). When practicing French sounds, use a mirror to watch your profile and check the correct position of your lips.

The Body in the Media

Most North Americans would be shocked by the display of near- or total nudity in French movies and commercials, whether it is on TV or in public places, on giant billboards. But the French don't really mind. As we'll see later, the only true taboo in France is not sex, but money!

Body Image

Le cinéma français montre fréquemment des scènes de nudité et d'intimité très poussées, sans que la censure ne s'offusque de cette situation. Les temps ont bien changé depuis les années 70, lorsque la télévision affichait en bas à gauche de l'écran un petit carré blanc qui alertait les parents s'il y avait de la nudité dans les films.

Aujourd'hui, ce symbole a changé de signification: il indique s'il y a des actes de violence dans le film.

Incroyable mais vrai

The bikini swimsuit appeared in 1946. This two-piece "itsy-bitsy, teeny weeny" item was named after an atoll in the Pacific where nuclear testing had been conducted because it was predicted to be a bombshell! The "monokini" appeared in 1964. This bottom-only swimsuit's name is a play on the word "bikini."

La publicité se sert des images des femmes pour augmenter la consommation de certains produits. Il est courant d'utiliser la nudité féminine pour tout vendre, du sous-vêtement féminin au sucre ou à la voiture. Il suffit de regarder les affiches de "Minitel rose," ces services téléphoniques qui assouvissent les fantasmes masculins: on peut y voir des jeunes femmes, généralement blondes, aux formes généreuses à peine voilées de lingerie, dans des poses suggestives. Ces affiches sont placardées partout, sur les murs des villes et les ponts des autoroutes.

Here is some useful body language.

Body Image	
l'intimité (f.)	intimacy
poussé	extreme
la censure	censorship
s'offusquer de	to be shocked by
courant	commonplace
un écran	screen
une affiche	a poster
assouvir	to satisfy
un fantasme	a fantasy
généreux	(here) curvaceous
voiler	to shroud
placarder	to post

Being Demonstrative: Adjectives and Pronouns

The following sentences, taken from the passage in the preceding section, use a demonstrative adjective in order to point at a previously mentioned element:

> **Ce** symbole a changé de signification.

> La censure ne s'offusque pas de **cette** situation.

> **Ces** affiches sont placardées partout.

The demonstrative adjective corresponds to this, these, that, and those in English. As in English, it agrees with the noun it modifies:

	Singulier	Pluriel
Masculin	ce	ces
Féminin	cette	ces

Demonstrative pronouns replace the group formed by a demonstrative adjective and a noun. Here are their forms:

	Singulier	Pluriel
Masculin	celui	ceux
Féminin	celle	celles

Demonstrative pronouns are accompanied by the suffix *-ci* (for "this one, these") or *-ça* (for "that one, those"):

	Singulier	Pluriel
ce symbole	celui-*ci*,	celui-*là*
ces affiches	celles-*ci*,	celles-*là*
cette situation	celle-*ci*,	celle-*là*
ces services téléphoniques	ceux-*ci*,	ceux-*là*

Attention!

Ce becomes *cet* in front of a word beginning with a vowel or a silent "h"; in that case it is pronounced exactly like the feminine form *cette*.

One particular use of demonstrative pronouns is to indicate possession (the equivalent of 's in English); in that case they are used without a suffix: La publicité française utilise plus le corps de la femme que *celui de* l'homme: *men's*.

Les programmes télévisés d'aujourd'hui ne sont plus identifiés comme *ceux d'*hier: yesterday's.

Let Your Fingers Do the ... Talking

They say a picture is worth a thousand words, but with the French, especially in the South, a gesture can be worth even more. Mediterranean people have a way of expressing themselves with their hands and fingers which sometimes foregoes the need for words.

Body Language

le bras	arm
l'avant-bras (m.)	forearm
le pouce	thumb
un index	index finger
le majeur	middle finger
l'annulaire (m.)	ring finger
un auriculaire	little finger
le petit doigt	pinkie
le bras d'honneur	equivalent of the "middle finger" sign
le coude	elbow
plier	to fold
avancer	to move forward
reculer	to move backward
envahir	to invade

Les Français du Sud ont la réputation de parler avec les mains: ils accompagnent leurs paroles de gestes plus ou moins grands, leurs bras tracent de grands cercles, leurs mains volent autour d'eux, leur index pointe ou s'agite de façon menaçante.

Un geste est à connaître, même s'il est vulgaire: le bras d'honneur, qui est l'équivalent du majeur tendu … Le bras d'honneur se fait en deux temps: on tend d'abord le bras droit horizontalement devant soi; ensuite, la main gauche vient frapper ce bras droit au niveau du coude, et on plie le bras droit aussitôt, main vers le haut.

Il faut noter aussi une tendance à la proximité, qui reflète encore une fois la relation très naturelle que les Français ont avec le corps. Ainsi, lors d'une discussion, le Nord-américain garde de préférence une distance d'environ un mètre, alors que le Français méditerranéen diminue la distance jusqu'à cinquante centimètres. Il en résulte un sentiment de malaise: tous deux tenteront de rétablir la distance qui leur semble convenable, mais ce n'est pas possible car lorsque l'un avance pour réduire la distance interindividuelle à sa convenance, l'autre se sent envahi dans son espace personnel et recule.

Tip du jour

Go to the *Elle* Web site, www.elle.fr, and list the various ways it uses the body for different purposes such as the Web page itself, articles on personal grooming, on fitness and exercise, sections on fashion, advertising, and so on. Then, compare these uses with what American magazines would do.

Je vous ai compris! 4

What hand signals would you use to emphasize an important point in a conversation?

_____

_____

_____

_____

See the end of the chapter for answers.

Speak Your Mind: Parlez haut et fort!

A gesture is worth a thousand words—what's your favorite expressive gesture? Imagine you're teaching it to someone who's blindfolded: How would you describe it?

The Least You Need to Know

➤ French people kiss each other on the cheeks when they are on familiar terms; otherwise they shake hands.

➤ French women go topless on the beach without it offending anyone; it is just one manifestation of the casual and relaxed attitude the French have toward the body.

➤ Opposite words can be derived from a base word by adding the prefix *in–*; this prefix changes to *im–* before b, m, and p, and to *il–* before l.

➤ Use *savoir* when followed with an infinitive or a clause; in other cases use *connaître*.

➤ One particular use of demonstrative pronouns in French is to indicate possession; it is the equivalent of 's (as in "It's not Bob's car, it's John's") in English.

Je vous ai compris! Answers

1. serrer la main/serrer la main/faire la bise/faire la bise/serrer la main/faire la bise/ faire la bise/serrer la main

2.

Noun	Opposite	Adjective	Opposite
prudence	imprudence	amical	inamical
précision	imprécision	logique	illogique
sensibilité	insensibilité	Populaire	impopulaire
conscience	inconscience	légitime	illégitime
décence	indécence	moral	immoral

3. connais/sait/connaissons/savez/sais/connaître

4. Answers will vary. One example could be: tendre l'index de la main droite, avancer en même temps le bras vers l'interlocuteur, avec un mouvement de haut en bas de l'avant-bras; le pouce est posé sur les trois autres doigts repliés.

Surviving the French Administration

France has a superb system of social services, which provides health care, higher education, social assistance, and so on. The down side is that it is a complicated system of certification and a maze of paperwork. A lot of running around is necessary to get the right documentation and much time is wasted doing this.

The Sécurité Sociale

The social security system reaches into many areas: health, retirement, the family, and the fight against unemployment—an especially important concern today.

Incroyable mais vrai

Social Security was first introduced in France after the French Revolution in 1789. In 1793, a first decree stated that helping the poor was a national duty. A second decree followed to organize assistance for the very young, the old, and the poor.

Health Benefits

couvrir	to protect, to insure
cotiser	to contribute
un médicament	drug
une ordonnance	prescription
prendre en charge	to cover
des honoraires (m.)	fee
un formulaire	a form
une étiquette	label
le cachet	stamp
une mutuelle	supplementary insurance
le séjour	stay
plafonner	to cap
une dépense	spending
toucher	to receive
un processus	process
le vieillissement	aging process

Health Care: La sécurité sociale

La sécurité sociale—la Sécu—est un programme national d'assurance maladie garanti par la Constitution, même s'il est régulièrement déficitaire. Quatre-vingt-dix-neuf pour cent des Français sont couverts par la sécurité sociale. Employeurs et employés sont obligés d'y cotiser, et tout employé y verse environ 8% de son salaire. Les visites médicales et les médicaments sur ordonnance sont pris en charge à 70 ou 80%.

Comment fonctionne le système? À la fin d'une visite, le médecin indique ses honoraires, sur un formulaire brun que le patient envoie pour se faire rembourser par la sécurité sociale. Si une ordonnance a été prescrite, le pharmacien délivre les médicaments, colle sur le formulaire les étiquettes de leurs codes et appose le cachet de sa pharmacie. Le séjour à l'hôpital suit le même processus.

Des mutuelles ou des caisse d'assurances complémentaires remboursent ce qui n'est pas couvert par la sécurité sociale.

The Passive Form

Here are two sentences taken from the text:

> Les visites médicales et les médicaments sont remboursés par la sécurité sociale.

> La majorité des Français sont couverts par une mutuelle.

You will certainly agree that they are quite similar to the following sentences:

> La sécurité sociale rembourse les visites médicales et les médicaments.

> Une mutuelle couvre la majorité des Français.

The second set of sentences is in the active form: The subject performs on the object the action mentioned by the verb.

The first set of sentences is in the passive form: The subject is acted upon by the object, which is called "complément d'agent." The passive form focuses on the object of the action (or the "victim") by making it the subject of the sentence.

In the passive form, the verb is always conjugated with the auxiliary *être;* the object of the active sentence becomes the subject of the passive sentence and the subject in the active form becomes the agent in the passive form and is introduced by *par.*

Tip du jour

Flip through the phone book: If there is an Alliance française, a French Embassy, or a Consulate nearby, phone them up and ask about upcoming events. These are open to the general public, and except for 14th of July celebrations you usually do not have to be a French citizen to attend.

Attention!

Only transitive direct verbs (i.e., verbs with a direct object) can be used in the passive form: *rembourser quelque chose:* Les visites médicales sont remboursées par la sécurité sociale. For transitive indirect verbs, use the "on" solution.

Sometimes an active form can be used with a passive meaning, with the help of the pronoun *on:*

> *On* oblige employeurs et employés à y cotiser.

Je vous ai compris! 1

Indicate whether the following statements are true or false. You may want to refer to the vocabulary table before you begin.

Vrai	Faux	
_____	_____	La sécurité sociale est un programme d'aide à la famille.
_____	_____	Tous les Français sont couverts par la Sécu.
_____	_____	Seuls les employeurs cotisent à la sécurité sociale.
_____	_____	Le programme paie directement les médecins.
_____	_____	Les visites médicales sont prises en charge à 100%.
_____	_____	Les médicaments sont remboursés à 100%.
_____	_____	Le pharmacien remplit un formulaire spécial.
_____	_____	Il n'y a qu'une seule mutuelle en France.
_____	_____	Le budget de la sécurité sociale est équilibré.

Correct answers are at the end of this chapter.

Go to www.caf.fr/formulaires/ then pick a social assistance form, download it, and fill it out.

This active structure hides a passive meaning:

> Employeurs et employés *sont obligés* d'y cotiser.

The passive form is only one transformation of the base sentence (i.e., a sentence with a subject-verb-object structure). Here is the complete list:

Base and Transformed Sentences

Base	Nous visitons la maison.
Switch S-V	Visitons-nous la maison? (interrogation)
Add ne ... pas	Nous ne visitons pas la maison. (négation)
Remove S	Visitons la maison! (impératif)
Switch S-O, add Be + pp	La maison est visitée par nous. (passif)

Family Benefits: Les allocations familiales

The French government provides very generous support for the mothers of the nation. This policy was implemented in order to encourage a high birthrate.

Social Benefits Vocabulary

une prestation	benefit
nataliste	birth-rate oriented
la natalité	birth-rate
un congé	leave
une allocation	benefit
la grossesse	pregnancy
la naissance	birth
une crèche	day-care
subventionner	to fund
le revenu mensuel	monthly income
une majoration	bonus

Les mères françaises reçoivent depuis longtemps beaucoup d'aides sous la forme de congés maternités payés (16 semaines pour un premier enfant, et ce congé monte à 6 mois pour les mères de famille nombreuse), différentes allocations comme l'allocation grossesse pendant les neuf mois de la grossesse, l'allocation maternité d'environ 4500 francs à la naissance, les allocations familiales, l'existence de crèches subventionnées par l'État et d'écoles maternelles gratuites où on peut envoyer les enfants à partir de deux ans.

Les allocations familiales—*les allocs*—sont versées à compter du 2ème enfant à charge.

Mais elles deviennent vraiment considérables à la naissance du troisième enfant: 1567 francs mensuels pour trois enfants; 2447 francs pour quatre enfants et 3327 francs pour 5 enfants. On peut jouir d'autres avantages divers comme l'accès à une carte de famille nombreuse qui permet aux familles de trois enfants et plus d'obtenir certaines réductions (dans les transports en commun, par exemple).

Sound Advice

Remember that many letter combinations produce the sound "s":

"s" before a vowel: **s**emaine
"s" before a consonant: natali**s**te
"ss" between vowels: gro**ss**esse
"t" in the sequence "tion": alloca**t**ion
"c" before e, i, y: existen**c**e
"ç" before a, o, u: fran**ç**aise

Je vous ai compris! 2

Indicate whether the following benefits are available in France, in the United States, or in both countries.

Les prestations familiales	en France	aux États-Unis
congé maternité	_____	_____
allocation grossesse	_____	_____
allocation maternité	_____	_____
allocations familiales	_____	_____
allocation spéciale 3ème enfant	_____	_____
crèche subventionnée	_____	_____
maternelle gratuite	_____	_____
carte de famille nombreuse	_____	_____

The correct answers are at the end of the chapter.

Sound Advice

You've seen many acronyms in this section. How do you pronounce them?

ANPE, RMI: spell out each letter.

SMIG: say as one word.

Income Security and Unemployment Benefits

France has an elaborate system of social support and an office, the Agence nationale pour l'emploi (ANPE), to help unemployed people find a job.

À partir des années 70, des lois ont introduit le concept du salaire minimum (le SMIG, salaire minimum garanti, instauré en 1973). Pour les personnes sans emploi, d'autres prestations sont en place: assurance chômage, aide au logement ou revenus pour faciliter l'insertion dans la société (RMI, revenu minimal d'insertion). Les prestations tiennent compte du statut de la personne (si elle est mariée ou si elle a des enfants). Les familles à revenus faibles reçoivent également une allocation logement pour les aider à payer leur loyer.

L'ANPE est l'organisme qui aide les personnes à la recherche d'un emploi.

Written and Oral Communication

There used to be a Ministry of Postal Services in France that was in charge of the mail, telephone, and telecommunications in general. In the 1970s, the service was split into two separate entities: the mail and telecommunications.

The Post Office: La Poste

The mail, as in most countries, is a venerable institution. If you are in France, you might look into some of the older post offices if your travels take you past any. They are charming places and have a very French flavor of bureaucracy. A portrait of Marianne, the female face of France and the Revolution, graces most French stamps.

Vocabulary of the Post Office	
supplanter	to supersede
le télécopieur	fax
un timbre	stamp
retirer	to withdraw
envoyer	to send
un colis	parcel
un mandat international	international money order
la vitesse	speed
le courrier	mail

Incroyable mais vrai

The English word "mail" comes from the Old French for "la malle-poste," the wooden trunk that was used to carry letters by horse-drawn carriage!

L'année 1889 voit la naissance du ministère des Postes Télégraphe et Téléphone. Dans un passé pas si lointain, les gens envoyaient des télégrammes pour leurs communications urgentes. Ce coûteux moyen de communication écrite a été supplanté par le téléphone, le télécopieur et l'utilisation de l'Internet.

Attention!

The verb *téléphoner* is transitive indirect: *Téléphoner à quelqu'un.* The verb *appeler* is transitive direct: *Appeler quelqu'un.*

Par contre, d'autres fonctions sont toujours présentes. On va toujours dans un bureau de poste pour acheter des timbres, pour déposer ou retirer de l'argent de son compte chèque postal, pour envoyer des lettres, des colis ou des mandats internationaux. Les 17,000 bureaux et véhicules de la Poste se reconnaissent par leur couleur jaune (leur logo est en bleu sur un fond jaune).

France Télécom

Lorsque le téléphone apparaît, en France, en 1878, il est concédé à une société privée. En 1889, le téléphone est nationalisé: c'est la naissance des PTT, ou Postes Télégraphe Téléphone. Avec l'apparition des nouvelles technologies et de services nouveaux, la branche Téléphone des PTT s'est séparée de la poste en 1991 pour devenir une entité séparée, France Télécom.

Call Me

un indicatif régional	area code
la gamme	range
l'annuaire, le bottin	telephone book
un abonné	subscriber
un chiffr	digit
une facture	bill
la liste rouge	unlisted numbers
un appel en PCV	collect call
une cabine	phone booth
un bureau de tabac	tobacconist's shop
une carte d'appel	calling card
un appel interurbain	long-distance call

Les numéros de téléphone français ont 10 chiffres. Les deux premiers sont l'indicatif régional (par exemple 03 représente le Nord-Est de la France) suivi de 8 chiffres. N'oubliez pas qu'en France on paye non seulement les appels interurbains mais aussi les communications locales, qui sont facturées à la durée.

Si vous ne voulez pas que votre nom apparaisse dans le bottin téléphonique, vous ferez une demande pour être sur la liste rouge; ce service est payant. L'ancien service d'appel en PCV (pour "percevoir") a pour sa part été supprimé il y a quelques années.

Il existe deux types de cabines téléphoniques: à pièces ou à carte. Le premier accepte des pièces de un, deux, cinq ou dix francs. Mais à cause du vandalisme ces cabines se font de plus en plus rares et sont progressivement remplacées par des téléphones à carte. Par contre, des Points Phone acceptant les pièces de monnaie sont installés dans de nombreuses stations services. On peut acheter des cartes d'appel dans les bureaux de tabac ou de la Poste.

Sound Advice

When saying phone numbers you must group them into two-digit numbers. For example, 04-94-15-21-46 will sound like *zéro quatre, quatre-vingt-quatorze, quinze, vingt-et un, quarante-six.*

Incroyable mais vrai

The nickname "le bottin" given to the French telephone book comes from Sébastien Bottin who, in 1819, compiled a list of all the merchants of Paris. There is also a "bottin mondain" listing all the names of people who can claim royal or aristocratic descent.

Getting Official Documents

France being the epitome of administration, there are many official documents that the French must possess in order to apply for other official documents, which in turn will be necessary to obtain yet other documents or conduct legal business.

Vocabulary of Official Documents	
la mairie	city hall
le commissariat de police	Police station
la préfecture	prefecture
un timbre fiscal	revenue stamp

continues

continued

Vocabulary of Official Documents

une copie conforme	certified copy
un extrait de casier judiciaire	copy of criminal record
le livret de famille	booklet given to married people to register births and deaths
la naissance	birth
la mort	death
la carte nationale d'identité	identification card
gratuitement	free
obtenir	to receive
se périmer	to become out of date
la quittance	a receipt
le loyer	rent
une pièce d'identité	piece of ID

Le livret de famille

De tous les documents officiels qui accompagnent les Français, le livret de famille est le plus important. Il liste les étapes essentielles de la vie d'une famille: mariage des parents, naissance (et décès) des enfants. On en obtient un quand on se marie. Les mères célibataires l'obtiennent à la naissance de leur enfant.

La carte nationale d'identité

La carte nationale d'identité est un autre important document d'identification. Théoriquement, elle n'est pas obligatoire, mais dans la réalité elle est indispensable pour de nombreuses démarches administratives; elle sert aussi pour voyager dans les pays de l'Union européenne.

Le passeport

Indispensable pour voyager hors de la Communauté européenne, le passeport s'obtient à la Préfecture sur présentation d'une photocopie conforme de la carte d'identité, de deux photos, d'un extrait d'acte de naissance, d'un extrait de casier judiciaire et d'un timbre fiscal (environ 400 francs). Il est valable cinq ans.

L'extrait d'acte de naissance

Si on désire obtenir des extraits d'acte d'état civil ou des copies conformes d'un document on doit s'adresser à la mairie de son lieu de naissance. Ce document n'a pas l'importance qu'on lui donne en Amérique du nord. Il faut savoir que les extraits d'acte d'état civil sont périmés au bout de six mois.

Personal Pronouns: En and Y

Read these two sentences taken from the text. What do the pronouns *en* and *y* refer to?

> On **en** obtient un. = On obtient un livret.

> On **y** inscrit différents renseignements. = On inscrit différents renseignements dans le livret.

En replaces **de** as a preposition of location followed by a noun:

> Il vient **de France**. = Il **en** vient.

the partitive article (du, de la, de l', de) followed by a noun:

> Il a **de** l'argent. = Il **en** a.

an expression of quantity followed by a noun:

> On obtient **un livret**. = On **en** obtient un.

Y replaces a preposition of place (dans, sur, devant, and others) followed by a noun:

> On inscrit différents renseignements **dans** le livret.

> On **y** inscrit différents renseignements.

A complement (noun) introduced by the préposition **à** (unless this noun refers to a person):

> Il pense à **son enfance**. = Il **y** pense.

Attention!

The verb *obtenir* is conjugated like *tenir*. Other common compound verbs built on tenir are *appartenir, contenir, entretenir, maintenir, retenir.*

je tiens, tu tiens, il/elle tient

nous tenons, vous tenez, elles/ils tiennent

past participle: tenu

Note that the first three forms sound the same.

Sound Advice

Liaison is compulsory when en is followed by a word beginning with a vowel or a silent "h": Il en a (en na).

Je vous ai compris! 3

Answer the following questions by replacing the bold segment with the appropriate pronoun: en or y.

Est-ce que tu viens **des États-Unis?** _____

Est-ce que tu as reçu **de l'argent?** _____

Est-ce que tu as **un livret de famille?** _____

Est-ce que tu as **des photos de tes parents?** _____

On met une photo **sur votre carte?** _____

Est-ce qu'elle va **à la mairie** pour obtenir une carte d'identité?

_____

Est-ce que tu penses **à ton passeport?** _____

The correct answers are at the end of the chapter.

Driver's License and Car-Related Documents

En France, il y a plusieurs catégories de permis de conduire. Celui qui permet de conduire une voiture est le permis B. Dès que vous avez 17 ans et, dans certains cas, à partir de 16 ans, vous pouvez passer votre permis: il faut suivre une formation théorique et pratique dans une auto-école et réussir un examen écrit ("le Code," pour le code de la route) et une épreuve de conduite. Récemment, le permis à points a été introduit avec au départ douze points, mais le système est peu appliqué.

Vocabulary of Car-Related Documents

les papiers	papers
circuler	to drive
le permis de conduire	driver's license
l'assurance	insurance
la carte grise	car ownership certificate
la vignette	special tax label for cars
une immatriculation	license plates
une contravention	a fine
adhésif	sticky
le pare-brise	windshield
l'achat	purchase

Vocabulary of Car-Related Documents

la recette des impôts	income-tax revenue center
les douanes	customs
la circulation	traffic
se garer en double file	to double-park
faire le plein	to fill up your car
l'essence	gasoline
le péage	toll

La carte grise est la carte d'identité de la voiture, son certificat d'immatriculation. Son prix varie selon les régions et les catégories de voiture.

La vignette est un timbre adhésif à coller sur son pare-brise. On l'achète dans le département où la voiture est immatriculée. Le prix dépend de trois critères: le département, la puissance du véhicule ainsi que son âge (moitié prix au bout de cinq ans). L'achat de la vignette doit se faire entre le 12 novembre et le 1er décembre de chaque année dans un bureau de tabac, une recette des impôts ou une recette des douanes. Si vous ne l'achetez pas pendant cette période, vous subirez une pénalité qui s'élève à un certain pourcentage du montant de la vignette.

Je vous ai compris! 4

Want some online practice? Go to www.finances.gouv.fr/impots_et_taxes/vignette/2000/ and find out about the price of the vignette for these cars:

Renault Twingo 1995 (4 chevaux fiscaux, dans les Alpes-Maritimes); Renault Kangoo 1998 (6 chevaux fiscaux, dans la Nièvre); Kia Sportage Cutback (10 chevaux fiscaux) 2000 à Paris 16ème; Citroën Xsara 1,8i berline (6 chevaux fiscaux) 1996 en Gironde; Renault Clio Sport 2.0 16V 1999 (10 chevaux fiscaux) en Moselle.

Correct answers are at the end of the chapter.

Maintenant, à vous les plaisirs de la route! Mais n'oubliez pas qu'il y a 25 millions de voitures en France, que la circulation est infernale, que les places pour stationner sont rares et que beaucoup de Français se garent en double file, que les autoroutes sont à péage et que vous devrez faire le plein vous-même (le terme "station-service" signifie que c'est vous qui vous servez!). Dernière précision: l'essence coûte près de sept francs le litre!

Je vous ai compris! 5

Answer the following questions using information from the previous passage.

Quel type de permis faut-il pour conduire une voiture?

_____

À quel âge peut-on passer ce permis?

_____

Quels examens conditionnent l'obtention du permis?

_____

Combien de points compte le permis français?

_____

Qu'est-ce que la carte grise?

_____

Comment est établi le prix de la carte grise?

_____

Qu'est-ce que la vignette?

_____

Comment est établi le prix de la vignette?

_____

Où achète-t-on la vignette?

_____

Quand doit-on l'acheter?

_____

Que se passe-t-il si on ne respecte pas la période d'achat?

_____

Correct answers are at the end of the chapter.

Speak Your Mind: Parlez haut et fort!

How would you compare administration in France and in the States? Give the most striking differences in terms of structure and services.

The Least You Need to Know

➤ Doing paperwork in France is a most daunting task. In order to benefit from all the generous subsidies available, you really need to produce tons of documents.

➤ In the passive form, the verb is conjugated with the auxiliary *être*, the direct object of the active sentence becomes the subject, and the subject of the active sentence becomes the agent (it is introduced by *par*).

➤ The verb *tenir* has a special conjugation table, also used for the verb *venir* and verbs formed from these two verbs.

➤ The pronoun *en* replaces the locative preposition *de* followed by a noun, or the partitive article followed by a noun, or an expression of quantity followed by a noun.

➤ The pronoun *y* replaces a locative preposition other than *de* or a complement introduced by the preposition *à*.

Je vous ai compris! Answers

1. F, F, F, F, F, F, V, F, F

Answers will vary depending on the social assistance form chosen at www.caf.fr/formulaires/ and the individual situation.

2.

les prestations familiales	en France	aux États-Unis
congé maternité	X	
allocation grossesse	X	
allocation maternité	X	
allocations familiales	X	
allocation spéciale 3ème enfant	X	
crèche subventionnée	X	
maternelle gratuite	X	
carte de famille nombreuse	X	

3. en/en/en/en/y/y/y

4. 135 FF/560 FF/1410 FF/544 FF/1380 FF

5. Un permis B/à 16 ou 17 ans/réussir un examen écrit ("le Code") et une épreuve de conduite/12/la carte d'identité de la voiture, son certificat d'immatriculation/selon les régions et les catégories de voiture/un timbre adhésif à coller sur son pare-brise/ Le prix dépend de trois critères: le département, la puissance du véhicule ainsi que son âge (moitié prix au bout de cinq ans)/dans un bureau de tabac, une recette des impôts, ou une recette des douanes/entre le 12 novembre et le 1er décembre de chaque année/On subit une pénalité qui s'élève à un certain pourcentage du montant de la vignette.

Chapter 10

Who's Big in French Society?

In This Chapter

➤ Read all about French movers, shakers, and stars

➤ Using comparative and superlative forms of nouns and verbs

➤ Learn the professional vocabulary

➤ The *passé composé* forms and how to use them

➤ Describing people's physical characteristics and style

How can you get your fifteen minutes of fame? There are several options you can choose from, but the most effective ones in the new millennium take advantage of the media. You might decide to get into politics, or you may prefer the more glamorous world of show business (but is it really different from politics these days?) and get into a movie, TV, modeling, or a sports career. In France, at the moment the hottest stars come from these areas and their popularity is measured by how often they make the cover of tabloids (and even news magazines) and appear on TV talk shows.

Politicians

Rose Kennedy always wanted her sons to become presidents of the United States. Whether French political moms had the same dream for their sons remains to be seen, but one thing we know for sure is that one French son was born to be a politician: Bernard Tapie, one of the most controversial figures in recent history. Here is a summary of his life, and no, we did not make it up!

Jack-of-all-Trades: Bernard Tapie

Cet homme est un véritable touche-à-tout: vendeur de téléviseurs, chanteur dans les années 1970 sous le nom de Bernard Tapy, acteur de cinéma, repreneur d'entreprises en faillite, animateur de télévision, député, ministre, ami personnel de l'ancien président Mitterrand, chef de parti politique, patron d'Adidas et de l'OM (l'Olympique de Marseille). Seule ambition qu'il n'a pas réussi à satisfaire: conquérir la mairie de Marseille.

Bernard Tapie	
un touche-à-tout	jack-of-all-trades
un vendeur	a salesman
un chanteur	a singer
un acteur de cinéma	a movie actor
un repreneur d'entreprises	buyer of companies
la faillite	bankruptcy
un animateur de télévision	TV show host
un député	member of Parliament
un chef de parti politique	political party leader
un patron	a boss
les fins fonds	the very bottom
truquer	to rig, to fix
une rencontre, un match	a game
un dirigeant	leader
la fraude fiscale	cheating the IRS
un bien	possession
une vente aux enchères	auction
une émission	a program
en direct	live
la scène	stage
un roman	a novel
vedette	star

Mais un jour, accusé d'avoir truqué une rencontre (match OM-Valenciennes), il a perdu sa licence de dirigeant de football, la justice française l'a accusé de fraude fiscale et l'a mis en faillite. Il a dû vendre tous ses biens aux enchères, il a perdu son immunité parlementaire, il est devenu inéligible et s'est retrouvé en prison. Jamais autant de catastrophes ne se sont abattues sur un seul homme!

Tip du jour

When you read a French text, try making a guess about its content by using the title, the subtitles, the pictures or figures, and their captions.

Maintenant réhabilité, Bernard Tapie—dit Nanar— est animateur sur la station de radio RMC. Il est aussi acteur de théâtre: il vient de reprendre sur scène le rôle que Jack Nicholson tenait au cinéma dans "Vol au-dessus d'un nid de coucous" (*One Flew Over the Cuckoo's Nest*). Il a également publié son premier roman, "Les yeux plus grands." Il a désormais moins d'ambitions sur la scène publique. Ceux qui l'aiment le plus sont les ouvriers, les employés et les jeunes; ceux qui l'aiment le moins sont les intellectuels et les cadres. Quant à lui, il aime toujours autant son premier rôle: celui de mari et de père de famille.

Le passé composé

In the preceding section, the passé composé is used to describe events that happened at a specific point in the past.

The passé composé is composed of two parts:

> the auxiliary *avoir* or *être* in the present
>
> the past participle of the verb

In forming the past participle:

> **-er** verbs have past participle in **-é**
>
> **-ir** verbs have past participle in **-i**
>
> **-vrir**, **-frir** verbs have past participle in **-ert**
>
> **-re** verbs (regular) have past participle in **-u**
>
> **-ire** verbs have past participle in **-uit**
>
> **-oir** verbs have past participle in **-u**

141

Irregular verbs have irregular past participles, such as:

Irregular Past Participles	
avoir	eu
être	été
prendre and compounds	pris
venir and compounds	venu
devoir	dû
vouloir	voulu
savoir	su
pouvoir	pu
mettre and compounds	mis
lire	lu
écrire	écrit
dire	dit

How do you know whether to use *être* or *avoir?*

Most of the verbs are conjugated with *avoir*. Nevertheless a few verbs are conjugated with être. These include pronominal verbs, verbs of state, change of location, and motion. They are known as Mrs. Vandertramp, Dr. verbs because their first letters form that title:

Monter Rester Sortir Venir Aller Naître Descendre Entrer

Rentrer Tomber Revenir Apparaître Mourir Partir Devenir Remonter

Nouns and Verbs: Comparative and Superlative Forms

The comparative compares the degree to which two persons, actions, objects, or places possess specific characteristic. The superlative indicates that a person, action, object, or place possesses a specific characteristic to a greater or lesser degree than all other persons, actions, objects, or places. Here are some examples, excerpted from the passage on Bernard Tapie:

For Nouns	
Comparative	autant de catastrophes moins d'ambitions
Superlative	le plus de fonction

For Verbs	
Comparative	il aime toujours autant son premier rôle
Superlative	ils aiment le plus ils aiment le moins

Je vous ai compris! 1

What were the different jobs that Bernard Tapie had during his life? Indicate whether the following statements are true or false by checking the appropriate column.

Bernard Tapie a-t-il fait cela dans la vie?

Oui	Non	
_____	_____	vendeur de voiture
_____	_____	acteur
_____	_____	chanteur
_____	_____	écrivain
_____	_____	maire de Marseille
_____	_____	député
_____	_____	animateur de télévision
_____	_____	professeur
_____	_____	dirigeant d'un club de football
_____	_____	premier ministre

You'll find the correct answers at the end of the chapter.

Various forms will be used depending on the grammar category of the element being compared:

Comparative		
	With a Noun	*With a Verb*
Superiority	plus de + noun + que	verb + plus + que
Equality	autant de + noun + que	verb + autant + que
Inferiority	moins de + noun + que	verb + moins+ que

Superlative		
	With a Noun	*With a Verb*
Superiority	le plus + de + noun	verb + le plus
Inferiority	le moins + de + noun	verb + le moins

Singers

Of course, you know about Edith Piaf, Maurice Chevalier, and Charles Trenet. But this is the twenty-first century, and an entire new generation of singers-songwriters is now in the limelight, while some 1960s hard-core singers still get the crowds rocking. We'd like to introduce you to two "valeurs sûres" among French singers. We hope you'll be interested enough to go on to listen to their music!

Singers	
enregistrer	to record
une chanson	a song
diffuser	to broadcast
une onde	wave (radio)
fringant	smart, dashing
un spectacle	a show
se flatter de	to pride oneself in
la renommée	fame
un album	a record
la tournée	a tour
le timbre de la voix	quality of the tone of the voice

Johnny Hallyday

Johnny Hallyday, "l'idole des jeunes," fait carrière dans la chanson française populaire depuis près d'une quarantaine d'années, et il a enregistré plus de 800 chansons. Il a été l'un des premiers chanteurs de "rock à la française" Ce fringant presque sexagénaire fait régulièrement parler de lui avec sa vie amoureuse: Après un mariage de star avec la chanteuse Sylvie Vartan dans les années 60, il n'a pas cessé de divorcer et de se remarier avec des jeunes femmes souvent moins âgées que son propre fils. Ses dernières passions: les Harley-Davidson et les cigares. Johnny est sur le Web (www.johnny-hallyday.com)!

How Old Are You?

Age in French is indicated using **avoir:** *Elle a 21 ans.*

➤ There are other structures to express one's age still using **avoir:**

elle **a** une vingtaine d'années

elle **a** la vingtaine

➤ You can also use **être**, but in very specific contexts only:

être quadragénaire (to be in one's 40s)

être quinquagénaire (to be in one's 50s)

être sexagénaire (to be in one's 60s)

être septuagénaire (to be in one's 70s)

être octogénaire (to be in one's 80s)

être centenaire (to be 100 years old)

Je vous ai compris! 2

If *vingtaine* means twenty-something and *trentaine* means thirty-something, how would you say the following?

Environ

dix	une	dizaine
douze	une	_____
quarante	une	_____
cinquante	une	_____
soixante	une	_____
cent	une	_____

Answers to the questions are at the end of the chapter.

Patricia Kaas

Certains artistes français peuvent se flatter de connaître une renommée internationale. C'est le cas de Patricia Kaas. C'est une consécration méritée pour cette Lorraine, petite dernière d'une famille de sept enfants. Le grand public l'a découverte en 1987 avec "Mademoiselle chante le blues," produit par Gérard Depardieu, fasciné par le talent de cette inconnue au timbre de voix vraiment particulier qui rappelle Marlene Dietrich.

Infatigable, Patricia Kaas vient aujourd'hui d'achever "Le mot de passe," son cinquième album studio, aux accents nostalgiques qui abordent des thèmes comme le temps qui passe, la féminité et la difficulté d'aimer. On peut écouter des extraits de cet album sur le site internet www.multimania.com/patkaas/lemotde.htm.

Supermodels: Les mannequins

France has produced a fine line of female supermodels who grace not only Haute Couture catwalks but also—and more and more often—TV programs, magazine covers, tabloid front pages, and even the big screen.

Celebrities

un mannequin	model
pulpeuse	curvaceous
bousculer	to shake
incarner	to play (a role)
la bande dessinée	comic strip
un maire	mayor
un vigneron	winemaker
un fournisseur	purveyor

Laetitia Casta

Cette Corse pulpeuse n'a que 21 ans et pourtant, depuis 6 ans déjà, elle fait partie des stars internationales. Le cinéma et la télévision rêvent d'immortaliser celle qui, comme Brigitte Bardot autrefois, bouscule les tabous. Elle a incarné Falbala, l'épouse d'Agecanonix qui fait la conquête du coeur du tendre Obélix (Gérard Depardieu), dans l'adaptation au cinéma du grand classique de la bande dessinée française Astérix.

Pas étonnant que cette jeune femme talentueuse et superbe, décidée et libre, ait été choisie pour devenir la Marianne de l'an 2000. Elle a en effet été choisie en 1999 par la majorité des maires de France pour prêter son visage et son buste à la Marianne qui orne toutes les mairies du pays. Son site Web officiel est au: www.laetitia-casta.com/.

Inès de la Fressange

Dans un registre beaucoup plus sobre, Inès de la Fressange, grande, brune, distinguée et pleine de classe, a longtemps été la muse de Chanel, jusqu'à ce que Claudia Schiffer la remplace (encore une blonde …). Elle a alors fait un bébé, une petite fille, et lancé sa propre ligne de vêtements et d'accessoires. Dernières nouveautés en date: une ligne de montres et de bijoux en métal précieux, et un parfum qui porte tout simplement son nom.

Movie Stars

Gérard Depardieu est né le 27 décembre 1948. Depuis 1965 il a tourné plus de cent films. Il est le mieux payé des acteurs français. Gérard Depardieu est aussi vigneron. Il a même insisté pour que ce soit la profession indiquée sur son passeport! Il est le fournisseur exclusif en vins de la chaîne de restaurants Planète Hollywood, appartenant entre autres à Arnold Scharwzenegger.

Je vous ai compris! 3

Who did what? Read the different texts on singers, models, and actors and indicate to which French personality or personalities each statement applies.

Johnny	Patricia	Laetitia	Inès	Gérard	
_____	_____	_____	_____	_____	fait du vin
_____	_____	_____	_____	_____	a enregistré plus de 800 titres
_____	_____	_____	_____	_____	a tourné plus de 100 films
_____	_____	_____	_____	_____	est d'origine lorraine
_____	_____	_____	_____	_____	est d'origine corse
_____	_____	_____	_____	_____	a un enfant
_____	_____	_____	_____	_____	vient d'une famille nombreuse
_____	_____	_____	_____	_____	a représenté Chanel
_____	_____	_____	_____	_____	représente la nouvelle Marianne
_____	_____	_____	_____	_____	aime les Harley-Davidson
_____	_____	_____	_____	_____	fume le cigare
_____	_____	_____	_____	_____	collectionne les mariages

Answers to the questions are at the end of this chapter.

Evening News Anchormen and Other TV Hosts

It used to be that, in order to gain celebrity status in France, you had to be a writer, a painter, or a philosopher. But times have changed, and today the surest way to make it to the top is via "le petit écran"—the TV screen. As someone put it, television has reduced the family circle to a semi-circle—the one that people make when sitting in front of the TV set! And not surprisingly, TV series have spawned their lot of celebrities. But more interestingly perhaps, some of the best-known TV personalities are not soap stars but news anchors. Let us introduce you to the cream of the crop.

The World of TV	
un animateur	host
une émission de variétés	entertainment show
un taux d'écoute	count of listeners (ratings)
une mauvaise langue	backbiter
la dictée	dictation
l'orthographe (f)	spelling
un dico	short for dictionary

Michel Drucker

Michel Drucker est surnommé *le gendre idéal:* il est l'homme que toutes les mères de France rêvent de voir épouser leurs filles! Malheureusement pour elles, l'indétrônable animateur d'émissions de variétés (depuis une bonne vingtaine d'années) et de "talk-shows" à la française est très sérieusement marié …

Après trente-six ans de carrière, Michel Drucker se définit comme "le plus jeune des anciens et le plus ancien des jeunes." Il admet candidement: "Pour rester à la télévision maintenant, c'est très difficile: il faut surtout ne pas être à la mode. Ce qui a été ma chance, c'est d'être démodé très tôt."

Bruno Masure

Son regard bleu malicieux a fait de ce pince-sans-rire la grande vedette du journal télévisé du soir sur la chaîne nationale France 2. Bruno Masure ne se prend pas au sérieux et il se moque gentiment mais fermement de ses contemporains, de la société, et aussi de ses collègues du monde merveilleux de la télévision …

PPDA

Patrick Poivre d'Arvor (PPDA), autre présentateur de journal télévisé et concurrent direct de Bruno Masure, est aussi différent de ce dernier que le jour et la nuit: physique d'éternel adolescent romantique blessé par la vie, élocution rapide, parfois bégayante ou chuchotée. Il a également écrit quelques romans à caractère autobiographique.

148

Cheveux bouclés autour d'une tête de bon jeune homme séduisant, PPDA parvient au sommet de la gloire journalistique: présentateur du journal de 20 heures sur Antenne 2. Il rentre à TF1 lorsque la chaîne est privatisée, en 1987, et il règne en maître incontesté sur le 20 heures, jusqu'à son éviction pour une affaire de corruption politico-médiatique.

Anne Sinclair

Anne Sinclair est une des rares femmes à avoir atteint le statut de star du petit écran. Les cheveux très noirs, les yeux très bleus, elle attire autant l'admiration que la critique (les mauvaises langues se demandent si elle est arrivée là par son mérite professionnel ou par ses attributs physiques et ses relations personnelles). Elle a produit et animé pendant de nombreuses années *Sept sur sept,* le magazine télévisé hebdomadaire de l'actualité politique et sociale.

Bernard Pivot

Bernard Pivot, l'homme de la Dictée, celui d'Apostrophes, est un héros national: il a su donner aux Français le goût de la lecture et a réussi l'exploit de faire d'une émission de télévision littéraire à une heure tardive l'un des plus forts taux d'écoute!

On lui doit d'avoir remis à la mode l'utilisation de la dictée comme forme d'apprentissage du français en créant dans les années 1980 les Championnats d'orthographe, qui ont connu leur apothéose en 1992 avec la tenue de la grande finale internationale au siège des Nations Unies à New York. Après cette consécration, l'événement a donné naissance à différentes versions nationales: les Dicos d'Or, réservés à la France, la Dictée des Amériques, organisée par le Québec.

Incroyable mais vrai

La Dictée des Amériques is an annual competition for correct spelling and language usage taking place simultaneously in many countries. Each spring the international grand finalé is broadcast and millions of viewers who pride themselves on their "good French" watch and attempt to do the dictation from home. The dictation is extremely challenging and requires an in-depth knowledge of all aspects of French grammar. To register as a participant in this contest, see www.dicteedesameriques.com/info/pays/etats_unis.htm.

On the Sports Scene

Fabien Barthès, le gardien de but qui a ouvert à l'équipe de France de football les portes de la finale (et de la victoire) en coupe du monde à Paris en 1998 en détournant plusieurs tirs au but de l'adversaire croate, a mis les chauves à la mode: son crâne rasé est devenu le symbole de la réussite et de nombreux jeunes hommes l'ont copié!

Né le 23 juin 1972 à Marseille (Bouches-du-Rhône), Zinedine Zidane, 1,80 mètre pour 74 kg, est auteur de deux buts de la tête en finale du Mondial 98 face au Brésil. Zinedine Zidane, dit Zizou, a reçu le Ballon d'or 1998—le trophée qui récompense le meilleur footballeur de l'année—la Légion d'honneur le 1er septembre 1998, et le journal Le Parisien l'a sacré 'sportif du siècle'!

Attention!

In French, the adjectives are placed after the noun, except a very limited number of them which come before the noun: *petit/grand, jeune/vieux, beau, joli, bon, gros, nouveau.*

On the Sports Scene	
le football	soccer
un gardien de but	goalkeeper
une équipe	team
un tir	a shot
un but	goal

Physical Description

Here are some of the words that are used most often in describing physical characteristics.

Physical Description	
pulpeux	curvaceous
bouclé	curly
chauve	bald
rasé	shaved
le regard	eyes
noisette	chestnut-colored
bridé	slanted
raide	straight
frisé	frizzy

Physical Description

une tresse	braid
une queue de cheval	ponytail
un chignon	bun (of hair)
une frange	bang
en trompette	turned up
crochu	crooked
épaté	flat and wide
corpulent	big
costaud	stout

The following words were used to describe French personalities:

pulpeuse, sensuelle, superbe, séduisant

les cheveux noirs, brune, blonde, les cheveux bouclés, chauve, rasé

les yeux bleus, le regard bleu

grande, 1m 80

Here are other useful words to describe people:

Le visage	
les yeux	bleus, marron, noirs, verts, gris, noisette en amande, bridés, ronds
les cheveux	bruns, blonds, noirs, gris, blancs, raides, bouclés, frisés, longs, mi-longs, courts, une tresse, une queue-de-cheval, un chignon, la frange
le nez	droit, pointu, en trompette, crochu, épaté
les lèvres	minces, épaisses, pulpeuses
les dents	blanches, brillantes, écartées

Le corps
(être) grand, moyen, petit, gros, corpulent, mince, maigre, costaud, musclé, athlétique

Phrases
When describing someone you will need the following idiomatic structures:

avoir + body part + adjective	il a les yeux bleus
peser X kilos	je pèse 65 kilos
faire/mesurer X mètres	je fais 1 mètre 78

Je vous ai compris! 4

You have a blind date with a French person. How would you describe yourself so that your date will recognize you when he or she walks into that fancy French restaurant? Write a seven- to ten-line description that you can e-mail your date.

_____

_____

_____

_____

_____

_____

_____

Speak Your Mind: Parlez haut et fort!

Give a detailed physical description of your favorite star.

The Least You Need to Know

➤ The *passé composé* of a verb comprises the auxiliary *avoir* or *être* in the present indicative and the past participle of the verb; a limited number of verbs use *être.*

➤ Comparatives and superlatives can be formed with nouns and verbs; the preposition *de* is used between the comparison form and the noun; the comparison form for verbs always comes after the verb.

➤ The verb *avoir* must be used to mention age.

➤ To describe yourself, you should use *être* to indicate what you look like, and to describe the different parts of your body.

Je vous ai compris! Answers

1. non/oui/oui/non/oui/non/non/oui/non

2. douzaine/quarantaine/cinquantaine/soixantaine/centaine

3.

J	P	L	I	G	
				X	fait du vin
X					a enregistré plus de 800 titres
				X	a tourné plus de 100 films
	X				est d'origine lorraine
		X			est d'origine corse
X			X		a un enfant
	X				vient d'une famille nombreuse
			X		a représenté Chanel
		X			représente la nouvelle Marianne
X					aime les Harley-Davidson
X					fume le cigare
X					collectionne les mariages

4. Answers will vary. Watch for agreement of adjectives in gender and number.

Part 3

Money, Money, Money

"L'argent est le nerf de la guerre"—without money, nothing gets done. This part introduces you to money talk and the banking system, as well as truly French breakthroughs in technology, communications, and transportation, both in terms of factual and linguistic knowledge.

Another landmark of French industrial success is luxury. "L'industrie du luxe," as it is known, has made France world-famous and there are a few names you absolutely need to know in the world of fashion, jewelry, high-end cuisine, designer perfumes, and other products.

And then there is the ordinary citizen, who cannot afford to buy into the high-tech trend or to surprise his or her sweetheart with haute couture garments, champagne, or truffles. You'll learn a number of insider's tips from "le Français moyen" and you'll discover how to live cheaply, but still pleasantly on minimum wages.

Chapter 11

A French Taboo: Money Talk

In This Chapter

➤ The French franc and European currency

➤ Dealing with numbers: ordinals, cardinals, and dates

➤ Using the future tense

➤ Learning the vocabulary of money and banks

➤ How cash, checks, and credit cards work

For puritanical societies, the big taboo is sex. For the French, it is money. You can ask people about their sex life, but certainly not about their bank account or salary. This is something that Americans find difficult to understand: After all, being rich is a sign that one works hard and is successful, so why be shy about it? Well, let's just say that the French fear a mightier God, whom they call *le fisc*—the equivalent of the IRS.

The French Franc

Want to take a look at the real thing? Go to www.banque-france.fr/gb/billets/main.htm for a nice display of French bank notes.

You can also take a virtual tour of the Musée de la monnaie at www.finances.gouv.fr/patrimoine/musee_de_la_monnaie/visite/index-f.htm.

The Color of Money	
un billet	a banknote
une face	a side (of a coin)
argenté	silver colored
bicolore	two-toned

Tip du jour

When you read a French text, try using your previous knowledge in that field to predict its content and understand it better.

Si tous les billets américains se ressemblent par leur format, leur couleur, et leurs illustrations, les billets français, eux, démontrent une impressionnante variété dans tous ces domaines. Les couleurs varient du bleu au brun en passant par le rouge, l'orange, et le rose. Le billet brun de 20 francs représente le compositeur Debussy. Le billet de 50 francs, bleu, rend hommage à Saint-Exupéry, l'auteur du Petit Prince. Le billet de 100 francs représente le peintre Paul Cézanne et une de ses natures mortes. Le billet de 200 francs, rose, montre Gustave Eiffel sur un côté et la base de sa tour sur l'autre. Le billet de 500 francs, à dominante verte, représente Pierre et Marie Curie sur le devant et un laboratoire de chimie au dos. Les pièces de monnaie représentent Marianne, symbole de la république française, sur une de leurs faces. La plus petite pièce, d'une valeur de cinq centimes, est jaune, comme ses grandes soeurs de 10 et 20 centimes. Les pièces de 50 centimes, un, deux, et cinq francs sont argentées. Les pièces de 10 et 20 francs sont bicolores: jaune et argentées.

The European Currency: l'Euro

General de Gaulle used to say in an exasperated tone of voice: "Ah, l'Europe, l'Europe, l'Europe …." But despite constant squabbling between founding members—France and Great Britain, always quick to start a new squabble—the European Union, formerly called the European Community, is well on its way. The most tangible proof is the new currency, the Euro, which will soon replace national currencies in all member countries. Worth a little more than the American dollar at about 6,55 French Francs, it comes in a variety of denominations. For a sneak preview, go to www.banque-france.fr/gb/billets/main.htm.

Je vous ai compris! 1

After reading the paragraph on the French currency, can you complete the following statements?

Il y a _____ pièces de monnaie en France.

Les pièces de cinq francs sont de couleur _____.

Le billet de 50 francs est de couleur _____.

Le billet de _____ francs rend hommage à un écrivain.

Le billet de _____ francs rend hommage à un peintre.

Le billet de _____ francs rend hommage à un musicien.

Le billet de _____ francs rend hommage à la science.

La plus petite pièce vaut _____.

La Tour Eiffel figure sur le billet de _____.

Answers may be found at the end of the chapter.

The Future of the French Franc

In colloquial French, Francs become *balles* and millions are *briques*.

Le franc fera bientôt partie de l'histoire ancienne et rejoindra les autres monnaies européennes au rang des souvenirs. En effet, le 1er janvier 2002 amènera la mise en circulation des billets et des pièces en euros. Les billets et les pièces en francs et en autres monnaies nationales européennes disparaîtront progressivement. Il y aura une courte période de double circulation, qui durera probablement six à huit semaines.

Au plus tard le 1er juillet 2002, les anciennes unités monétaires nationales n'auront plus cours légal: seul l'euro pourra être utilisé.

Attention!

If you ever talk to older people about money matters they will tell you about things costing thousands of francs, even though you just bought the very same items at a fraction of that price. They are simply still using the **anciens francs** system, which was replaced in the 1960s by the current system with the following equation: 100 anciens francs = 1 nouveau franc.

Sound Advice

Note that the following verb forms sound exactly the same:

–ras, –ra

–rai, –rez

–rons, –ront

Therefore, in speech, they can only be differentiated by the nouns or pronouns to which they refer.

The Future Tense

The previous passage talks about what is going to happen to the French franc in a couple years, and all the verbs used are in the future tense.

The future tense is used to indicate that an event or a situation will take place at some point in the future. It is formed quite simply by adding the endings of *avoir* to the infinitive form of the verb: *-ai, -as, -a, -ons, -ez, -ont.*

Example of durer + a:

> Une période de double circulation **durera** six à huit semaines.

The beauty of this tense is that all subcategories of *-ir* and *-re* verbs abide by the same stem rule: Verbs like *finir* and *sortir*, which have different conjugation tables, follow the same stem rule for the future tense.

There are only minor exceptions to that rule:

➤ Infinitives ending in *-re* drop the final *-e* before adding the endings of the future tense:

Le franc **rejoindra** les autres monnaies. (rejoindre)

Les billets et les pièces en francs **disparaîtront.** (disparaître)

➤ Infinitives ending in *-eCer* (where C means any consonant) either change the "e" into "é" or double the consonant before the "e," just as they do in the present tense conjugation:

Le 1er janvier 2002 **amènera** la mise en circulation de l'euro. (amener)

But don't be too quick to rejoice: There are some very irregular verbs for which you will have to memorize the stem for the future tense. Here are 14 you cannot escape (listed by frequency of use and by similarity of stem forms):

Irregular Stem Forms for the Future Tense

avoir	aur
savoir	saur
etre	ser
aller	ir
venir	viendr
tenir	tiendr

Irregular Stem Forms for the Future Tense	
vouloir	voudr
pouvoir	pourr
devoir	devr
valoir	vaudr
falloir	faudr
faire	fer
voir	verr
recevoir	recevr

Je vous ai compris! 2

Now go back to the paragraph describing the future of the French franc and find the infinitive forms of each future tense form.

Correct answers are at the end of the chapter.

The Woolen Sock vs. the Banking System

Scrooge is not an American icon: Molière's Avare dates back to the seventeenth century and all schoolchildren have had to memorize lines from the play, especially the passage where l'Avare runs around screaming "Ma cassette!" after he discovers that the box where he hid his money is missing. Since then, "le bas de laine" has become a household fixture.

Money Talk

Here is a glossary of money-related terms. Don't leave home without it!

Money Talk	
l'argent liquide	cash
un billet	banknote
une pièce (de monnaie)	coin
avoir la monnaie	to have change

continues

continued

Money Talk

Payer	
comptant	pay cash
à crédit	pay in installments
par chèque	pay by check
par carte bleue	to charge
faire un chèque	to write a check
un chèque sans provisions	NSF check
faire un chèque sans provision	to bounce a check
un relevé d'opérations bancaires	a bank statement
un livret	a passbook
mettre à jour un compte	to update an account
un guichet automatique	an ATM
le solde	balance
ouvrir/fermer un compte	open/close an account
porter une opération à un compte	to credit/debit an account
les frais de fonctionnement	service fees
créditer un compte	to credit an account
débiter un compte	to debit an account
déposer de l'argent	to make a deposit
encaisser un chèque	to cash a check
faire un virement	to transfer funds
un mandat	money order
un compte-chèques	checking account
un compte d'épargne	savings account
un relevé d'identité bancaire (RIB)	bank references
une transaction boursière	a stock exchange operation
une action	a share
une obligation	a bond
un courtier	a stock exchange broker
la Bourse	stock exchange
le taux de change	exchange rate
le taux d'intérêt	interest rate
le montant	amount
un Codévi	industrial development account

Incroyable mais vrai

The French only get one paycheck a month, on the very last working day. Hence the phrase "des fins de mois difficiles!"

No income tax is deducted from that paycheck, but a lot of other taxes are levied from it (unemployment, and an incredible array of professional and social taxes). The French have to carefully budget for their income tax payments (usually done in three installments).

There is a Value-Added tax, the TVA, ranging from 4 to 22 percent on most products (20 percent on cars). It is not added on top of the price, but included in the price.

French Banks

The French have a genuine distrust of banks and a fearful reverence for bankers. In fact, one major bank once ran a TV commercial that said "Votre argent m'intéresse" and they actually lost customers who were worried that the bank might steal their money!

Les principales banques françaises sont la Banque nationale de Paris ou BNP, la Banque populaire, la Société générale, le Crédit agricole, le Crédit lyonnais, le Crédit mutuel, et le CIC. La Poste offre également des services bancaires (le CCP ou compte-chèque postal), mais ils sont moins étendus que ceux des banques traditionnelles. La Caisse d'épargne est une institution d'épargne, dont le symbole est l'écureuil (a squirrel), qui amasse des provisions pour l'avenir. on peut y déposer de l'argent liquide ou des chèques—sur un livret de Caisse d'épargne—et en retirer.

Les banques sont fermées à l'heure du déjeuner ainsi que les samedis et dimanches. Les heures d'ouverture sont généralement de 8 heures à midi et de 13 heures à 17 heures. Les comptes bancaires ne génèrent pas d'intérêt et ne sont pas soumis à des frais de gestion. Les guichets automatiques ne permettent pas d'effectuer toutes les opérations qui sont possibles en Amérique du Nord: on ne peut pas mettre à jour son livret ou payer le solde de sa carte de crédit.

Il n'y a pas une file d'attente commune à tous les guichets. Les gens choisissent un guichet et font la queue.

> ### *Je vous ai compris! 3*
>
> Go to the BNP Web site www.bnpnet.bnp.fr/visite/f_acc.htm and take a virtual guided tour of online banking services: View your account balance, transfer money between accounts, buy shares, download your updated statements, and order checkbooks.
>
> When you are done use the following list to check all the things you did during your online visit to the bank.
>
> Vérifié le solde du compte de chèques.
>
> Vérifié le solde du Codévi.
>
> Fait un virement.
>
> Vérifié le cours des actions.
>
> Acheté des actions.
>
> Acheté des obligations.
>
> Mis un compte à jour.
>
> Commandé un chéquier.
>
> Commandé un RIB.

Strength in Numbers

When talking to your banker you will need to give figures. You already know the basics, so let's move on.

Ordinal Numbers

To indicate ranking, ordinal numbers are formed by adding *-ième* to the base form of the number:

trois/troisième, cent/centième, and so on.

Unlike cardinal numbers 1, 2, 3, 4, and so on, ordinal numbers can be used as adjectives and as such agree in number and gender with the noun they modify:

la seconde place, les vingt-deuxièmes Jeux olympiques

Dates

Two different approaches can be used to express dates in French:

en 1995:

> *en mille neuf cent quatre-vingt-quinze or*

> *en dix-neuf cent quatre-vingt-quinze*

In both cases you have to use *cent*.

Now that you're up-to-date, how about a little practice?

Sound Advice

Note that "x" is pronounced *z* in *sixième* and *dixième* (and all compounds of *dixième*).

Check, Please

Unlike North Americans, the French use their checkbooks profusely. In France, you can write a personal check for virtually anything virtually anywhere, as long as you can produce one piece of I.D.!

Les Français paient beaucoup par chèque, car les chèques sont acceptés partout à partir de 50 francs. Il suffit généralement de montrer une pièce d'iden- tité, le plus souvent un permis de conduire ou une carte d'identité. Dans les grands magasins, les caisses informatisées remplissent automatiquement les chèques, et l'acheteur n'a plus qu'à signer.

Les sanctions pour chèque sans provisions—ou chèque en bois—sont très lourdes: c'est générale- ment l'interdiction de chéquier pendant plusieurs années.

Il n'est pas possible d'encaisser un chèque—même du gouvernement—dans un endroit autre qu'une banque, et il faut absolument le déposer sur un compte suffisamment approvisionné avant de pou- voir en toucher le montant.

Les chéquiers français sont d'un format plus grand que les chéquiers nord-américains, mais ils sont plus astucieux: la partie gauche du chèque—le talon—vous permet de noter tous les renseigne-

Attention!

A hyphen is used to link units from two to nine to numbers up to 99:

vingt-sept, quatre-vingt-trois

When multiplied by another number, 20 and 100 are plural unless followed by another number:

80 = quatre-vingts, 81 = quatre-vingt-un

200 = deux cents, 215 = deux cent quinze

Never use *un* for 100 and 1000:

100 = cent, 1000 = mille

Mille never takes an "*s*" when multiplied by another number:

10000 = dix mille

ments que vous inscrivez habituellement dans votre carnet de relevés d'opérations: date, montant et ordre du chèque. Le talon reste dans le chéquier une fois le chèque détaché!

Attention!

Major exceptions to the ordinal number formation rule are:

1er = premier, première

2ème = second, seconde

Minor exceptions to the formation rule are:

The final *e* disappears:

quatre/quatrième, douze/douzième

A "u" is added between the base form and the suffix: *cinq/cinquième*

The final *f* changes to *v*:

neuf/neuvième

When expressing dates French uses cardinals, not ordinals: *le 14 (quatorze) juillet, le 25 (vingt–cinq) décembre.*

One exception: *le premier (janvier, mai).*

Credit Where Credit Is Due

Credit cards are not really credit cards in France: You do not have the freedom to pay whenever you want—or can. The amount you owe is automatically taken from your account by your bank and you do not receive a separate statement from the credit card company. Other important things to remember:

Les principales cartes de crédit internationales sont Eurocard-MasterCard, Visa, et American Express. Si vous êtes en bons termes avec votre banquier, les sommes portées à votre carte de crédit sont débitées de votre compte à la fin du mois, sinon elles le sont presque instantanément. Quand vous payez par carte de crédit, vous devez fournir votre code secret.

La Carte Bleue, carte de crédit valable en France seulement, est l'équivalent de la carte de débit d'Amérique du Nord.

Il est plus difficile de payer par carte de crédit que par chèque ou en liquide, en particulier dans les stations d'essence. Et de toute façon, les cartes de crédit ne sont pas acceptées pour les paiements inférieurs à 50 francs, parfois même à 100 francs!

Les grands magasins et supermarchés ont aussi leurs cartes de crédit: les supermarchés Carrefour, les grands magasins Printemps, FNAC (musique, livres et audio-visuel), Darty (électro-ménager), et beaucoup d'autres proposent des cartes de crédit "revolving" qui vous permettent de choisir vos dates de paiement, mais les taux d'intérêt restent très élevés.

Je vous ai compris! 4

Read the following passage about the Société générale, one of the major French banks, then write in full all the numbers.

La Société Générale a été créée le 4 _____ mai 1864 _____

_____ par un décret d'autorisation signé de Napoléon III

_____. Sa mission est de "favoriser le développement du commerce et de l'industrie en France." Joseph Eugène Schneider, le 1er

_____ président de la banque, idolâtrait le progrès technique, moteur du développement industriel. Le groupe Société Générale compte aujourd'hui 55,000 _____ salariés et couvre 80

_____ pays. En 1997 _____, la Société Générale se classait 8ème _____ banque européenne et 16ème _____ banque dans le monde.

For correct answers, see the end of the chapter.

Je vous ai compris! 5

Indicate whether the following statements are true or false by checking the corresponding column:

Vrai	Faux	
_____	_____	On peut avoir différentes cartes de crédit en France.
_____	_____	Les achats par carte de crédit sont débités immédiatement.
_____	_____	On ne peut pas utiliser la carte crédit sans son code secret.
_____	_____	On peut payer de petites sommes par carte de crédit.
_____	_____	Les stations service acceptent facilement les cartes de crédit.
_____	_____	Les grands magasins ont leurs propres cartes de crédit.
_____	_____	Les taux d'intérêt des cartes de crédit sont faibles.

Correct answers are at the end of the chapter.

Speak Your Mind: Parlez haut et fort!

In French, give a detailed list of the financial tools you own: credit cards, debit cards, checkbooks, life insurance, retirement plans, savings plans, education plans, shares, bonds …

The Least You Need to Know

➤ The French franc, which comes in a colorful array of bank notes and coins, will be legally replaced by the Euro—the European Community joint currency—in the summer of 2002.

➤ The future tense is formed by adding the following endings to the infinitive: *-ai, -as, -a, -ons, -ez, -ont.*

➤ The French numbering system combines a base 10 system and a base 20 system, which makes it tricky to remember.

➤ In France you use your checkbook more often and more easily than your credit card.

Je vous ai compris! Answers

1. 9/argentée/bleue/50/100/20/500/5 centimes/200 francs

2. fera (faire)/rejoindra (rejoindre)/amènera (amener)/disparaîtront (disparaître)/aura (avoir)/durera (durer)/n'auront (avoir)/pourra (pouvoir)

3. Answers will vary.

4. quatre/mille huit cent soixante-quatre/dix-huit cent soixante-quatre/trois/premier/ cinquante-cinq mille/quatre-vingts/mille neuf cent quatre-vingt-dix-sept/dix-neuf cent quatre-vingt-dix-sept/huitième/seizième

5. V, V, V, F, F, V, F

Leading Edge Technology

France may be a small country in terms of its size, but it is among the greatest when it comes to creativity and inventions. The French genius did not only manifest itself in countless great literary, artistic, and philosophical minds, but it is also present in the scientific domain.

Many French industries are at the leading edge of technology in several areas, particularly transportation and communications.

Take the Fast Train: The TGV

You knew about RSVP, CNN, and Ph.D., but how about the TGV? This French acronym stands for "train à grande vitesse," which is a gem of high technology that has spawned similar projects throughout Europe.

The Train

le chemin de fer	railway
la gare	train station
le rail	railway track
le quai	platform
la rame	grouping of train cars
une place	a seat
un billet	a (train) ticket
une borne de compostage	an automatic ticket stamper
composter	to validate
une contravention	a violation ticket
une amende	a fine
le réseau	network
desservir	to serve

Tip du jour

When you read a French text and you do not know the meaning of one word, skip it and continue reading: The rest of the passage certainly contains clues to its meaning.

Le premier TGV, entre Paris et Lyon puis jusqu'à Marseille et Toulon, a été inauguré en 1981. Sa principale caractéristique est de pouvoir rouler à des vitesses dépassant les 300 kilomètres à l'heure, sur des rails spéciaux. En TGV, la Côte d'Azur n'est plus qu'à cinq heures de Paris!

Contrairement aux autres trains de la SNCF (Société nationale de chemins de fer), il est obligatoire de réserver sa place dans le TGV. Les réservations sont payantes. Comme pour tous les autres trains, il ne faut pas oublier de composter son billet dans l'une des bornes oranges situées sur le quai avant de monter à bord, sinon les contrôleurs donneront une contravention assortie d'une amende de plusieurs centaines de francs!

En vingt ans, le réseau des TGV s'est étendu à l'ouest puis au sud-ouest, avec des trains bicolores bleu et argent, puis au nord et au nord-est, avant de franchir les frontières et de desservir les autres pays d'Europe. Des projets sont également à l'étude aux États-Unis et au Japon.

Concorde

Of course, this bird is over 30 years old, but to this day it is still the world's fastest commercial jetliner and the only supersonic transport bird in the skies. If there had not been an oil crisis shortly after it was launched, many more than sixteen Concordes would fly today's skies.

Je vous ai compris! 1

Answer the following questions with information from the passage on the TGV.

À quelle date a eu lieu l'inauguration du premier TGV?

Que signifie TGV?

Que signifie SNCF?

Quelle est la vitesse maximale du TGV?

De quelle couleur sont les TGV du sud-ouest?

Pourquoi la réservation à bord du TGV est-elle obligatoire?

Comment doit-on valider son billet?

Que risque-t-on si on ne valide pas son billet?

Quelles régions françaises sont desservies par le TGV?

Correct answers are at the end of the chapter.

With Flying Colors: The Genesis of the Concorde

The Concorde is an extraordinary piece of engineering. Its landmark characteristic is definitely its nose. But there is more to it than just a distinctive feature: During take-off and landing, the nose of the Concorde moves down, because otherwise the pilots would not be able to see the runway!

Airplane Vocabulary

voler	to fly
s'écraser	to crash
décoller	to take off
atterrir	to land
la vitesse du son	speed of sound
brûler	to burn
exploiter	to operate

Incroyable mais vrai

Want to surprise your sweetheart? Why not charter the Concorde? Nothing could be easier! Just make out a check for $40,000 an hour.

Let's go back in time and see how the Concorde was created.

En 1962 la France et l'Angleterre ont signé un accord de coopération pour développer un avion de transport supersonique. Les premiers à voler supersonique furent les Russes, avec le Tupolev TU 144, surnommé Concordsky à cause de similarités frappantes avec le projet franco-britannique. Le TU 144 s'est écrasé lors du salon aéronautique de Paris en 1971.

Le premier Concorde a volé en 1976. Il a une capacité de 100 places, son fuselage mesure 100 pouces de large, la température extérieure du fuselage est de 100 degrés celsius. Le vol Air France 001 décolle de Paris à 11 heures locales et atterrit à New York à huit heures 45, soit trois heures 20 minutes de vol; le billet coûte environ 7,500 dollars! Le Concorde atteint une altitude d'une fois et demie celle d'un Boeing 747 (57,000 pieds) et vole à deux fois la vitesse du son (Mach 2). Il brûle 75 tonnes de kérosène entre Paris et New York: moins qu'un 747, mais ce dernier transporte trois fois plus de passagers.

En 1995, avec le vol Air France 1995, le Concorde a fait le tour du monde en 31 heures 27 minutes et 49 secondes, dont 22 heures et 43 minutes en vol, battant le record de vitesse entre Paris et New York. Seules six escales techniques ont été nécessaires.

Prepositions and Means of Transportation

Two means of transportation have been mentioned so far: train and plane. But there are many others, and here is a short selection:

Means of Transportation

un avion	plane
un autobus	bus
le cheval	horse
le vélo	bike

Means of Transportation

un ferry	ferry
un taxi	cab
une voiture	car
la moto	motorcycle
un bateau	boat
les skis (m.)	skis
un téléphérique	gondola
les pieds	feet
un train	train
le métro	subway
le tramway	streetcar
la bicyclette	bicycle

Je vous ai compris! 2

Indicate whether the following statements are true or false by checking the corresponding column.

Vrai	Faux	
_____	_____	Le premier vol supersonique est français.
_____	_____	La version russe du Concorde a eu un accident.
_____	_____	Concorde a fait son premier vol en 1962.
_____	_____	Concorde est l'avion de transport le plus rapide du monde.
_____	_____	Concorde peut emmener cent passagers.
_____	_____	Concorde relie Paris à New York en moins de 4 heures.
_____	_____	Concorde est rapide car il vole à très basse altitude.
_____	_____	Concorde consomme moins qu'un Boeing 747.
_____	_____	Concorde a fait le tour du monde en 22 h 43 mn.
_____	_____	Concorde peut faire le tour du monde sans escale.

Correct answers are at the end of the chapter.

Attention!

The preposition "sur" ("on" in English) *is not* used with means of transportation. The only way you can be *sur un avion* is if you are fixing the aircraft.

Sound Advice

Don't forget the compulsory liaison after *en* when followed by a word beginning with a vowel or a silent "h": *En avion* sounds like **en navion.**

Sound Advice

Pronouncing mathematical operators can be tricky:

plus: The final "s" is pronounced.

moins, fois: The final "s" is not pronounced.

In English, words like "in, at, on, in front of" are prepositions. Prepositions are used in combination with other words to express:

➤ **Time:** à neuf heures, en hiver

➤ **Place:** à Marseille, en face de l'aéroport

➤ **Means:** en avion

In English you say that you are *on* a bicycle or *on* a plane. But the French—being the rational people that they are—use prepositions that really indicate your position relative to the means of transportation:

➤ *En* is used when you are inside the means of transportation: *en avion on* (by plane).

➤ "À" is used when you are outside—including on—the means of transportation: *à pied* (on foot).

Mathematical Operators

The previous passage about the Concorde made a lot of comparisons with other airplanes using mathematical operators: It flies X times faster, for example. Let's review these functions:

une addition

une soustraction

une multiplication

une division

une fraction

un pourcentage

ajouter A et B

deux plus trois égale cinq

soustraire A de B

quinze moins deux égale treize

multiplier A par B

quatre fois trois égale douze

Some of the ~~people~~ parfaits.
de certains des parfaits.
parfaits

Ben
m'a ~~écrit~~

Anyways → quoi qu'il en soit.

I have never been there before = Je n'ai la jamais
été avant.

I went there with my parents.
Je suis allée là de part avec mes parents

diviser A par B

vingt divisé par deux égale dix

Je vous ai compris! 3

Which preposition would you use to indicate that you are using the following means of transportation?

un autobus	_____
le cheval	_____
le vélo	_____
un taxi	_____
la moto	_____
un bateau	_____
les skis (m.)	_____
un téléphérique	_____
un train	_____
le métro	_____

Correct answers are at the end of the chapter.

Minitel

This ingenious invention dates back to the 1980s and prefigured what the Internet would be, only on a much more modest scale. Its strongest selling point? It gives you the features of a computer without having to buy one. Interested? Read on!

Do You Speak Minitel?

Le Minitel est un terminal d'ordinateur relié au réseau téléphonique, qui permet d'accéder à toutes sortes de services sans avoir besoin d'un ordinateur. On peut louer un Minitel auprès de France Télécom et s'abonner au service Minitel pour un montant mensuel qui s'ajoute à la facture de téléphone. L'annuaire électronique, l'administration, et toute une gamme de services sont disponibles par le Minitel: réservation de billets de train ou d'avion, par exemple.

Computer-Mediated Communication	
la télématique	computer-mediated communication
un ordinateur	computer
une puce	a microchip
un réseau	network
un écran	monitor
un clavier	keyboard
une prise	a plug
s'abonner	to subscribe
un annuaire	phone book
composer	to dial
la tonalité	dial tone
une touche	a key

L'accès se fait en composant le 36 15 sur le clavier du téléphone et un code alpha-numérique sur le clavier du Minitel. Lorsque la tonalité caractéristique—semblable à celle d'un modem—se fait entendre, il suffit d'appuyer sur la touche "connexion" … et la France est au bout de vos doigts!

Le plus gros inconvénient du Minitel, outre sa limitation au territoire français, reste sans doute le coût de la minute de connexion: autour de trois francs en moyenne!

Verb Structures

We already mentioned how wonderful cognates were because you know them in French without even knowing that you know them! However, there is a small caveat: Some cognate verbs have different structures in the two languages. Let's look at the following verbs, taken from the previous passage:

Some Prepositional Verbs	
accéder à	to access
avoir besoin de	to need
appuyer sur	to press
consister en	to consist of
s'abonner à	to subscribe to

➤ The first three verbs have different structures altogether: In French they require a preposition, whereas in English they are transitive direct (i.e., followed directly by the complement).

➤ The fourth verb uses different prepositions in the two languages.

➤ The fifth verb is reflexive in French, but not in English.

➤ Other such verbs that are very commonly used include:

téléphoner à: to phone

regarder: to look at

chercher: to look for

demander: to ask for

se demander: to wonder

faire partie de: to belong to

avoir envie de: to long for

se souvenir de: to remember

se servir de: to use

se promener: to take a walk

s'inscrire à: to register in, to sign up for

Attention!

One essential thing to know about verb structure has to do with prepositions. In the same way as you will say: I'm looking *for* my slippers; *after* my neighbor's toddler; *up to* Mother Teresa; *at* you; *forward to* meeting you; there will be different prepositions for many French verbs, and most of the time you won't be given a choice.

The Chunnel (The English Channel Tunnel)

The Concorde was not the only Franco-British joint project: The English Channel tunnel, which took eons to materialize, is another amazing feat of engineering.

Incroyable mais vrai

The first time an undersea tunnel project to link France and England was officially proposed was in 1751! The first blueprints were given to Napoleon by engineer Albert Mathieu-Favier in 1802. In 1868, a joint Channel Tunnel Committee was formed. In 1973, construction began in earnest on both sides of the Channel, but England pulled out of the project in 1975. The whole thing had cost both governments over one million dollars.

The Making of the Chunnel

En 1981 un consortium formé de cinq entreprises françaises et cinq entreprises britanniques se penche sur le projet du tunnel sous la Manche. En 1987 le projet final, qui consiste en deux tunnels pour la circulation de trains transportant véhicules particuliers et poids lourds, est approuvé par les gouvernements des deux pays. D'énormes machines spéciales ont été développées pour pouvoir percer les tunnels; elles ont été assemblées sur place. Qu'en a-t-on fait à la fin des travaux? Elles ont été démontées et laissées sous terre! La jonction finale des deux tunnels se fait le 25 mai 1991. La première traversée ferroviaire a lieu en mars 1993. Le Tunnel est inauguré en 1994 par la reine d'Angleterre et le président français. Quel est le coût total de la construction? Cent un milliards de francs!

The Chunnel	
un poids lourd	a freight truck
percer	to dig
démonter	to disassemble
ferroviaire	rail (adjective)
la traversée	crossing

Sound Advice

Remember to use the proper intonation contour at the end of a question: rising pitch for a yes/no question, falling pitch for a question requiring a full answer:

Connaissez–vous le Chunnel? ↗ (rising)

Que signifie Chunnel? ↘ (falling).

Le train Eurostar transporte passagers et marchandises dans des navettes baptisées "Le Shuttle," entre Cheriton (Angleterre) et Coquelles (France). Les départs ont lieu toutes les 15 minutes et la traversée dure entre 20 et 35 minutes selon que le train roule à 140 ou 160 kilomètres à l'heure. Combien coûte un aller-retour véhicule et passagers? Cela dépend du moment: 2 190 francs en semaine, 2 590 francs le week-end, et 1 790 francs de nuit.

Asking Questions with Question Markers

You already know the basics about asking close-ended questions, or questions requiring a short (i.e., yes/no) answer: raising the final pitch; switching subject and verb; and using *est-ce que*.

Now let's see how to ask long/full answer (or open-ended) questions. Depending on what the question is about, you will use different grammar tools: pronouns, adverbs, or adjectives.

➤ The interrogative pronoun *qui* is used to ask a question about a person: *Qui est Albert Mathieu-Favier?*

➤ The interrogative pronoun *que* is used to ask a question about a thing: *Que signifie Chunnel?*

➤ Interrogative adverbs are used to ask questions about place, time, quantity, manner, reason:

où: where

quand: when

combien: how much/ how many

comment: how

pourquoi: why

Attention!

Que becomes *qu'* in front of a vowel or a silent "h": **Qu'en a-t-on fait?**

Example: Combien coûte un aller-retour?

➤ The interrogative adjective *quel* (which, what) can also be used:

Quel président a inauguré le Chunnel?

Quel est le coût total de la construction?

Remember that *quel,* as an adjective, will agree in gender and number with the noun it refers to.

➤ Whatever marker you use, remember that the sentence structure can be either inversion or normal order with *est-ce que:*

inversion: question marker + verb + subject + rest of sentence except for *qui:* question marker + verb + rest of sentence

normal order with est-ce que: est-ce que + question marker + subject + verb + rest of sentence

Note that this structure cannot be used for *quel.*

179

Speak Your Mind: Parlez haut et fort!

Ask ten questions about the Chunnel, using as many different interrogative words and structures as possible.

The Least You Need to Know

➤ France is at the leading edge of technology when it comes to transportation.

➤ The English Channel Tunnel, a joint Franco-British project, is a remarkable feat of engineering involving the development of unique machinery.

➤ The Minitel gives you all the luxuries of a computer without the price tag.

➤ In order to use French verbs properly, you have to learn their structure; a verb can be transitive (direct or indirect), intransitive, reflexive, or prepositional.

➤ Different question markers can be used for open-ended questions; they can be pronouns, adjectives, or adverbs.

Je vous ai compris! Answers

1. En 1981/Train à grande vitesse/Société nationale de chemins de fer/Plus de 300 kilomètres à l'heure/Bleu et argent

ENLEVER CETTE QUESTION/En le compostant dans une borne orange située sur le quai/Une contravention et une amende de plusieurs centaines de francs/Le sud, l'ouest, le sud-ouest, le nord, le nord-est.

2. F, V, F, V, V, V, F, F, F, F

3. en autobus/à cheval/à vélo/en taxi/à moto/en bateau/à skis/en téléphérique/en train/en métro

Chapter 13

A Little Luxury

> ### In This Chapter
>
> ➤ Learning the vocabulary of perfumes and flowers
>
> ➤ Shopping for jewelry
>
> ➤ Choosing luxury clothing and leather goods
>
> ➤ Using the right prepositions for the materials

This sector of the French industry is one of the country's best-known trademarks. Luxury products can be eaten, worn, or smelled—for a price. They come from a very long tradition of craftsmanship and express a true love for top quality products.

French luxury goods are so popular worldwide that there are countless counterfeits, especially from countries such as South Korea, Taiwan, China, Hong Kong, Thailand, and Singapore, but also from Italy, Morocco, and Turkey. Luxury names like Louis Vuitton, Cartier, and Lacoste are among the most copied of all; in order to limit losses, they devote about 1 percent of their profits to fighting counterfeits!

Champagne

Champagne means celebration. No other drink is more closely associated with love, happiness, and the French notion of *faire la fête*. Birthdays, anniversaries, weddings, graduation, any occasion will do to pop open a bottle. Champagne means luxury because even in France it is expensive: $20 for a nonvintage bottle, $30 and more for a brand name.

Vocabulary of Champagne

le cellier	cellar
l'entreposage	storage
mousseux	bubbly
la cave	cellar
pétillant	sparkling

Tip du jour

When you come across a new French word, try deciding whether it is a noun, a verb, or an adjective, analyzing its structure (root, prefix, suffix) and comparing it to other, similar French words you know.

L'origine du champagne remonte à 1688 quand Dom Pérignon, cellérier (le moine responsable de l'entreposage du vin dans le cellier d'un couvent) de l'abbaye bénédictine d'Hautvillers, près d'Épernay, invente un procédé pour rendre mousseux ce vin blanc. D'autres vins de par le monde sont mousseux, mais aucun autre ne peut porter le nom de champagne.

Le champagne est exclusivement issu du vignoble français de la Champagne. On parle du "triangle sacré" entre trois villes: Reims, Épernay, et Châlons-en-Champagne. Épernay est même considérée comme la capitale du champagne et sous ses rues s'étendent des kilomètres de caves à champagne que l'on peut visiter à pied ou en train.

Incroyable mais vrai

The most famous Champagne producers have more than 250 kilometres of "caves" where they produce and stock the champagne bottles.

Aujourd'hui, le champagne est exporté dans tous les pays du monde. Néanmoins les Français restent les plus grands consommateurs de cette boisson pétillante: ils en consomment près de 2 litres par an par personne.

Voici quelques grands noms des maisons de champagne française: Moët et Chandon, fondé en 1743, Mercier, Veuve Cliquot, Mumm.

Je vous ai compris! 1

Go to the official Champagne Web site, www.champagne.fr/home.htm, and take the test offered in order to help you pick the right champagne for your personality.

Then, log on to Mumm's Web site, www.champagne-mumm.com/monde/fsmond03.htm, and look at their vocabulary page; pick out ten words listed there and find their translation.

Correct answers can be found at the end of the chapter.

La Mode

Way back before you even took beginner's French, the only fashion words you knew were probably *haute couture* and *prêt-à-porter*. But what exactly do these labels refer to?

Haute Couture

Ne peut se nommer *haute couture* qui le veut. La loi définit les maisons de haute couture comme des entreprises qui emploient au minimum 20 personnes—les couturières sont surnommées *les petites mains*—et qui présentent, à Paris, deux collections par année de 50 créations de jour et de soir. Ces productions doivent être présentées soit dans la maison de haute couture soit dans des lieux prévus pour les défilés de mode. Mais il est évident que les productions qui remplissent ces conditions très sévères sont accompagnées de prix exorbitants.

Vocabulary of Haute Couture and Prêt-à-porter

un défilé de mode	fashion show
une griffe	designer label
une vitrine	window of a shop
le lèche-vitrine	window-shopping
abordable	affordable
bon marché	cheap
se ruiner	to spend all one's money
le paraître	the look
une lignea line	

Avec la crise économique le nombre de maisons de haute couture a diminué durant les cinquante dernières années. On en compte maintenant une quinzaine. Parmi les plus prestigieuses, on pourrait nommer Chanel, Christian Dior, Givenchy, Hermès,

Ted Lapidus, Guy Laroche, Paco Rabanne, Yves Saint Laurent, Nina Ricci. On peut admirer les vitrines de ces magasins dans la rue du Faubourg Saint-Honoré et la rue Montaigne sur la rive droite. Si vous ne pouvez pas vous déplacer jusqu'à Paris pour faire ce lèche-vitrine, vous pourrez toujours admirer virtuellement quelques défilés des collections de Yves Saint Laurent: www.yslonline.com/vf/collections/index.html.

Je vous ai compris! 2

Match the vocabulary of Haute Couture in the left column with the corresponding translations in the right column.

un tailleur	sheath
une jupe portefeuille	wide-brimmed hat
la soie	fur
la dentelle	leather
un corset	suit
une robe fourreau	silk
une robe du soir	bodice
une capeline	lace
la broderie	evening gown
la fourrure	embroidery
le cuir	wraparound skirt

Correct answers can be found at the end of the chapter.

Le Prêt-à-porter

Les maisons de prêt-à-porter sont plus abordables, mais elles ne sont pas toujours bon marché. Elles permettent de respecter l'élégance parisienne sans se ruiner. Ce qui est important à Paris et en France c'est le paraître, il faut donc suivre la mode.

Les grands couturiers se sont lancés dans des lignes de prêt-à-porter, moins chères, et qui constituent aussi un moyen de compenser le déficit systématique des collections de haute couture. La mode masculine provient essentiellement du prêt-à-porter.

Incroyable mais vrai

The tights *Dim* became quite popular in 1964. Their name comes from the day they were worn—on Sunday: *bas dimanche*.

Perfume: The Sweet Smell of Success

You probably know a few French perfumes from magazine advertisements. In France, nine out of ten women wear perfume and half of the men use cologne. But did you know that Chanel did not have to pay a cent to advertise one of their products worldwide? The publicity came for free when Marilyn Monroe was asked in an interview what she wore to bed: She ingenuously replied, "Chanel Number 5."

Flower Power	
le parfum	perfume
la lavande	lavender
le mimosa	mimosa tree
le lilas	lilac
la jonquille	daffodil
l'oeillet (m.)	carnation
l'aubépine	hawthorne
le chèvrefeuille	honeysuckle

Parfums et eaux de toilette comptent parmi les principales exportations françaises. Mais la création d'un parfum est un processus délicat et compliqué. En effet, les meilleurs parfums sont constitués d'un mélange de plusieurs huiles. Il existe différents processus pour extraire les essences des fleurs et le *nez* est le professionnel qui va mélanger ces arômes.

La ville de Grasse, sur la Côte d'Azur, est la capitale mondiale du parfum depuis le XVIe siècle. Elle est entourée de champs de lavande, de mimosa, de jasmin, et de roses. Le musée international de la parfumerie a été ouvert à Grasse en 1989.

Incroyable mais vrai

The price of ingredients to make perfume can be quite expensive: 43 000 francs for a kilo of *absolu de rose* (the strongest concentration of rose essence)!

La différence de terminologie entre les parfums s'explique par la proportion du concentré des éléments parfumés contenue dans l'alcool. Selon les diverses concentrations dans l'alcool, on parle de parfum ou d'extrait (la plus forte concentration), d'eau de parfum, d'eau de toilette ou d'eau de Cologne (la concentration la plus faible).

Sound Advice

Note the special pronunciation of the "um" sequence in *par-fum:* It sounds like the indefinite article *un.* However, in words formed from *parfum,* the pronunciation is regular:

Parfumer: par-**fu-mer**

Parfumeur: par-**fu-meur**

Parfumerie: **par-fu-mri**e (the final "e" is silent)

La plupart des grands couturiers ont sorti "leur" parfum.

Cette tendance a commencé dans les années 20 avec le lancement du célèbre Numéro 5 de Chanel.

En 1998, les dix fragrances (eaux de toilette, parfums et produits dérivés) les plus vendues en France étaient:

Angel, de Thierry Mugler

Numéro 5, de Chanel

Shalimar, de Guerlain

Paris, d'Yves Saint-Laurent

Opium, d'Yves Saint-Laurent

Trésor, de Lancôme

L'Air du temps, de Nina Ricci

Jean-Paul Gaultier, de Jean-Paul Gaultier

Allure, de Chanel

Ô, de Lancôme

Je vous ai compris! 3

Go to a department store and make a list of the French perfumes you find there. Be sure to indicate whether they are for men or women.

Jewelry

If "diamonds are a girl's best friend," then Paris is a girl's favorite place! Some of the world's best jewelers have made France's capital their workshop and dazzle their customers with brilliantly crafted combinations of precious metals, precious stones, and endless imagination.

Incroyable mais vrai

The word **bijou** comes from a word from Britanny, **bizou,** meaning "a ring."

Jewelry

le bijoutier	jeweler
la bijouterie	jewelry store
un bijou	jewel
un joaillier	jeweler
l'or (m.)	gold
l'argent	silver
le platine	platinum
la bague	ring
le collier	necklace
une montre	watch
une alliance	wedding ring

Sound Advice

Joaillier is pronounced as three syllables: **jo-a-yer.**

Attention!

The word **bijou** has an irregular plural form: bijoux (instead of the regular "s"). There are a few other irregular plurals as well. How do you memorize them? Just do as the French do in school: Sing a little rhyme.

Bijou caillou chou genou hibou joujou pou!

(jewel, pebble, cabbage, knee, owl, toy, louse)

La place Vendôme, à Paris, est une superbe place octogonale à deux pas du Louvre. Mais elle est surtout le rendez-vous des grands bijoutiers et des joailliers qui travaillent le métal précieux (or, platine) avec des pierres précieuses (diamant, rubis, émeraude et saphir) ou semi-précieuses (améthyste, turquoise, topaze) et perles. Cette place est mondialement connue pour la qualité et la beauté de ses bijoux (bracelets, colliers, bagues) et de ses montres en or, serties de bijoux. Cartier, lui aussi situé sur la place Vendôme, est le numéro un de la montre de luxe en France et à l'étranger; sa trialliance (trois anneaux, en or jaune, or blanc et or rose) a fait le tour du monde.

Other Fine Accessories

Luxury goods go beyond perfume and jewelry, and many talented craftspeople have elevated their trade to artistic levels. Take crystal, for example. This jewel-like material is made from extra-white fine sand to which lead is added, giving crystal its refractory properties and unique sound. And did you know that pink crystal contains gold? As for leather, there's more to it than cavemen and S&M would have you believe. According to the French Federation of Leather Goods, there are fourteen families of leather products, including items for your pets, fishing and hunting accessories, and carrying cases for musical instruments!

Crystal and Glass: Le cristal et le verre

Daum, Baccarat, Lalique, what prestigious names! The world of crystal, that radiates and seduces, comes from the Lorraine region of the northeast portion of France.

Glass and Crystal

la pâte de verre	molten glass
un atelier	a workshop
un céramiste	a ceramic craftsman
un verrier	a glassblower
un émail	enamel
la taille	cut

Incroyable mais vrai

The duché de Lorraine was given to Stanislas Leszczynski, King of Poland, by Louis XV when he married the king's daughter. After fleeing Poland, Stanislas lived to develop the area's main cities, especially Nancy. The beautiful downtown Place Stanislas boasts magnificent wrought iron gates crafted by Nancy ironsmith Jean Lamour. It is home to the Musée des Beaux-Arts and City Hall.

L'est de la France est réputé pour ses cristalleries, ses pâtes de verre, sa poterie. Cristalleries et verres ont gagné leurs lettres de noblesse dans les ateliers de l'école de Nancy à la fin du XIXème siècle. L'art nouveau était à l'honneur avec ses principaux acteurs: Émile Gallé et les frères Daum (verriers). L'originalité de la production de ces céramistes et de ces verriers leur a permis de faire le tour du monde. Baccarat, petite ville de Meurthe-et-Moselle, a légué son nom aux cristalleries fondées au XVIIIe siècle. Longwy produit des émaux magnifiques alliant motifs floraux ou géométriques et couleurs extraordinaires.

Le Musée du cristal de Baccarat est situé à Paris, au 30 rue de Paradis, dans les locaux de la société Baccarat. On peut y admirer 1200 articles produits dans les ateliers de Lorraine et se familiariser avec les techniques de la taille du cristal.

Je vous ai compris! 4

Indicate whether the following statements are true or false by checking the appropriate column.

Vrai	Faux	
_____	_____	Baccarat est le nom d'une ville.
_____	_____	Daum est le nom d'une ville.
_____	_____	Les cristalleries Baccarat datent du XVIIIème siècle.
_____	_____	Le musée du cristal est situé à Baccarat, rue Paradis.
_____	_____	Longwy est célèbre pour ses pâtes de verre.
_____	_____	Émile Gallé était un chef de file de l'Art nouveau.
_____	_____	L'école de Nancy était connue pour ses poteries.
_____	_____	Les émaux de Lorraine sont célèbres pour leurs couleurs.

For correct answers see the end of the chapter.

Leather Goods: Maroquinerie

Leather goods such as wallets, handbags, and knapsacks are known in France as "maroquinerie." This name refers to the country of Morocco, a great producer and exporter of finely crafted goat and sheep leather goods.

Incroyable mais vrai

Crocodile skin makes the most expensive leather (*un sac en croco*) in the world. Ostrich is a close second.

Leather Goods	
le cuir	leather
le portefeuille	wallet
le sac à main	purse
le sous-main	deskpad
la ceinture	belt
les gants (m.)	gloves
les chaussures (f.)	shoes
la sellerie	horse-riding gear
la malle	trunk

La maroquinerie désigne l'industrie des cuirs fins pour la production de certains articles de luxe comme portefeuilles, sacs à main, sous-main. Les accessoires, ceintures, gants, chaussures, bagages, font également partie du commerce de luxe.

Les grands noms de la maroquinerie de luxe sont Hermès, qui a fait ses débuts dans les accessoires de sellerie, et Vuitton et ses célèbres malles et sacs au logo LV.

Je vous ai compris! 5

Take an inventory of all the leather goods you own and make a list in French.

For correct answers see the end of the chapter.

What Is It Made Of?

When indicating what a product is made of you must use the preposition *en:*

> Un sac *en* cuir, un bijou *en* or, une bague *en* diamant

If you want to specify what type of material you will use the combination "de" + noun (a.k.a., complément du nom):

> un sac en peau *de crocodile,* un vêtement en laine *d'agneau*

Speak Your Mind: Parlez haut et fort!

Browse through a fashion magazine, pick three haute couture outfits and describe them.

The Least You Need to Know

➤ France has a worldwide reputation for luxury goods, whether it is foods, clothing, jewelry, perfume, or leather goods. Most famous luxury stores are located in Paris.

➤ Beware of bargain prices on luxury items from Cartier, Vuitton, and Lacoste, as they are most likely counterfeits.

➤ Haute couture has been through an unprecedented crisis; many "maisons" have to rely more and more on their *prêt-à-porter* lines and other lower-priced products like perfumes in order to survive.

➤ The preposition *en* is used to indicate what a product is made of.

Je vous ai compris! Answers

1. Answers will vary. An example for the vocabulary list may be: PROBLÈME AVEC LE SITE: ALLER À www.champagne-mumm.com/monde/fsmond03.htm PUIS CHOISIR "VISUALISER LE LEXIQUE AU COMPLET"

Assemblage: blend/Bulle: bubble/chef de caves: cellar master/dégustation: tasting/ étiquette: label/flaconnage: bottle types/greffe: grafting/habillage: bottle design/ ISO9002: set of standards used to ensure top quality in champagne production/Lattes: horizontal, wall-type, system for bottle storing

2. | | |
    |---|---|
    | un tailleur | suit |
    | une jupe portefeuille | wraparound skirt |
    | la soie | silk |
    | la dentelle | lace |
    | un corset | bodice |
    | une robe fourreau | sheath |
    | une robe du soir | evening gown |
    | une capeline | wide-brimmed hat |
    | la broderie | embroidery |
    | la fourrure | fur |
    | le cuir | leather |

3. Answers will vary.

4. V, F, V, F, F, V, F, V

5. Answers will vary. They may include: Un portefeuille; un sac à main; un manteau; une ceinture; des chaussures; des bottes; une jupe; une veste; un porte-clés; un porte-documents; un agenda; and so on.

Chapter 14

Making Do with What You Have: *Le système D*

In This Chapter

➤ Enjoying France on a budget

➤ Finding and renting accommodations

➤ Expressing anger

➤ Positioning adverbs of manner

➤ Using the present participle

➤ Language level: choosing the right style

Of course there's Relais et Châteaux, Haute Couture, deluxe perfumes, and pricey cars. But then there's Joe (or Joan) Average, *or le Français moyen* as he is known on the French side of the Atlantic. This ordinary person works from 8 A.M. to 6 P.M., earns just over 128,000 francs or $21,370 (US) net a year, can't afford to buy his or her own house, drives a second-hand car and tries to save for a yearly escape: *les vacances d'été.*

How does a student, a blue-collar worker, or an unemployed person make ends meet? How can he or she take a well-deserved vacation on a budget? And how can you learn a few useful tips on low-cost traveling, housing, and eating out from these people? Sounds like a ten-million-dollar question? Well, the answer won't cost you a cent: Read on!

The Anti-Michelin Guide: Le guide du routard

Most guide books cater to wealthy tourists who are happy to spend thousands of francs a day on upscale restaurants, five-star hotels, and designer boutiques. For the rest of us there is *le système D,* where D stands for *débrouille* (*se débrouiller* means "to manage, to cope"): how to do what the wealthier do—on a budget. If it sounds like you, here is some suggested reading.

Tip du jour

When you read a French text, concentrate on its global meaning rather than the individual words.

À l'origine, le Guide du routard était destiné à un public d'étudiants sans le sou mais bien décidés à voir le vaste monde pendant leurs longues vacances d'été. Très marqué par une image hippie, le Guide du routard a immédiatement connu un énorme succès, et la collection s'est rapidement élargie à une multitude de pays, avec plus récemment un retour en France: il existe un guide sur Paris avec, entre autres, des hôtels à moins de 200 francs, et des restaurants de 50 à 100 francs.

Le Guide du routard a vieilli au même rythme que ses lecteurs d'origine, les baby-boomers: Aujourd'hui, en plus des traditionnels routards, le guide s'adresse également aux autres catégories de population, y compris les *papas-mamans!*

The Other Guide

un routard	a backpacker
un livre de poche	paperback
sans le sou	pennyless
un marcheur	a hiker
un sac à dos	backpack
bon marché/abordable	affordable

Je vous ai compris! 1

Go to the Routard Web page, www.club-internet.fr/routard/quiz/index. htm, and take the test to determine if you really are a débrouillard or système D.

Position of Adverbs of Manner

The preceding passage about Le Guide du routard contains many adverbs referring to how things are. These are called adverbs of manner.

➤ Adverbs of manner are placed *immediately before* the adjective or the adverb they modify:

Des étudiants *bien* décidés …

➤ Adverbs of manner are placed *immediately after* the verb they modify:

le guide s'adresse *également* …

➤ If the verb has a compound form, the adverb of manner is placed immediately after the conjugated form (être, avoir):

le guide a *immédiatement* connu …

➤ Negative markers take precedence over adverbs of manner:

le guide *ne* s'adresse pas seulement …

Il *n'a* pas immédiatement connu …

Alternative Hotels

If you're ready to compromise on room service, the door to savings suddenly swings open: There is a wide range of affordable options to spend the night in reasonably comfortable quarters. Whether you opt for youth hostels or more homey inns, there is a bed for you.

Affordable Housing	
une auberge de jeunesse	youth hostel
une cotisation	membership fee
une adhésion	membership
un réseau	network
une réduction	rebate
un hébergement	housing
séjourner	to stay
un dortoir	dormitory
un équipement	facility
un barème	scale
la campagne	countryside
une ferme	farm
réserver	to book

continues

continued

Affordable Housing

un sentier de randonnée	hiking trail
convivial	congenial, friendly
une couette	comforter
un tuyau	tip (advice)
louer	to rent
une location	rental

> ### *Je vous ai compris! 2*
> Read the following three sections about accommodation options, then write a ten-line paragraph explaining which option(s) you would choose and why. Don't forget to address issues such as convenience, comfort, services, and location.

Forever Young: Youth Hosteling

Les auberges de jeunesse représentent une solution intéressante d'hébergement économique. Autrefois réservées aux jeunes, elles sont aujourd'hui ouvertes à tous, sans restriction d'âge; il suffit de devenir membre de la FUAJ (Fédération unie des auberges de jeunesse) moyennant le paiement d'une cotisation modeste: 70 francs pour les moins de 26 ans, 100 francs pour les plus de 26 ans, 150 francs pour une famille.

La FUAJ offre aujourd'hui plus de 17 000 lits dans près de 200 établissements, en ville, à la campagne, à la montagne ou encore au bord de la mer; et les Auberges de Jeunesse proposent plus de 50 activités sportives aux participants.

Les auberges sont classées en cinq catégories identifiées par des sapins: 4 sapins offrent le plus grand confort, avec, pour 72 francs, des chambres de deux à six lits et une salle d'eau, petit-déjeuner compris, des services de restauration, une salle de détente et une salle commune. À 1 sapin, la chambre coûte environ 40 francs; elle contient huit lits et plus, les sanitaires sont collectifs, et les services très limités. Les *auberges vertes,* les moins chères, offrent uniquement l'hébergement en dortoir, sans service de restauration; elles ne sont ouvertes qu'en saison dans des endroits parfois surprenants et ont une capacité maximale de 40 personnes.

> **Je vous ai compris! 3**
>
> Go to www.fuaj.org/fra/infos/adhesion.html and click on the PDF icon corresponding to your age group or family status. Download the registration form and fill it out.

The Present Participle

The present participle is formed by adding the suffix -*ant* to the stem of the first person plural form of the present indicative:

intéresser	intéressons	intéressant
offrir	offrons	offrant
surprendre	surprenons	surprenant

Only three verbs do not follow this pattern:

être	étant
avoir	ayant
savoir	sachant

The present participle can be used as a noun, an adjective, or a verb. As a noun and as an adjective, it will vary (masculine/feminine; singular/plural):

un commerçant

une solution intéressante

offrant

Country-Style: Les Gîtes de France

If you want to spend your vacation country-style, then go for the Gîtes de France network. There are about 40,000 Gîtes, housed in former farm buildings that offer several very affordable options to suit your needs.

Accommodations and Facilities

une cuisine	kitchen
une salle de bains	bathroom
une douche	shower
un lavabo	bathroom sink
un WC	toilet
une chambre	bedroom
une cheminée	fireplace
le mobilier	furniture
la vaisselle	dishes
une pièce à vivre	communal room
un sanitaire	washroom

Incroyable mais vrai

Two words from the vocabulary table have foreign origins: *WC* means "water closet." It is pronounced *les vécés.* Some people even say *les ouatères,* as a "tribute" to "water."
Lavabo means "I will wash myself" in Latin; it comes from the Latin verb *lavare,* to wash.

Un Gîte de France est une maison de vacances en milieu rural offrant des garanties d'équipement et de prix. Les hébergements sont contrôlés et classés en fonction de leur situation et du degré de confort selon un barème (1, 2, 3, ou 4 épis). Tous les Gîtes comportent obligatoirement une cuisine avec eau chaude et réfrigérateur, un sanitaire avec eau chaude, douche, lavabo, WC, et une ou plusieurs chambres.

Vous pouvez choisir entre cinq formules. Un Gîte rural est une maison de vacances en milieu rural. Un Gîte d'étape est situé le plus souvent sur un sentier de grande randonnée; il comporte une grande salle commune, un coin-cuisine avec cheminée, mobilier et vaisselle ainsi que des sanitaires séparés, et un grand dortoir. Le Gîte de séjour permet à plusieurs familles de passer leurs vacances ensemble grâce à de très grandes pièces à vivre ainsi que des chambres séparées. Les Gîtes d'enfants reçoivent les enfants, pendant les vacances scolaires ou durant un week-end.

La Chambre d'hôtes, chez l'habitant, propose le coucher, le petit-déjeuner, et parfois le repas à la table d'hôtes.

Bed and Breakfast Revisited: Les cafés-couettes

Version française du bed and breakfast, cette formule propose un hébergement chez l'habitant, en ville comme à la campagne. C'est une excellente solution pour rencontrer les Français et obtenir des tuyaux sur les meilleures adresses en ville! Dans les café-couettes, vous serez reçu comme un ami. Ils sont classés selon un système de cafetières.

Je vous ai compris! 4

Indicate which characteristics apply to which accommodation options by checking the corresponding columns in the table.

Note that the following abbreviations are used: AJ (auberge de jeunesse); AV (auberge verte); Gîte (Gîtes de France); GE (gîte d'étape); CH (chambre d'hôtes); couette (café-couettes).

	AJ	AV	Gîte	GE	CH	Couette
en ville	——	——	——	——	——	——
à la campagne	——	——	——	——	——	——
à la montagne	——	——	——	——	——	——
au bord de la mer	——	——	——	——	——	——
chez l'habitant	——	——	——	——	——	——
dortoirs	——	——	——	——	——	——
sanitaires séparés	——	——	——	——	——	——
cuisine	——	——	——	——	——	——
salle commune ou à vivre	——	——	——	——	——	——
cheminée	——	——	——	——	——	——
vaisselle fournie	——	——	——	——	——	——
activités sportives	——	——	——	——	——	——
petit déjeuner compris	——	——	——	——	——	——
repas compris	——	——	——	——	——	——
classement par cafetières	——	——	——	——	——	——
classement par sapins	——	——	——	——	——	——
classement par épis	——	——	——	——	——	——
adhésion nécessaire	——	——	——	——	——	——

The correct answers are at the end of the chapter.

Not Exactly Relais et Châteaux:
Les relais routiers

You're driving on the highway and suddenly you get the munchies. But your wallet is almost as empty as your stomach. Do not despair! Just watch for the distinctive red and blue circular sign that says *les routiers* in white block letters or simply pull in whenever you see a parking lot full of trucks: You've found the Mecca of hearty meals! After this experience you will understand the truck drivers' official motto "Les routiers sont sympas" (truck drivers are nice guys).

Truck-Size Appetite	
un panneau	a sign
un routier	a truck driver
un repas complet	a full meal
une casserole	a saucepan

Sur la route du travail et des vacances, le célèbre panneau "Bleu et Rouge" reste un symbole d'accueil de qualité et de prix depuis plus de 60 ans. Les 1600 Relais Routiers offrent un repas complet entre 55 et 65 Francs. De plus, ceux qui proposent une cuisine régionale sont récompensés par une distinction: la Casserole, très recherchée par les touristes français et étrangers. Certains relais offrent également un petit nombre de chambres d'hôtel à des prix très abordables.

La carte de France des relais routiers est sur le Web, www.routiers.com/htm/relais/situer.htm. Vous pouvez cliquer sur une région pour afficher la liste des relais, accéder à leurs descriptions, et en voir quelques photos.

The Art of Resquille

Resquille can be about two things: saving money, and outsmarting your fellow human beings. And since the French are truly convinced that they are more clever than everybody else (both as a nation and as individuals), *resquille* is about to replace soccer as the national sport!

Do You Speak Resquille?	
passer avant son tour	not to wait one's turn
une file d'attente, une queue	a line
la sortie de secours	emergency exit
piller	to loot
un abri d'autobus	bus shelter
un usager	user

Do You Speak Resquille?	
frauder	to cheat, to commit fraud
une amende	a fine
un billet	a ticket
malin	clever
faire un appel de phares	to flash one's headlights
klaxonner	to honk
le rétroviseur	rear-view mirror
rouler	to drive
se déporter	to merge
une voie	lane
faire une queue-de-poisson	to cut someone off
dépasser	to pass
une voie réservée aux autobus	bus lane
une piste cyclable	bike path
stationner en double file	to double-park
un contrevenant	trespasser
se garer, stationner	to park
pousser du coude	to elbow one's way
bougonner	to mutter
s'engouffrer	to rush in

Resquille 101

Resquille (n. f.) Action qui consiste soit à éviter de payer pour un spectacle ou un moyen de transport, soit à passer avant son tour dans une file d'attente.

Ce terme, comme le verbe *resquiller* (= *faire de la resquille*) et le nom *resquilleur* (= *celui qui resquille*), est très commun dans la langue familière. En voici deux exemples d'utilisation:

C'est difficile **de resquiller** au cinéma en passant par la sortie de secours, ils ont mis des caméras.

À la queue **les resquilleurs!**

Incroyable mais vrai

If you should find yourself broke, there is a variety of colloquial phrases you can use to say that you're in such a position:

être fauché (comme les blés)

être sur la paille

être pauvre comme Job

ne pas avoir un sou/un rond/un radis/un kopeck

râcler/faire les fonds de tiroirs

tirer la langue

ne pas arriver à joindre les deux bouts

être dans le rouge (for your bank account)

On the Road

Vous roulez tranquillement sur l'autoroute. Soudain une voiture apparue derrière vous se met à vous faire des appels de phares, ou même à klaxonner. Vous jetez un oeil plus attentif dans le rétroviseur et vous apercevez un Français à l'air menaçant, prêt à rouler par-dessus votre voiture si vous ne la déportez pas immédiatement sur la voie de droite afin de lui laisser le passage! Selon son niveau de mauvaise humeur, il pourra même vous faire une queue-de-poisson lorsqu'il vous aura dépassé. En ville, les voies réservées aux autobus et les pistes cyclables ne sont pas respectées: les voitures y circulent à toute vitesse.

Le stationnement en double file ou sur les aires réservées aux arrêts d'autobus est chose courante, et les contrevenants sont tellement nombreux que la police ne peut pas suivre!

Vous vous étonnez du grand nombre d'automobilistes handicapés? Ne vous méprenez pas: ces voitures garées sur les emplacements réservés aux handicapés appartiennent à des conducteurs en parfaite condition physique, qui trouvent simplement que puisque ces stationnements sont libres au moment où ils arrivent, ils ont intérêt à s'y garer vite avant qu'un autre automobiliste ne leur prenne la place!

In the Line

Au supermarché, vous attendez sagement votre tour. Soudain, une petite vieille dame vous pousse du coude et se plante devant vous, son panier sous le bras, vous tournant résolument le dos. Vous avisez-vous de lui faire remarquer poliment "Excusez-moi madame, j'étais là avant vous!"? Elle vous lancera un regard meurtrier en bougonnant quelque chose sur "cette jeunesse qui n'a plus aucun respect pour les cheveux blancs …" Et si tout d'un coup une caisse s'ouvre, ne croyez pas que la caissière va servir "la prochaine personne dans la file d'attente": elle servira ceux qui se précipiteront sur elle les premiers alors qu'ils se trouvaient bien loin derrière vous.

Vous attendez l'autobus, le métro, ou le train. Lorsqu'il arrive, vous laissez d'abord sortir ceux qui se trouvent à l'intérieur avant de monter, une personne après l'autre, n'est-ce pas? Pas en France: dès que la porte s'ouvre, on s'engouffre dans l'autobus ou le wagon, histoire de trouver la meilleure place assise ou tout simplement de montrer qu'on est le plus malin!

How to Be Angry in French

Whether you like it or not, you are likely to be exposed to *resquilleurs*. But how do you respond? Short of learning to do the same, you're going to have to learn to speak up and express your disapproval in a way that will prompt the *resquilleur* to get back to his or her spot in the line. Ready to rise to the challenge?

Being Angry in French

Vous me prenez pour qui? un imbécile? un idiot?	Who do you think I am? Do you think I am stupid?
Vous vous prenez pour qui?	Who do you think you are?
Vous vous croyez tout permis?	Are you kidding?
Vous croyez que tout vous est permis?	
Vous vous moquez du monde?	
Vous croyez que ça va se passer comme ça?	You think you are going to get away with it?
Vous croyez que je suis aveugle?	
Vous croyez que je ne me rends compte de rien?	
Vous vous imaginez que je vais accepter ça sans rien dire?	Do you think that I am going to take it without complaining?
C'est insupportable/inadmissible/inacceptable.	It's unacceptable.
C'est pénible!	It's a pain!
Ça suffit!	That's enough!
La moutarde me monte au nez!	You're getting on my nerves.

Being Angry in French	
Niveau de langue familier	
Ça va pas, non?	Are you out of your mind?
Ça va pas la tête?	
… alors!/ … à la fin!/ … quand même!	(at the end of a sentence) Now …
Va te faire cuire un oeuf!	Go find a drum and beat it!
Occupe-toi de tes oignons!	Mind your own business!
Mêle-toi de tes oignons!	
J'en ai/Y en a marre!	I am fed up/I've had it!

Language Levels: Watch Your Mouth!

You've probably noticed that you don't speak the same language when you're talking to your kids, your co-workers, your boss, and your mother-in-law. You need to adapt the level of formality of your language to the situation and the person you are addressing. The same applies for French. Let's take a closer look.

The Safety Net: Neutral

This is typical textbook French: neutral language designed to fit in the largest number of situations. Needless to say, this is the safest route: It will take you anywhere without any social blunder. You can use it both when writing and speaking.

Sound Advice

Voice pitch is essential when you're angry. Make sure you say all the preceding expressions with the appropriate tone: a sharp rise at the end of an interrogative phrase; a sharp fall at the end of an exclamatory phrase. Remember the pronunciation of *oignon*: o-**nion**.

However, it is not always best suited to the situation. Moreover, although this is the language level you should be aiming for as a speaker, as a listener you must be able to understand other language levels, or you'll be missing out on a lot of meaning.

To give you a better idea of what language levels are, let's take two samples—a simple narrative and a wedding announcement—as our starting point and see how they evolve with each of the language levels.

Français standard:

Les adolescents sont allés prendre un verre au café. Ensuite, ils ont pris l'autobus et sont allés voir un film au cinéma.

Françoise et Michel sont heureux de vous annoncer leur mariage. La cérémonie aura lieu le 25 août 2001 à 15 h 00.

Tuxedo French: Formal

This is the type of language you would use in formal situations: a speech, a meeting with your boss, or with the President. In France, because aristocrats are still alive and kicking, such language is widely used on a daily basis in some high-ranking families. Unless you are ready and willing to be laughed at, restrict this level to meetings with the Royal family.

Français formel:

Les jeunes gens sont allés prendre un rafraîchissement dans un café. Par la suite, ils ont emprunté les transports en commun pour se rendre au cinéma voir un film.

Monsieur et Madame Jean Laroque

Attention!

In colloquial French *on* replaces *nous;* when conjugating the verb, remember that although the meaning is "we" (first person plural) the form is a third person singular. In colloquial French the "ne" part of the negative adverb phrase "ne … pas" is omitted.

Le Colonel Germain et Madame, née Rosemond ont le plaisir de vous faire part du mariage de leurs enfants Françoise et Michel. Les deux jeunes gens uniront leurs destinées le 25 août 2001 en l'église Sainte-Marie à 15 heures.

Reality Check: Colloquial

This is typical young people's speech: not inappropriate, not slang, but informal. Everyday language is colloquial, unless your last name has a particle and you can claim at least one relative of royal blood. Using it tells people that you are relaxed and approachable.

Les ados ont pris un pot au bistro, et puis ils ont pris le bus jusqu'au ciné et ils se sont payé une toile.

La bague au doigt et la corde au cou! On va fêter ça le 25 août 2001 à 15 heures. Manquez pas la fiesta!

Danger Zone: Slang

At the slang level, you are a member of a street gang, a teenager eager to stand out from the crowd and rebel against parental guidance, or a rap singer. This is definitely not appropriate language for conversation with strangers or coworkers. As a rule, you will want to stay clear of it.

Speak Your Mind: Parlez haut et fort!

Let's get angry!

Imagine someone just stole your parking spot, or cut in on you, or took credit for something you did. What would you say? Make sure you use the appropriate pitch patterns and language levels.

The Least You Need to Know

➤ There are plenty of affordable vacation options for those willing to compromise on style and privacy.

➤ *Resquille* is the antithesis of *étiquette;* you will have to learn the appropriate vocabulary to deal with it.

➤ Voice pitch plays an important role when expressing anger; use a rising pitch at the end of the interrogative phrase and a falling pitch at the end of an exclamatory phrase.

➤ Adverbs of manner immediately follow the verb they modify. They immediately precede the adjective or adverb they modify.

➤ The present participle is formed by adding the suffix *-ant* to the stem of the first person plural form of the present indicative.

➤ There are several language levels to suit several situations. The safest route is standard French, but knowing colloquial French is essential to understanding everyday conversations.

Je vous ai compris! Answers

1. Answers will vary.

2. Answers will vary.

3. Answers will vary according to age and family status.

4.

	AJ	AV	Gîte	GE	CH	Couette
en ville	X					X
à la campagne	X		X			X
à la montagne	X					

	AJ	AV	Gîte	GE	CH	Couette
au bord de la mer	X					
chez l'habitant					X	X
dortoirs		X		X		
sanitaires séparés			X	X		
cuisine			X	X		
salle commune ou à vivre				X		
cheminée				X		
vaisselle fournie				X		
activités sportives	X					
petit déjeuner compris	X			X	X	
repas compris				X		
classement par cafetières					X	
classement par sapins	X					
classement par épis			X			
adhésion nécessaire	X					

Part 4

Politics

Many aspects of French society are the products of a long political tradition, and ideology shapes many facets of French society and economy. Take today's top issues: immigration and women's rights. How they are tackled depends not on common sense, socio-economic factors, or human rights; it depends solely on political orientation.

Another unique feature of French politics is the nature and role of unions. You'll be surprised to discover the tight connections between unions and political parties—which renders unbiased social activism quite a challenge and makes for continual chaos due to innumerable strikes.

Politics is also a favorite conversation topic, one that is sure to ignite fiery arguments, which the French just love. This part gives you a historical perspective on immigration, the political spectrum, unionism, and women's rights.

413 TH
PRESIDENT
(IN AS MANY)
MONTHS

Chapter 15

Immigration: Understanding Today's Issues

In This Chapter

➤ Learning about immigration to France in the twentieth century

➤ Terms for industrial and agricultural occupations

➤ Using hyphenation

➤ Learning the correct forms for names of countries and nationalities

➤ Building sentences: from simple to complex

➤ Using the pluperfect tense

It seems like these days you can't read a newspaper, watch the news, or listen to the radio without encountering the topics of immigration, exclusion, or racism. Tough times bring out tough issues, and lately France has had its share.

Historically, France has always been a *terre d'accueil,* a welcoming haven to political refugees, which earned it the enviable status of *pays des droits de l'homme,* the home-land of human rights. But as has been the case in recent history, when the going gets tough, the tough get … racist, and immigrants are the first and easiest targets for a population struggling with skyrocketing unemployment, economic crisis, an increas-ing gap between the "haves" and the "have-nots," and an ever growing sense of inse-curity fueled by racial gangs and street violence. But how did it all happen, and what is it like to be an immigrant in today's France?

Early Immigration to France

On the eve of World War I, France was the fourth most industrialized nation in the world. Between 1900 and 1911, over 1.5 million jobs were created in the industrial sector. But population growth was extremely low at that time—and sometimes negative, as was the case during seven of the years between 1890 and 1913. This led to a shortage of manpower, to which France responded by opening its frontiers to foreign labor.

But when the industrial boom gave way to economic depression and France lost the war to Germany, foreigners were suddenly viewed as potential enemies and treated as such.

Agriculture and Industry	
un ouvrier	worker
le bâtiment	construction
l'industrie minière	mining industry
une mine de fer	iron mine
une mine de charbon	coal mine
l'industrie chimique	chemical industry
la métallurgie	steel industry
une savonnerie	soap factory
une huilerie	oil works
une raffinerie de pétrole	oil refinery
un pêcheur	fisherman
la pêche	fishing industry
un ébéniste	cabinetmaker
un orfèvre	goldsmith
saisonnier	seasonal
les vendanges (f.)	grape harvest
la cueillette	picking, gathering
la main-d'oeuvre	manpower, labor
un manoeuvre	laborer

The Nineteenth Century

Plus de quarante% des immigrants du XIXème siècle venaient de Belgique. Ils s'installaient surtout dans le Nord de la France et travaillaient dans l'industrie textile, dont ils constituaient 30% à 50% des employés.

Incroyable mais vrai

In the 1800s, 89 percent of immigrants came from neighboring European countries. In the 1870s more than half of the population of the textile city of Roubaix was made up of Belgian citizens!

Les Italiens représentaient 10% des ouvriers du bâtiment. Leurs autres domaines de spécialisation étaient les mines et l'industrie chimique: la moitié des mineurs de Gardanne et des employés des savonneries de Marseille étaient transalpins, de même que 80% des ouvriers des huileries et des raffineries de pétrole de la région. Enfin, un très grand nombre exerçaient le métier de pêcheurs, surtout à Marseille. Ils étaient également réputés dans les domaines de l'ébénisterie et de l'orfèvrerie.

Les Espagnols constituaient la troisième population immigrante. Ils s'établissaient principalement dans le Sud-ouest et participaient aux travaux agricoles et aux vendanges.

Tip du jour

If you live near the Canadian border, you can probably have access to Radio Canada television. They broadcast not only Canadian content, but also international programs, mostly from France. They also have a French language network; try listening to it when you're on your way to work.

Word Division

Hyphenation follows different rules in French and in English. As a rule, you will hyphenate after a vowel (or a group of vowels pronounced as one sound) unless it is followed by more than one consonant, in which case you will hyphenate after the first consonant. Also, don't hyphenate a word if it results in only a couple letters at the end or the beginning of a line. Let's take a few cognates and see how to hyphenate them:

Hyphenating French Words

vocabulaire	voca-bulaire, vocabu-laire (after the vowel)
difficulté	diffi-culté
capturer	cap-turer (between the consonants), captu-rer
dictionnaire	diction-naire, dic-tionnaire

Je vous ai compris! 1

Indicate where you would hyphenate the following words:

savonnerie _____

transalpin _____

industrie _____

immigrant _____

exercer _____

agricole _____

orfèvrerie _____

For correct answers see the end of the chapter.

Sound Advice

Watch for the pronunciation of the following words: *Chimie, chimique:* soft "sh" sound as in "**sh**are," and *cueillette:* hard "k" sound as in "**k**ick."

Between the Two World Wars

Italians were the most numerous immigrants between 1901 and 1960. Most of them settled in Eastern France, particularly in areas neighboring the Italian border, and around Nice and the Savoie region (which belonged to Italy until 1860).

Entre les deux guerres, la composition de la population immigrante change considérablement. Les Belges ne représentent plus que la quatrième source d'immigrants, très loin derrière les Italiens (près de 30%), les Polonais (17%) et les Espagnols (12%).

La qualification professionnelle de la main-d'oeuvre immigrée, employée à 60% dans l'industrie, reste très faible. Dans la métallurgie lourde, plus de 80% des Portugais et plus de 70% des Italiens, Espagnols et Polonais occupent des postes de manoeuvres.

You're Welcome?

Les incidents anti-italiens ont commencé à se multiplier dans les années 1880, alors que l'Italie s'alliait à l'Allemagne, qui venait de vaincre la France et d'annexer l'Alsace et la Lorraine.

Immigration in France	
surnommer	to nickname
un sabot	wooden shoe
un boyau	intestine
la méfiance	suspicion
malpropre	untidy
débauché	corrupt
une terre d'accueil	land of welcome
un Juif	a Jew
prôner	to advocate
la haine	hatred
étranger	foreign

En 1898 est fondée Action française (AF), groupe xénophobe et antisémite dirigé par Charles Maurras, qui prône un nationalisme intégral, la haine du Juif et de l'étranger. L'ennemi est tout ce qui est "antifrançais": protestant, franc-maçon, anarchiste, juif, allemand.

Les nationalités les mieux représentées dans la France de l'entre-deux-guerres, Italiens, Polonais, Espagnols, Belges, étaient catholiques, ce qui les rapprochait des Français. Les Belges, proches voisins et parlant la même langue, recevaient le plus de sympathie, suivis par les Italiens; les Espagnols et les Portugais étaient jugés comme acceptables; les Polonais, moins bien connus, suscitaient plus de méfiance. Mais les immigrés exotiques étaient nettement rejetés.

Après la grande crise économique des années 1930, les réactions racistes sont si fortes qu'un demi-million d'immigrants quittent la France.

Sound Advice

As was the case for *-erie* words referring to shops (boulangerie, pâtisserie, boucherie ...), the "e" before *-rie* is silent in *-erie* words referring to industries: savon-nerie, huilerie, raffinerie. The only exception is what is referred to as the "three-consonant rule": if the "e" is surrounded with three consonants, two of which are before and one after, then the "e" must be pronounced: ébéni**sterie**, orfèv**rerie**.

En 1993, 86% des immigrants interrogés se déclaraient satisfaits de vivre en France et 92% disaient se sentir bien en France. Mais 30% avouent avoir été victimes d'actes racistes de la part de Français.

Country Names

In French, countries are nouns, which means that they have a gender, a number, and are accompanied by an article. All names of countries are masculine unless they end in -e, in which case they are feminine.

Feminine	Masculine
la France	le Portugal
l'Italie	les États-Unis
l'Espagne	

Attention!

Learn to recognize prefixes, because hyphenation must respect their form:

Transalpin: trans–alpin

The following countries are masculine even though they end in -e:

> le Cambodge

> le Mexique

> le Mozambique

To indicate a country of origin the preposition *de* is used, most often in conjunction with the verb *venir*.

➤ For masculine countries the structure is (venir de +) article + country:

> Il vient du Portugal.

> Tu es des États-Unis.

➤ For feminine countries the structure is the same except that the article is omitted (venir de +) country:

> Il vient de France.

> Vous êtes originaire d'Italie.

➤ To indicate a country of destination the preposition will depend on whether the country is masculine or feminine:

> en + country (no article): *en France, en Italie*

> masculine/plural (au/aux + country): *au Portugal, aux États-Unis*

➤ Names of citizens are derived from names of countries using several formulas. There are very few derivation rules, however:

1. Country names ending in *-lande:* omit the final *-e* and add *-ais, -aise: Irlande—Irlandaise, Hollande—Hollandais*

2. Country names ending in */k/* sound: add *-ain, -aine: Amérique—Américain*

   Maroc—Marocain

   Mexique—Mexicain

3. Country names ending in *-ie:* replace *-ie* with *-ien/-ienne*

   Algérie—Algérien

   Italie—Italien

➤ There are so many irregularities that you're better off memorizing citizenship terminology along with each country name you learn.

Sound Advice

Cedilla, **la cédille,** can only affect the letter "c." This letter has a soft sound ("s") only when followed by the letters e, i, and y; when followed by a, o, and u, it sounds like "**k.**" Using a cedilla on c when followed by a, o, or u will make the c soft:

Amér**c**ain: (hard sound, "k")

fran**ç**ais: (soft sound, "s")

Une **c**onsonne: (hard sound, "k")

un gar**ç**on: (soft sound, "s")

Nationalities

Allemagne	Allemand
Angleterre	Anglais
Argentine	Argentin
Autriche	Autrichien
Belgique	Belge
Cambodge	Cambodgien
Canada	Canadien
Corée	Coréen
Chine	Chinois
Danemark	Danois
Écosse	Écossais
Espagne	Espagnol

continues

continued

Nationalities	
France	Français
Guatemala	Guatemaltèque
Hongrie	Hongrois
Inde	Indien
Irak	Iraquien
Iran	Iranien
Israël	Israélien
Japon	Japonais
Laos	Laotien
Nicaragua	Nicaraguayen
Norvège	Norvégien
Pakistan	Pakistanais
Pérou	Péruvien
Pologne	Polonais
Portugal	Portugais
Roumanie	Roumain
Russie	Russe
Soudan	Soudanais
Suède	Suédois
Suisse	Suisse
Turquie	Turc
Vietnam	Vietnamien

Recovering from WWII

World War II took a heavy toll on France, with an estimated demographic deficit of 1.7 million people. The economy was in ruins, infrastructures had been destroyed and agriculture was lagging. Manpower was clearly needed to rebuild the country and the nation.

Avec l'expansion économique des années 1950, l'immigration devenait indispensable. La part des Européens, qui avait été jusqu'alors prépondérante, est passée dans cette nouvelle vague de 89 à 79%; au contraire, les Maghrébins, qui n'avaient constitué qu'une source marginale de population immigrante par le passé, ont amorcé leur progression: 13% de la population étrangère en 1954, 25% en 1975.

L'immigration en France était longtemps restée de source majoritairement européenne, mais avec cette nouvelle vague elle prenait une allure résolument méditerranéenne. Les principales destinations des étrangers, qui avaient traditionnellement préféré les régions agricoles et les mines de l'industrie lourde, sont devenues la région parisienne, la Provence-Côte d'Azur, la région lyonnaise, le Nord-Pas de Calais et le Nord-Est, c'est-à-dire la France urbanisée et industrielle. Plus de 65% des immigrés d'après la deuxième guerre travaillent dans l'industrie (essentiellement métallurgie et bâtiment). Mais la qualification de cette main d'oeuvre reste médiocre, comme les salaires et les conditions de vie.

Attention!

When used as adjectives these words are not capitalized:

Les Français: *les citoyens français*

Une Italienne: *une ville italienne*

Incroyable mais vrai

Maghreb (Algeria, Morocco, and Tunisia) used to be part of the French colonial empire. French people who lived in North Africa at the time were known as *pieds–noirs* because of their black boots. Algeria remained under French administration until 1962, when the Independence War led to the creation of the Republic of Algeria. Many Muslims had enrolled in the French army and were hoping to become French citizens; they are known as *harkis*. In 1962, these harkis had to flee their homeland and emigrate to France, where they received a less than warm welcome. Only in the 1980s was there a real effort made to help these people regain their social dignity.

The Pluperfect

➤ **Form:** The *Plus-que-parfait* or pluperfect is a compound form comprising the auxiliary (être or avoir, depending on the verb) in the imperfect and the past participle of the verb:

> La part des Européens avait **été prépondérante.**

> L'immigration **était** longtemps **restée** de source européenne.

Sound Advice

If you studied German, tréma is umlaut. For everybody else, it is confusing. But it need not be. A tréma is used to signal that in a sequence of two vowels that are usually pronounced as one sound, the second vowel should be pronounced separately. Let's take a couple examples:

mais (but) one sound, **è**

maïs (corn), two sounds: **a-i**

avoine (oats) one sound **wa**

héroïne (heroine), two sounds, **o-i**

➤ **Use:** Like the *Imparfait* and the *Passé composé*, the Plus-que-parfait or pluperfect is a past tense. It is used to refer to events or situations that happened prior to other past events or situations, as illustrated in the sentence from the previous passage:

> La part des Européens, qui avait été jusqu'alors prépondérante, est passée de 89 à 79%.

This sentence can be analyzed as follows:

Past event that happened first (plus-que-parfait): *La part des Européens avait été jusqu'alors prépondérante.*

Past event that happened next (*Passé composé*): *La part des Européens est passée de 89 à 79%.*

The Economic Crisis of the Seventies

The economic crisis that began in the 1970s led to the elimination of scores of unqualified jobs—the bread-winner jobs for the immigrant population. Unemployment soared and became a national disaster. As a result, immigration was officially closed in 1974 and only relatives of legal immigrants are now allowed in France.

La population immigrée de la fin du XXème siècle a un tout nouveau visage. Depuis 1952 les non-Européens sont majoritaires, atteignant 60% en 1990. La principale source est l'Afrique, avec plus de 45%. Les pays de la communauté européenne ne fournissent plus que 36% des immigrés.

Les vieilles régions industrielles du Nord et de l'Est, durement frappées par la crise, ont perdu leurs fortes populations d'immigrés, qui se sont déplacées vers le sud selon un axe Paris-Lyon-Marseille. La région parisienne concentre près de 40% des immigrants. Les immigrés sont de plus en plus actifs dans les services: en 1993, un actif sur cinq travaillait dans le bâtiment, un sur quatre dans l'industrie et un sur deux dans le tertiaire.

Je vous ai compris! 2

Here are some more sentences from the previous passage. Can you analyze each of them according to which past event happened first and which happened next?

Les Maghrébins, qui n'avaient constitué qu'une source marginale de population immigrante, ont amorcé leur progression.

L'immigration en France était longtemps restée de source majoritairement européenne, mais avec cette nouvelle vague elle prenait une allure résolument méditerranéenne.

Les principales destinations des étrangers, qui avaient traditionnellement préféré les régions agricoles et les mines de l'industrie lourde sont devenues la France urbanisée et industrielle.

See the end of the chapter for correct answers.

Second Generation Immigrants: *Les beurs*

Second-generation immigrants from the Maghreb region of Africa, whether they came to France as babies or toddlers or were born in that country and are therefore French citizens, go to French schools and speak French amongst themselves. But they feel like strangers both in their country of origin (75 percent of them can't speak their mother tongue) and in France, where the French overwhelmingly view them as foreigners, calling them *Beurs*.

Incroyable mais vrai

Second-generation immigrants from Maghreb are known as *Beurs*. This term comes from *verlan,* the language of gangs from low-income suburbia, whose particularity is to switch syllables and sounds within words so as to be understood only by the members of the gang. In verlan, *arabe* becomes *rebeu,* then *beur!*

The Gap	
l'ascension sociale	climbing the social ladder
un cadre	executive
un délinquant	offender
un concours d'entrée	admission exam
une agrégation	highest competitive examination for teacher in France
la réussite	success, achievement
le chômage	unemployment
un malaise	difficult situation
aux prises avec	grappling with
un petit boulot	a temporary job
un stage de formation	internship training
un débouché	outcome
déçu	disappointed
amer	bitter
un fossé	gap
un engagement	commitment
un pote	(colloquial) buddy
un foulard	scarf
la souche	old stock
un établissement	school
ostentatoire	ostentatious
dépasser	to transcend
un rempart	protection

The Socio-Economic Gap

L'intégration culturelle s'est faite par l'école. Les membres de la deuxième génération qui occupent un emploi effectuent le plus souvent une ascension sociale par rapport à leurs parents; certains deviennent ingénieurs, professeurs, cadres commerciaux. En 1990, 89 ont réussi le concours d'entrée aux grandes écoles, 9 ont obtenu l'agrégation de mathématiques, 12 ont reçu leur diplôme de Centrale, huit de HEC, et 18 des Arts et Métiers.

Mais malgré ces quelques exemples de réussite, l'intégration économique et sociale reste difficile. Le chômage est très important en France et les immigrés sont la première population touchée. Le malaise des banlieues transformées en ghettos aux prises avec la violence au quotidien s'est aggravé. La plupart des jeunes sont au chômage, se sentent condamnés à un avenir médiocre fait de petits boulots et de stages de formation sans débouché professionnel. Comment combler ce fossé?

Beaucoup trouvent refuge dans des *bandes* qui se livrent à la délinquance et au trafic de drogue et s'opposent régulièrement aux forces de police.

D'autres adoptent une attitude plus positive et se tournent vers l'engagement associatif. Née en 1985, SOS RACISME est une association qui combat le racisme, la xénophobie, l'antisémitisme et toutes les formes d'exclusion. Le symbole de cette association, une main jaune portant les mots "Touche pas à mon pote," a fait le tour du monde.

Sentences: From Simple to Complex

All sentences are not born equal: some are self-sufficient, others are dependant on some of their constituents. Let's look at the following sentences:

1. L'intégration culturelle s'est faite par l'école.
2. En 1990, 89 ont réussi le concours d'entrée aux grandes écoles, neuf ont obtenu l'agrégation de mathématiques et douze ont reçu leur diplôme de Centrale.
3. Les membres de la deuxième génération qui occupent un emploi effectuent le plus souvent une ascension sociale par rapport à leurs parents.

You noticed that the first sentence contains one verb while the second and third contain several conjugated verbs, and therefore several different clauses.

1. The first sentence exists by itself. It is known as "phrase simple."
2. In the second sentence, each segment could exist independently:

    En 1990, 89 ont réussi le concours d'entrée aux grandes écoles.

    Neuf ont obtenu l'agrégation de mathématiques.

    Douze ont reçu leur diplôme de Centrale.

This type of sentence, which combines two or more same-level clauses ("propositions indépendantes" or simple sentences) is known as "phrase composée."

3. In the last sentence, the segment "qui occupent un emploi" could not exist independently; however the rest of the sentence would still make sense on its own:

    Les membres de la deuxième génération effectuent le plus souvent une ascension sociale par rapport à leurs parents.

This type of sentence, which combines a main clause ("proposition principale") and a subordinate clause ("proposition subordonnée"), is known as "phrase complexe."

223

Je vous ai compris! 3

Go back to the "Socio-Economic Gap" section and categorize each sentence into the following:

Phrase simple   **Phrase composée**   **Phrase complexe**

Then for each complex sentence identify the main clause and the subordinate clause:

Proposition principale   **Proposition subordonnée**

Correct answers are at the end of the chapter.

The Religious Gap

Une partie des jeunes Beurs se refugient dans un extrémisme religieux qui les coupe davantage de la société française. Ainsi, l'affaire dite "des foulards islamiques" a profondément divisé Musulmans et Français de souche. En 1989, le proviseur d'une école refuse l'entrée de l'établissement à trois jeunes Musulmanes portant le voile islamique: l'école française, laïque et républicaine, ne pouvait accepter de marque religieuse aussi ostentatoire. Le débat prend une dimension nationale qui dépasse les habituels clivages politiques.

L'islam offre aux exclus de l'intégration économique et sociale un sentiment de valorisation, un moyen de purification, un rempart contre les déviations telles que la drogue, l'alcool et la délinquance.

Speak Your Mind: Parlez haut et fort!

Describe the geographical origins and the causes of immigration to the United States. Pay special attention to the gender of country names and the use of logical markers.

The Least You Need to Know

➤ Traditionally, immigrants to France had come from three or four neighboring European countries, but since the 1960s Maghreb countries have been the main source; different religious and cultural views widen the gap between natives and immigrants.

➤ To indicate a country of origin use *de* + article + country for masculine countries and omit the article for feminine countries. To indicate a country of destination use *en* + country (no article) for feminine countries and *au/aux* + country for masculine or plural countries.

➤ The *Plus-que-parfait* or pluperfect is a compound form comprising the auxiliary in the imperfect and the past participle of the verb. It is used to refer to past events or situations that happened prior to other past events or situations.

➤ A sentence with one conjugated verb is a simple sentence; sentences which combine two or more same-level clauses are known as "phrase composée"; sentences which combine a main clause and a subordinate clause are known as "phrases complexes."

Je vous ai compris! Answers

1. savon-nerie/savonne-rie, trans-alpin/transal-pin, indus-trie, im-migrant/immi-grant, exer-cer, agri-cole, orfè-vrerie/orfèvre-rie

2. Happened first: Les Maghrébins, qui n'avaient constitué qu'une source marginale de population immigrante

Happened next: ont amorcé leur progression.

Happened first: L'immigration en France était longtemps restée de source majoritairement européenne

Happened next: mais avec cette nouvelle vague elle prenait une allure résolument méditerranéenne

(Les principales destinations des étrangers.)

Happened first: qui avaient traditionnellement préféré les régions agricoles et les mines de l'industrie lourde

Happened next: sont devenues la France urbanisée et industrielle

3. **Phrase simple**

L'intégration culturelle s'est faite par l'école.

certains deviennent ingénieurs, professeurs, cadres commerciaux.

Mais malgré ces quelques exemples de réussite, l'intégration économique et sociale reste difficile.

Le malaise des banlieues transformées en ghettos aux prises avec la violence au quotidien s'est aggravé.

Déçus, amers, ils mesurent la distance qui les séparent des autres Français.

Comment combler ce fossé?

Le symbole de cette association, une main jaune portant les mots "Touche pas à mon pote," a fait le tour du monde.

(In this sentence "Touche pas à mon pote" is a quotation and does not qualify as a clause.)

SOS Racisme organise des manifestations musicales, culturelles, mais aussi militantes pour transmettre son message.

Phrase composée

En 1990, 89 Beurs ont réussi le concours d'entrée aux grandes écoles, 9 ont obtenu l'agrégation de mathématiques, 12 ont reçu leur diplôme de Centrale, huit de HEC, et 18 des Arts et Métiers.

Le chômage est très important en France et les immigrés sont la première population touchée.

La plupart des jeunes sont au chômage, se sentent condamnés à un avenir médiocre fait de petits boulots et de stages de formation sans débouché professionnel.

D'autres adoptent une attitude plus positive et se tournent vers l'engagement associatif.

Phrase complexe

Les membres de la deuxième génération qui occupent un emploi effectuent le plus souvent une ascension sociale par rapport à leurs parents;

Beaucoup trouvent refuge dans des 'bandes' qui se livrent à la délinquance et au trafic de drogue et s'opposent régulièrement aux forces de police.

Née en 1985, SOS RACISME est une association qui combat le racisme, la xénophobie, l'antisémitisme et toutes les formes d'exclusion.

Proposition principale

Les membres de la deuxième génération effectuent le plus souvent une ascension sociale par rapport à leurs parents;

Beaucoup trouvent refuge dans des 'bandes' qui se livrent à la délinquance et au trafic de drogue et s'opposent régulièrement aux forces de police.

Née en 1985, SOS RACISME est une association qui combat le racisme, la xénophobie, l'antisémitisme et toutes les formes d'exclusion.

Proposition subordonnée

qui occupent un emploi

qui se livrent à la délinquance et au trafic de drogue et s'opposent régulièrement aux forces de police

qui combat le racisme, la xénophobie, l'antisémitisme et toutes les formes d'exclusion

226

Knowing Your Right from Your Left

In This Chapter

➤ Learning the political vocabulary

➤ Understanding politics, parties, and power

➤ Voting in France

➤ Using the gerund

Political awareness and the emergence of France's founding values and principles started under the Third Republic (1875–1940), during which fundamental issues were debated: the separation of church and state, the growing role of the press, as well as the birth of unionism.

Politics is one of the two topics (the other being religion) that etiquette recommends not be mentioned during a nice dinner or social gathering. But before you can break that rule, you need to know the basics, that is, your right from your left.

The Symbols of France

The Stars and Stripes, the Eagle, these are potent symbols of the American nation. France, too, has such defining symbols, which are deeply anchored not only in the French subconscious, but also in the imagery in language.

French Symbols	
le drapeau	flag
flotter	to flap
un bâtiment public	public building
déployer	to fly
la devise	motto
le patrimoine	heritage
le bonnet phrygien	cap worn by the revolutionaries
un esclave affranchi	a freed slave
un coq	rooster
un jeu de mots	play on words
la grille	iron gate

The Flag

Emblème national de la Vème République, le drapeau tricolore est né de la réunion, sous la Révolution française, des couleurs du roi (blanc) et de la ville de Paris (bleu et rouge). Aujourd'hui, le drapeau tricolore flotte sur tous les bâtiments publics; il est déployé dans la plupart des cérémonies officielles.

Tip du jour

When you read a text and want to find specific information, try quickly scanning the text to look for that information.

The Motto

Héritage du XVIIIème siècle (le siècle des Lumières, âge d'or de la philosophie), la devise "Liberté, égalité, fraternité" est invoquée pour la première fois lors de la Révolution française. Elle est inscrite dans la constitution de 1958 et fait partie du patrimoine national.

Marianne

Les premières représentations d'une femme à bonnet phrygien, allégorie de la Liberté (le bonnet phrygien était porté par les esclaves affranchis en Grèce et à Rome) et de la République, apparaissent sous la Révolution française. Prénom très commun au XVIIIème siècle, Marie-Anne représentait le peuple. Le buste de Marianne orne toutes les mairies de France.

The Rooster

Le coq apparaît dès l'Antiquité sur des monnaies gauloises. Il devient symbole de la Gaule et des Gaulois, le mot latin *gallus* signifiant à la fois *coq* et *gaulois*. Napoléon Ier le refusa comme emblème parce que "le coq n'a point de force, il ne peut être l'image d'un empire tel que la France." Il redevient un symbole officiel sous la IIIème République. Aujourd'hui il est surtout utilisé à l'étranger pour évoquer la France, notamment comme emblème sportif.

Je vous ai compris! 1

Indicate whether the following statements are true or false by checking the appropriate column:

Vrai	Faux	
_____	_____	Le drapeau tricolore date de la Vème République.
_____	_____	Le bleu était la couleur des rois de France.
_____	_____	Le blanc était la couleur de la ville de Paris.
_____	_____	La devise de la France est apparue pour la 1ère fois dans la Constitution de 1958.
_____	_____	Le bonnet phrygien date de l'époque grecque.
_____	_____	Marianne était une révolutionnaire célèbre.
_____	_____	Marianne symbolise la liberté.
_____	_____	Le mot latin pour *coq* signifie aussi *gaulois*.
_____	_____	Napoléon a choisi le coq comme symbole de la France.
_____	_____	Le monde du sport utilise le coq pour parler de la France.

Correct answers are at the end of the chapter.

The Right

Although the main party is the Rassemblement pour la République (RPR), there are many other political movements affiliated with the right, some playing a significant role, others merely making local headlines once a year. But if you want to understand the game, you need to know all the players, so here they are!

All Right	
la feuille de chêne	oak leaf
une racine	root
le noyau	the core
une voix	a vote
le rayonnement	presence, influence
un député	member of the Congress
prôner	to advocate

The Right End of the Spectrum

Le Mouvement national républicain (MNR) est né en octobre 1999 d'une scission avec le Front national. Le parti se définit comme "le noyau autour duquel la droite nationale parviendra au pouvoir."

Le Front national (FN), fondé en 1972 par Jean-Marie Le Pen qui en est toujours le président, se définit comme "la droite nationale, sociale et populaire." Il défend une France "blanche" attachée aux valeurs traditionnelles de la famille. Entre les élections législatives de 1973 et celles de 1997, il est passé de 0,5% à 15% des voix. Mais il n'a qu'un seul député à l'Assemblée nationale.

The Traditional Right

Le Mouvement pour la France: Fondé en 1995 par Philippe de Villiers, hostile au Traité de Maastricht sur la construction de l'Europe, il s'est allié au Centre national des Indépendants (CNI). Plus à droite que le RPR, il prône les valeurs chrétiennes traditionnelles.

Le RPR a été fondé en 1976. Surnommé "le parti gaulliste," il est dans la lignée directe de l'héritage du Général de Gaulle; son nom même a été choisi parce qu'il se rapproche du sigle du Rassemblement du Peuple français (RPF) fondé par le général de Gaulle en 1947. Il représente les valeurs traditionnelles de la droite. Jacques Chirac, son fondateur, en a été le président jusqu'en 1995. C'est aujourd'hui pour la première fois une femme, Michèle Alliot-Marie, qui en assure la présidence.

Somewhere in the Middle

L'Union pour la Démocratie française (UDF) a été fondée le 1er février 1978 à l'initiative de Valéry Giscard d'Estaing, alors Président de la République. L'UDF est un parti unifié qui comprend plusieurs partis, dont Force démocrate et le Parti populaire pour la démocratie française. Ce mouvement se définit comme centriste, libéral et européen.

Fondée en 1990 par Brice Lalonde, Génération Écologie se situe à droite dans le mouvement écologiste.

Incroyable mais vrai

One component of the RPR emblem is the Lorraine cross, originally brought back from the Holy Land by a French knight as a symbol of Christian resistance to Muslims during the Holy Wars in the Middle Ages. In 1871, the people from Lorraine used it to mark their resistance after being annexed by Germany. General De Gaulle made it the symbol of Free France in June 1940. The Lorraine cross epitomizes the rejection of fate.

The Left: A Tribute to Unionism

The main player on the left side of the political scene is the Parti Socialiste (PS). But as was the case for the right, there are many other outsiders who, thanks to political alliances, get to have their 15 minutes of fame.

The Left	
prendre la relève	to carry on
un poing	fist
issu de	born from
la citoyenneté	citizenship
l'aménagement du territoire	land development planning
un effondrement	collapse
le marteau	hammer
la faucille	sickle

➤ **Le PS**—a pris la relève de la Section française de l'Internationale ouvrière (SFIO) née au début du siècle. Fondé en 1971 par François Mitterrand, qui en a été le chef jusqu'en 1980, le parti socialiste est devenu le premier parti de France. Il est très attaché aux valeurs de la République: liberté de conscience, laïcité de l'État et de l'école. Le symbole du parti est un poing serré sur une rose: le poing pour le combat, la rose pour le bonheur.

➤ **Le Parti radical socialiste (PRS)**—issu du parti radical, l'ex-Mouvement des radicaux de gauche (MRG), renommé PRS en 1996, est l'allié du PS depuis 1972.

➤ **Les Verts**—créé en janvier 1984, ce parti situe son action politique de "solidarité, de responsabilité planétaire et de citoyenneté" à gauche. Un accord électoral a été signé avec le Parti socialiste.

Further Left

Attention!

All nouns ending in *-isme* are masculine: *le libéralisme, le socialisme, le communisme, le centrisme* ....

Le PCF (parti communiste français) est né en 1920. De 1972 à 1994, Georges Marchais en a été le secrétaire général. Ce parti a son journal, l'Humanité. Jusqu'à l'effondrement de l'Union soviétique, il était très proche de Moscou et soutenait sans réserve le gouvernement communiste. De 1947 à 1981, il représentait environ 20% de l'électorat mais il ne compte plus maintenant que 10% d'électeurs.

La France compte quelques partis d'extrême gauche, comme Lutte ouvrière (mouvement pour le pouvoir des travailleurs et la socialisation des moyens de production, créé en 1968, avec à sa tête Arlette Laguillier) et la ligue communiste révolutionnaire (LCR), née de mai 1968), mais ils sont marginaux.

Je vous ai compris! 2

Can you name the political movement founded by the man? Hint: They all end in *-isme!*

Homme Politique	Mouvement
Charles De Gaulle	_____
Fidel Castro	_____
Joseph Staline	_____
Juan Peron	_____
Karl Marx	_____
Lénine	_____
Mao Tsé-Tung	_____
Trotsky	_____

Correct answers are at the end of the chapter.

The Swing of the Pendulum

Traditionally, French voters were clearly divided along political lines; you were born into a communist family or a Gaullist heritage, and clearly rightist or markedly leftist governments ruled over long periods of times before being dislodged by their political opponents. But things have changed dramatically in the past few years and the French political scene is quite different today.

Incroyable mais vrai

Why are political parties labeled "right" or "left"? It all started with where they used to sit in parliament—to the right or to the left!

Politics	
le chômage	unemployment
une bataille	battle
électoral	election (used as an adjective)
un parti	party
partager	to share
le pouvoir	power
une querelle	quarrel, squabble

Depuis une quinzaine d'années les difficultés sociales et économiques ont fait que les Français s'intéressent plus aux problèmes de la vie quotidienne (chômage, inflation, insécurité) qu'aux grandes batailles idéologiques. Ce changement d'attitude se traduit sur la scène électorale par l'absence d'une majorité nette à droite ou à gauche: Ces dernières années les deux grandes tendances politiques de la gauche et de la droite partagent le pouvoir. C'est ce qui s'appelle la "cohabitation."

En 1986, a eu lieu la première cohabitation entre un gouvernement de droite, celui de Jacques Chirac, et un président de gauche, François Mitterrand. Les Français ont dû y prendre goût: en 1993, seconde cohabitation, toujours entre un gouvernement de droite, celui d'Édouard Balladur, et un président de gauche. La troisième cohabitation, en 1997, renverse les rôles, puisqu'elle a lieu entre un président de droite,

Jacques Chirac, et un gouvernement de gauche, celui de Lionel Jospin. C'est comme si ce type de fonctionnement donnait aux Français l'assurance que leurs gouvernants s'occuperont des problèmes des citoyens plus que de leurs querelles partisanes.

Je vous ai compris! 3

Answer the following questions using information from the previous passage.

Que signifie le terme "cohabitation"?

_____

Quelles cohabitations la France a-t-elle connues?

_____

Pourquoi les Français semblent-ils aimer cette forme de gouvernement?

_____

Quelles difficultés de la vie quotidienne préoccupent les Français?

_____

Quels sont les trois Premiers ministres de la cohabitation?

_____

Depuis combien de temps ce phénomène existe-t-il?

_____

Answers are at the end of the chapter.

The Distribution of Powers

The Third Republic was characterized by political instability and an incessant shift of power from right to left and vice versa. The Fifth Republic, founded by General De Gaulle, marked the return to stable, strong institutions, and the separation between the executive and the legislative powers.

Meet the CEO

Le pouvoir exécutif, représenté par le président de la République, est le plus puissant des trois (les deux autres étant le législatif et le judiciaire).

➤ **Le président**—est l'homme le plus important du pays. Il est le chef de l'État et des armées. Il nomme le Premier ministre et, sur proposition de celui-ci, choisit (ou refuse) les autres ministres. Il peut consulter directement les Français par référendum, dissoudre l'Assemblée nationale et provoquer des élections anticipées. Il est responsable de la politique extérieure de la France. Le président est élu pour sept ans et ce mandat peut être renouvelé indéfiniment.

➤ **Le gouvernement**—Le Premier ministre est nommé par le président, qu'il représente au Parlement. Il forme le gouvernement et coördonne les différents ministres. Le gouvernement détermine et conduit la politique du pays en rédigeant des projets de lois, en les soumettant au Parlement et en veillant à leur application.

Incroyable mais vrai

Want to get a feel for life in the Élysée Palace? Log on to www.elysee.fr/elysee/visite_.htm and take a virtual tour of the house.

The Gerund

Le gouvernement détermine et conduit la politique du pays en rédigeant des projets de lois, en les soumettant au Parlement et en veillant à leur application.

➤ The gerund is composed of two parts: the preposition *en* and the present participle; it is invariable—it never changes.

> *en rédigeant, en soumettant, en veillant*

➤ Negative markers are placed on either side of the present participle:

> *en ne rédigeant pas, en ne soumettant pas.*

➤ The gerund expresses either simultaneity or manner/means.

Attention!

En is the only preposition not followed by an *infinitive*.

➤ Many French proverbs use the gerund:

L'appétit vient en mangeant.

La fortune vient en dormant.

C'est en forgeant qu'on devient forgeron.

The Legislative Power

Even though it is not nearly as powerful as the Commons in Great Britain, the German Bundestag, or the American Congress, Parliament does have real power. Between its two chambers, l'Assemblée nationale (formerly Chambre des députés), and the Sénat share the traditional role of any Parliament.

➤ **L'Assemblée nationale**—qui siège au Palais-Bourbon, compte 577 députés, âgés de 23 ans au moins, et a à sa tête un président élu par les députés pour la durée de la législature (en principe cinq ans). Si l'Assemblée nationale est en désaccord avec le programme du premier ministre, elle peut le forcer, par le vote d'une motion de censure, à remettre sa démission au président de la République.

➤ **Le Sénat**—qui se réunit au Palais du Luxembourg, comprend 321 sénateurs, âgés de 35 ans au moins, élus pour neuf ans au suffrage universel indirect, c'est-à-dire par les députés, les conseillers généraux et les délégués des conseillers municipaux.

En cas de désaccord entre le Sénat et l'Assemblée nationale, des mécanismes de conciliation existent mais c'est cette dernière qui, en fin de compte, a le dernier mot.

The French Voting System

Elections are the backbone of political life in France. There are 40 million voters who are regularly asked to choose their representatives at the different levels of government: municipal, departmental, regional, national, and European.

Who Can Vote?

In 1848, all adult males were given the right to vote. This sparked a growing interest in politics, which got considerably stronger after a law calling for the death penalty for unsuitable political views was repealed.

Women did not get the right to vote until 1948!

Incroyable mais vrai

All the following parties (listed alphabetically) are represented in the Assemblée nationale:

Centre national des indépendants

Convention pour une alternative progressiste

Ecologie citoyenne

Front national

Les verts

Mouvement des citoyens

Mouvement des réformateurs

Mouvement pour la France

Parti communiste français

Parti radical socialiste

Parti socialiste

Rassemblement pour la république

Union pour la démocratie française

Voting

un électeur, une électrice	voter
un bureau de vote	polling station
majeur	overage
une liste électorale	voters list
une commune	municipality
un casier judiciaire	criminal record
le mandat	term
un conseiller municipal	city counsellor
un conseiller régional	member of the regional board
un député	member of Congress
un événement	event
le suffrage universel direct	direct universal vote
le scrutin	ballot
le scrutin majoritaire	majority vote
le scrutin proportinnel	proportional vote
le scrutin uninominal	uninominal system

continues

continued

Voting	
le premier tour	first ballot
un pourparler	bargaining
siéger	to sit
une circonscription	constituency
un tiers	one third
la moitié	one half
un projet de loi	a bill
un traité	treaty

Pour être électeur, il faut être majeur, c'est-à-dire âgé de plus de 18 ans, être de nationalité française, être inscrit sur les listes électorales de la commune où l'on habite, et ne pas avoir de casier judiciaire. Pour être éligible, les conditions sont les mêmes, seul l'âge minimum varie selon le mandat désiré: 18 ans pour être conseiller municipal, 21 ans pour être conseiller régional, 23 ans pour être député ou président de la République, 35 ans pour être sénateur.

Nationally

L'élection présidentielle constitue l'événement le plus important de la vie politique française. Depuis 1965 le président est élu au suffrage universel direct, à la majorité absolue (la moitié des voix plus une) des votes exprimés. Si cette majorité n'est pas obtenue au premier tour de scrutin, un second tour a lieu quinze jours plus tard. Seuls les deux candidats qui ont obtenu le plus de suffrages au premier tour peuvent se présenter au second.

Attention!

Remember that to express age in French you must use *avoir:*

Il faut *avoir* 18 ans pour être conseiller municipal.

Il faut *avoir* 21 ans pour être conseiller régional.

Il faut *avoir* 23 ans pour être député ou président Il faut *avoir* 35 ans pour être sénateur.

Les élections législatives permettent d'élire les 577 députés qui siègent à l'Assemblée nationale; ils sont élus pour cinq ans au suffrage universel direct au scrutin uninominal majoritaire à deux tours. Chaque député est élu dans une circonscription électorale qui représente environ 100 000 habitants. On élit en moyenne cinq députés par département.

Les élections sénatoriales permettent d'élire les 321 membres du Sénat; ils sont élus, pour neuf ans, au suffrage universel indirect par un collège électoral de "grands électeurs." Le Sénat est renouvelé par tiers tous les trois ans.

Finalement, le référendum! Le président de la République peut consulter directement les citoyens en leur soumettant un projet de loi ou une décision majeure.

Locally

Au niveau de la commune, la population élit au suffrage universel direct pour un mandat de six ans les conseillers municipaux qui élisent à leur tour le maire.

Au niveau du département, les Français votent lors des élections cantonales. Ces élections sont destinées à élire pour six ans les conseillers généraux, au scrutin uninominal majoritaire à deux tours.

La France compte 22 régions (par exemple: Nord-pas-de-Calais, Bretagne, Lorraine) et les Dom-Tom (départements d'outre-mer et les territoires d'outre mer). Les membres du conseil régional sont élus au scrutin proportionnel pour six ans.

Internationally

Les 87 députés français (sur 626) au Parlement européen sont élus pour un mandat de cinq ans par suffrage universel direct et au scrutin proportionnel. Ce sont les élections qui intéressent le moins les Français.

Speak Your Mind: Parlez haut et fort!

One person, one vote. Describe how an election works: Choose one and tell us everything we need to know about it.

The Least You Need to Know

➤ The French voting system combines majority and proportional votes, depending on whether the election is national or local.

➤ Although there are two or three main parties, alliances with smaller movements are key to a majority government.

➤ The French President has more powers than in many other countries; the Constitution precisely defines his prerogatives, so that in the event of a "cohabitation" the country can still function.

➤ The gerund is formed with the preposition *en* plus the present participle; it expresses simultaneity or manner.

Je vous ai compris! Answers

1. F, F, F, F, V, F, V, V, F, V,

2.

Homme politique	Mouvement
Charles De Gaulle	Le gaullisme
Fidel Castro	le castrisme
Joseph Staline	le stalinisme
Juan Peron	le péronisme
Karl Marx	le marxisme
Lénine	le léninisme
Mao Tsé-Tung	le maoïsme
Trotsky	le trotskisme

3. La cohabitation représente le partage du pouvoir entre la droite et la gauche

président de gauche (Mitterand), gouvernement de droite (Jacques Chirac)

président de gauche (Mitterand), gouvernement de droite (Édouard Balladur)

président de droite (Jacques Chirac) et un gouvernement de gauche (Lionel Jospin)

Ce type de fonctionnement semble donner aux Français l'assurance que leurs gouvernants s'occuperont des problèmes des citoyens plus que de leurs querelles partisanes.

chômage, inflation, insécurité

Jacques Chirac, Édouard Balladur, Lionel Jospin

1986

The State of the Union

In This Chapter

➤ Learning about the politics of French unions

➤ Putting your union vocabulary to work

➤ Deriving nouns from verbs

➤ Expressing one's opinions: stating one's mind, agreeing, disagreeing, objecting, contradicting

---

In 1864, Napoleon III gave workers the right to strike. Twenty years later, in 1884, workers were given the right to form unions or syndicates. And unionize they did: There are now over ten major unions in France, representing workers in virtually all segments of the economy!

French Unions and Politics

Unionism "à la française" is unique in that it is more closely linked to politics than to the workforce. A union will be more patient and more understanding when the government has the right political color; otherwise it will wreak havoc on the country's economic and social life by sending its members into the streets!

Vocabulary of Unionism

le syndicat	union
le syndicalisme	unionism
le droit	a right
un travailleur	a worker
un ouvrier	a worker
un enseignant	teacher
un lycéen	high-school student
le taux	rate
le patronat	employers
la force	strength
laïc	nondenominational, lay
un adhérent	member
un salarié	a wage-earner
promouvoir	to promote
la fonction publique	public service
un fonctionnaire	a public servant
gauchiste	leftist
une cellule	group, chapter
la grève	strike
manifester	to demonstrate
la revendication	demand, claim

Tip du jour

When you read a text, read it with a purpose: To understand the global meaning, find specific information, and so on.

Le syndicat est une association de personnes qui exercent la même profession, et qui a pour objectif d'étudier et de défendre les droits et les intérêts de l'ensemble de ses membres. En France, il y a de nombreux syndicats et ils peuvent être plusieurs à représenter un même groupe de travailleurs. On divise les syndicats selon les groupes qu'ils défendent (le syndicat des ouvriers, celui des enseignants, celui des étudiants) mais aussi selon leurs tendances politiques. Les principaux syndicats sont les suivants, par ordre alphabétique:

La CGC: confédération générale des cadres

La CGT: confédération générale du travail

La CFDT: confédération française démocratique des travailleurs

La CFTC: confédération française des travailleurs chrétiens

Le CNPF: centre national du patronat français

La FEN: fédération de l'éducation nationale

FO: force ouvrière

La MNEF: mutuelle nationale des étudiants de France

L'UNEF: union nationale des étudiants de France

Sound Advice

Most acronyms for the French unions are pronounced by spelling each letter separately: CGT is pronounced **cé-gé-té.** Three notable exceptions, pronounced as one word: **"la Fen,"** (*fenn*); **"la MNEF"**; **"l'UNEF."**

Unionism in the Workplace

In France, about two million people are affiliated with a union. That number has been steadily decreasing in the past fifty years, from 35.5 percent in 1949 to 8 percent in 1995, the lowest rate among members of the European Community. But even with those relatively small numbers unions are still extremely powerful: They can—and they do—paralyze the entire country within twenty-four hours!

Incroyable mais vrai

In France, there can be several unions in a company, and it is the choice of an employee whether or not to belong to any of them.

Workers Union

Les principales centrales syndicales sont: la CGT, la CFDT, la CFTC, et FO.

La CGT, syndicat à tendance communiste, compte aujourd'hui 640 000 adhérents. Elle est la plus représentative des confédérations syndicales françaises et est très active. Sa mission est de défendre les intérêts de tous les salariés en tous temps et en tous lieux en s'appuyant sur les idéaux de la République: liberté, égalité, justice, laïcité, fraternité, et solidarité. Elle est très présente dans les secteurs des transports, de l'industrie et de la fonction publique en général.

La CFTC, qui s'inspire des principes de la morale chrétienne, a été fondée en 1919 en réaction au syndicalisme anticlérical de la CGT. Politiquement, elle est proche du centre droit.

La CFDT est proche du parti socialiste.

FO, également d'obédience socialiste, est très importante parmi les fonctionnaires.

Union for Teachers and Students

La Fen, à tendance très gauchiste, regroupe 180 000 adhérents parmi les enseignants et les professeurs, un milieu qui vote traditionnellement à gauche. C'est le syndicat enseignant le plus important.

Les lycéens et les étudiants ont eux aussi des syndicats, également très à gauche sur le plan politique, et il n'est pas rare de voir les étudiants manifester et partir en grève. La Mnef est la plus importante centrale étudiante avec ses 338 000 adhérents en 1987. L'Unef a un nombre bien moins important d'adhérents (10 000) et est proche du parti communiste.

Demonstrative People: Street Protests

In North America, bargaining is the way employers and employees, via their unions, solve critical issues. Striking is the very last resort. In France, the motto is "Strike now, talk later." People tend to go on strike and organize street protests as a way to show their employers—and the government—that they mean business and that they will paralyze the workplace if no sensible effort is made to meet their demands. Then, they may sit down at the bargaining table and try to talk the issues out.

The Mother of All Strikes: Mai 68

Les événements qui ont abouti à la crise de mai 68 commencent par la révolte des étudiants à la Faculté de Nanterre. Les étudiants exprimaient leur difficulté de vivre dans une société qui leur paraissait archaïque.

Vocabulary of Demonstrations

un gréviste	striker
se mettre en grève	to go on strike
faire la grève	to be on strike
faire la grève de la faim	to go on hunger-strike
une manifestation	demonstration
une émeute	riot
une barricade	barricade
un soulèvement	upheaval
une bagarre	fight
se révolter	to revolt
revendiquer	to demand
un barrage routier	road blocking
un piquet de grève	strike pickets
défiler	to march

Le mouvement a eu des leaders charismatiques, comme Daniel Cohn-Bendit, et a été soutenu par des intellectuels comme Jean-Paul Sartre. L'agitation soulève le Quartier Latin, à forte population étudiante: les étudiants érigent des barricades, occupent les locaux de la Sorbonne, lancent des pavés et les bagarres font rage. Pendant le mois de mai, les manifestations s'intensifient et plus de 200 000 étudiants défilent dans les rues. Le mouvement s'étend au monde du travail. La grève se généralise à tous les secteurs de l'économie et est suivie par près de neuf millions de personnes. La France est paralysée. Les accords de Grenelle apaisent le mouvement de grève chez les ouvriers et les désolidarisent des étudiants. Le 30 mai, la révolte des étudiants se termine.

Sound Advice

Charismatique, ar**ch**aïque: "ch" is pronounced **k.**

C'est un échec politique car aux élections qui suivent mai 68 le parti gaulliste, très conservateur, remporte un fort succès. Par contre, la crise de mai 68 a eu d'importantes conséquences sociales et culturelles. Mai 68 est également le point de départ d'une remise en questions en profondeur des valeurs et des institutions traditionnelles dans un nombre important de domaines: liberté sexuelle, éducation, travail, environnement.

Je vous ai compris! 1

What is your point of view? Answer the following questions.

Est-ce qu'il y a un syndicat dans votre entreprise?

_____

Appartenez-vous à un syndicat?

_____

Si oui, quelle est la tendance de votre syndicat?

_____

Avez-vous déjà participé à une manifestation?

_____

Avez-vous déjà participé à une grève?

_____

Avez-vous déjà été piquet de grève?

_____

Quel était l'objectif de cette grève?

_____

Avez-vous déjà souffert d'une grève? Si oui, comment et combien de temps?

_____

Avez-vous déjà participé à des négociations pour éviter une grève ou pour y mettre fin?

_____

Si oui, quel était votre rôle?

_____

For answers, see the end of the chapter.

Word Derivation: From Verbs to Nouns

As you know, one root or stem can generate many different words. For example, a verb root (in other words, the infinitive form minus the *-er, -ir,* or other suffix) can be added upon to form a noun, an adjective or an adverb. Here are a few examples taken from the vocabulary tables of this chapter:

Verb	Noun	Derivation Formula
manifester	manifestation	noun = verb root + *-ation*
réclamer	réclamation	
revendiquer	revendication	
se soulever	soulèvement	noun = verb root + *-ement*
se barricader	barricade	noun = verb root + *-e*
se bagarrer	bagarre	
se révolter	révolte	

Incroyable mais vrai!

At least three Web sites tell the whole story of Mai 68 with portraits of its leaders and a plethora of pictures: www.france2.fr/evenement/mai68.htm, www.parismatch.com/dossiers/mai68/, and www.multimania.com/mai68/. After leaving France to avoid criminal lawsuits and finding refuge in Germany for a few decades, Daniel Cohn-Bendit is now a reputable member of the European parliament!

Famous (Last) Words: les slogans de mai 68

What would a demonstration be without a few chosen quotes?

Il est interdit d'interdire.

Sous les pavés, la plage.

Métro, boulot, dodo.

L'imagination au pouvoir!

CRS, SS! (CRS = Compagnie républicaine de sécurité, an elite military police corps)

Je vous ai compris! 2

Now your turn! Here are the verbs. What nouns are derived from these words? According to what derivation formula?

Verbe	Nom	Derivation Formula
lutter	_____	_____
réformer	_____	_____
confronter	_____	_____
occuper	_____	_____
associer	_____	_____
représenter	_____	_____
protester	_____	_____
regrouper	_____	_____
désarmer	_____	_____
rapprocher	_____	_____

Correct answers are at the end of the chapter.

Incroyable mais vrai

In 1884, most of the union members joined the socialist movement. They were called "les rouges." In 1901, a revolutionary union started a strike in a mine in northern France. A nonrevolutionary union was then formed whose affiliated workers differentiated themselves by wearing a yellow token. Today, in French union jargon, calling someone "un jaune" means "a scab."

A Striking Fact: Who's on Strike Today?

La France serait-elle donc la patrie de la grève? Tous les segments de la population se retrouvent en grève à un moment ou à un autre. Grève des camionneurs, grève des transports en commun (métro et train), grève des OS (ouvriers spécialisés) dans les usines de voitures, grève des infirmières, grève des lycéens et des étudiants, grève des fonctionnaires ... et même des pompiers!

Striking Facts	
un camionneur	truck driver
une infirmière	nurse
un pompier	firefighter
le pouvoir d'achat	purchasing power

Les raisons de se mettre en grève sont aussi nombreuses que les grèves elles-mêmes: réduction de la durée de travail, lutte contre les inégalités salariales, augmentation du pouvoir d'achat, meilleures conditions de travail, protestation contre les produits importés ou les réglementations européennes et internationales ... la liste est longue. Les grèves sont en général accompagnées de manifestations dans les centres villes. Les plus grandes manifestations ont évidemment lieu à Paris, de la Place de la République à la Place de la Bastille. Ces grands cortèges avec des banderoles sur lesquelles s'étalent slogans et revendications des manifestants se terminent parfois par des confrontations avec la police et plus particulièrement les CRS.

Je vous ai compris! 3

Speaking One's Mind

You do not have to march the streets to voice your opinions; knowing a few key words and phrases should do the job. Read each expression listed alphabetically in the following table and indicate which intention they convey:

Does the expression: (1)Introduire un point de vue, (2)Porter un jugement, (3)Contredire un interlocuteur, (4)Exprimer son point de vue, (5)Manifester son accord, (6)Ajouter un argument, (7)Donner un argument opposé?

French	English	Intention
À mon avis,	in my opinion	_____
Pour ma part	as for me	_____
Pour moi	in my opinion	_____

continues

---

continued

Selon moi	according to my belief	_____
J'ai un autre point de vue	I have a different opinion	_____
Absolument pas!	absolutely not	_____
C'est faux!	it's false	_____
C'est juste	it's true	_____
C'est tout à fait vrai	it's completely true	_____
Cependant,	yet, nevertheless	_____
De plus,	moreover	_____
En plus,	moreover	_____
En ce qui me concerne,	as far as I am concerned	_____
Et aussi,	also	_____
Et d'ailleurs,	furthermore	_____
Jamais de la vie!	never/not on your life	_____
Je considère que	I consider	_____
Je crois que	I think	_____
Il me semble que	it seems to me that	_____
Je pense que	I think that	_____
Je trouve que	I think that	_____
Je suis convaincu(e) que	I am convinced that	_____
Je suis persuadé(e) que	I am convinced that	_____
Je m'oppose à …	I am against …	_____
Je ne suis pas d'accord du tout!	I do not agree at all	_____
Je suis contre	I am against	_____
Je suis d'accord	I agree	_____
Je suis entièrement de votre avis	I totally agree with you	_____
Je vois les choses différemment	I see things differently	_____
Mais non!	not at all	_____
Mon point de vue est le suivant	here is what I think	_____

Oui, mais …	yes, but …	_____
Par contre,	on the other hand	_____
Pas du tout!	not at all	_____
Personnellement, je suis pour/contre	as for me I am for/against	_____
Pourtant,	nevertheless	_____
Rien n'est plus faux!	you could not be further away	_____
Une autre raison, c'est …	another reason is …	_____
Vous avez raison	you are right	_____
Vous avez tort!	you are wrong	_____
Vous vous trompez!	you are wrong	_____

For the correct answers see the end of the chapter.

Speak Your Mind: Parlez haut et fort!

What would you say are the pros and cons of a national health care program?

The Least You Need to Know

➤ French unions are unique in that they are more closely linked to political parties than to the workers' particular field.

➤ Mai 1968 marked a social revolution in France. Students and workers joined forces to protest the country's conservative policies—a movement that forever changed French society.

➤ Words can be generated from a verb-base stem by adding a variety of suffixes, such as *-ation, -ement, -e* for nouns.

➤ A handful of key expressions are used to present and support one's opinion or judgment, agree or disagree with someone else's opinions; they should be memorized.

Je vous ai compris! Answers

1. Answers will vary.

2.

Verbe	Nom	Derivation Formula
lutter	la lutte	noun = verb root + -*e*
réformer	la réforme	
confronter	la confrontation	noun = verb root+ -*ation*
occuper	l'occupation (f)	
associer	l'association (f)	
représenter	la représentation	
protester	la protestation	
regrouper	le regroupement	noun = verb root + -*ement*
désarmer	le désarmement	
rapprocher	le rapprochement	

3.

French	English	Intention
À mon avis,	in my opinion	1/2/4
Pour ma part	as for me	1/2/4
Pour moi	in my opinion	1/2/4
Selon moi	according to my belief	1/2/4
J'ai un autre point de vue	I have a different opinion	6/3/7
Absolument pas!	absolutely not	7/2/4
C'est faux!	it's false	3/7
C'est juste	it's true	5
C'est tout à fait vrai	it's completely true	5
Cependant,	yet, nevertheless	6
De plus,	moreover	6
En plus,	moreover	6
En ce qui me concerne	as far as I am concerned	2
Et aussi,	also	6
Et d'ailleurs,	furthermore	6
Jamais de la vie!	never/not on your life	5
Je considère que	I consider	2/1

French	English	Intention
Je crois que	I think	2/1
Il me semble que	it seems to me that	2/1
Je pense que	I think that	2/1
Je trouve que	I think that	2/1
Je suis convaincu(e)	I am convinced that que	2/1
Je suis persuadé(e) que	I am convinced that	2/1
Je m'oppose à …	I am against …	3
Je ne suis pas d'accord du tout!	I do not agree at all!	3
Je suis contre	I am against	3
Je suis d'accord	I agree	5
Je suis entièrement de votre avis	I totally agree with you	5
Je vois les choses différemment	I see things differently	3/7
Mais non!	not at all	3
Mon point de vue est le suivant	here is what I think	1
Oui, mais …	yes, but …	3/7
Par contre,	on the other hand	3/7
Pas du tout!	not at all	3
Personnellement, je suis pour/contre	as for me I am for/against	5/7
Pourtant,	nevertheless	7
Rien n'est plus faux!	You could not be further away	3/7
Une autre raison, c'est …	Another reason is …	6
Vous avez raison	You are right	5
Vous avez tort!	You are wrong	3
Vous vous trompez!	You are wrong	3/7

Women in French Society

The modern Frenchwoman is in full control of her emotional, professional, and personal life. She has an education, she can choose whether or not to get—and stay—married, have children, and go to work. She can support herself and make her voice heard when it comes to social and political issues. But there still are some areas in which women are subtly, but decidedly, discriminated against, even though they are supposed to, by law, enjoy the same privileges as men. The battle of the sexes rages on …

Women's Lib, French Style

"La femme est l'avenir de l'homme," said Aragon. But in the past she was mostly his devoted servant and obedient wife. Women's lives have changed drastically in only fifty years, and there is no turning back. However, these changes are sometimes more like wishful thinking than effective reality, especially when it comes to politics and work.

Feminist Talk	
l'espérance (f.) de vie	life expectancy
un droit	a right
le travail domestique	household chores
partager	to share
obéir à	to obey
la reconnaissance	acknowledgement
assumer	to take upon oneself
transmettre	to pass on
s'occuper des enfants	to look after children
un électeur	a voter

Sur le plan démographique, les femmes sont légèrement plus nombreuses que les hommes (51% de la population). Elles vivent plus longtemps que les hommes: 82,2 ans contre 74,6 ans pour les hommes.

La femme française assume la plupart du travail domestique en plus de son travail à l'extérieur. Par rapport à leur mari, les Françaises continuent de jouer leur rôle traditionnel, mais elles essaient de transmettre à leurs enfants des valeurs qui permettent aux hommes et aux femmes de mieux partager les responsabilités à la maison et au travail. Le père d'hier était le "chef de famille" représentant l'autorité suprême, celui qu'on servait et à qui on obéissait. Les hommes d'aujourd'hui commencent à accepter de faire les travaux ménagers et de s'occuper de leurs enfants.

Getting Political Rights

In France it has only been about fifty years since women got the right to vote. But in that half-century, changes have been dramatic. Theoretically and legally, women and men are equal in French society. But is it really so?

En 1948, les femmes peuvent enfin jouer un rôle dans la vie politique de leur pays en obtenant le droit de vote.

Les femmes représentent 53% des électeurs et votent désormais autant que les hommes mais elles sont encore très peu nombreuses dans la vie politique: À l'Assemblée nationale, elles ne représentent que 5 à 6% des députés. Sur 577 députés, elles étaient 21 en 1981 et 35 en 1986. C'est en 1947 qu'une femme devient pour la première fois ministre. Dans les années 70, de fortes personnalités féminines jouent un rôle prédominant dans l'adoption de lois protégeant les femmes. En 1974, Françoise Giroud devient la première femme secrétaire d'État à la condition féminine; la deuxième femme ministre est Simone Veil. Il faudra attendre 1991 pour voir la première femme Premier ministre, Edith Cresson, mais son mandat sera très court.

Je vous ai compris! 1

Indicate whether the following statements are true or false by checking the appropriate column.

Vrai	Faux	
_____	_____	La population française compte une majorité de femmes.
_____	_____	L'espérance de vie des femmes est plus grande que celle des hommes.
_____	_____	La femme française s'occupe des travaux ménagers.
_____	_____	La femme française enseigne à ses enfants des valeurs d'égalité des rôles.
_____	_____	La Française actuelle obéit à son mari.
_____	_____	L'homme français a toute l'autorité familiale.
_____	_____	L'homme français ne s'occupe pas des tâches ménagères.
_____	_____	L'homme français s'occupe de l'éducation des enfants.

Correct answers are at the end of the chapter.

Je vous ai compris! 2

Complete the following statements with figures from the preceding passage.

Les Françaises ont obtenu le droit de vote en _____. Elles ne sont que _____% des députés à l'Assemblée nationale (elles sont _____ sur _____ députés depuis 1986) alors qu'elles comptent pour _____ de l'électorat. Depuis les années 80, leur nombre est plus important au gouvernement: elles sont passées à _____ en 1981.

La première femme ministre a été nommée en _____ et la première secrétaire à la condition féminine en _____. La _____ femme ministre est Simone Veil. La France aura une seule femme Premier ministre, en _____, mais pour quelques mois seulement.

Correct answers are at the end of the chapter.

You've Come a Long Way, Baby!

Let's open a time capsule and see how women have fared in the past fifty years.

Vocabulary of Women's Lib	
le code civil	civil law
le droit	right
mineur	under age
l'avortement	abortion
gratuit	free
l'embauche(f)	hiring
le viol	rape
la gestion	care, management
les biens	assets
le harcèlement	harassment
une étape	stage
un contraceptif	contraceptive
une entrave	obstacle

Tip du jour

Make lists: Organize vocabulary alphabetically, thematically, grammatically (verbs, nouns, adjectives), or logically (words with their opposites, for example). Review your lists periodically. Create your own flash cards: Use pictures, definitions, translations—whatever works best for you.

Au XIXe siècle, la femme n'avait aucun droit. Le code civil, instauré en 1804, par Napoléon Ier, limitait les droits des femmes, qui étaient considérées comme mineures. Le devoir conjugal était une obligation. Le concept de violence conjugale n'existait pas et les maris battaient régulièrement leurs épouses en toute impunité. La fin du siècle a vu des efforts pour accorder certains droits aux femmes. Ainsi, en 1881, une femme mariée a enfin pu ouvrir un livret de Caisse d'épargne sans l'autorisation de son mari. Mais il faudra attendre la fin de la deuxième guerre mondiale et l'acquisition de droits civiques par les femmes pour voir de profondes transformations dans le paysage sociologique de la France. Alors que les hommes profitaient allègrement de la vie, la vague du féminisme a déferlé sur la France. Dans les années 70, on a assisté à l'émergence du MLF—mouvement de libération des femmes. Les féministes ont fait leur apparition et ont défendu violemment les droits des femmes en descendant même dans les rues.

Imparfait vs. Passé Composé

Both *Passé composé* and *Imparfait* are used when talking about the past, and any French verb can be used in either tense. Both are used to refer to past actions, conditions, or states of mind. So what's the difference between them, and what's the point of having two past tenses, except to confuse you?

The difference between Passé composé and Imparfait is not one of time, but one of perspective. The following table, along with examples from the preceding passage, should make it clearer.

Passé composé	Imparfait
An event that happened at some definite point of time in the past:	*A situation, from a view, as descriptive point of background:*
En 1881 une femme mariée a enfin pu ouvrir un livret de Caisse d'épargne.	Au XIXe siècle, la femme n'avait aucun droit.
Result of an action, an event, completed within a definite time limit:	*Process of an action that is happening (whether or not it is completed):*
Les féministes ont défendu les droits des femmes.	Les hommes profitaient allègrement de la vie.
	Something that used to happen on a regular basis in the past:
	Les maris battaient régulièrement leurs épouses en toute impunité.

Getting Educational Rights

Traditionally, families sent their boys to school (or to the seminary) and did not bother wasting any money on educating their daughters, who just needed to be taught embroidery, cooking, good housekeeping, and obedience in order to find the best possible husband. But one day, someone decided that girls should learn the three R's as well.

Le XIXe siècle a été marqué par un effort pour démocratiser l'éducation et les filles ont profité de ce mouvement. En 1836, l'enseignement primaire féminin fait timidement son apparition et deux ans plus tard, en 1838, on ouvre une école normale d'institutrices. En 1882, les lois de Jules Ferry rendent l'école élémentaire obligatoire pour tous les enfants, garçons et filles.

Incroyable mais vrai

Only in 1972 was the first woman accepted in l'école Polytechnique, France's highest ranking educational institution.

Il y a sept fois plus de filles à l'université qu'il y a 40 ans. Elles sont plus de 68% dans les sections littéraires. Dans les grandes écoles de secteur scientifique, leur présence a également augmenté de 14,6% à 25%. Mais ce pourcentage est encore bien faible, surtout dans les grandes écoles qui forment les ingénieurs: 9,3% pour Polytechnique. La moyenne globale de la présence féminine dans les établissements d'enseignement supérieur tourne plutôt autour de 20%.

Je vous ai compris! 3

For each of the following words excerpted from the previous passage, can you find one or more other related words? Better yet, can you specify their category (for example, noun, verb, adjective, adverb …)?

démocratiser, éducation, enseignement, féminin, littéraires, scientifique, école

Correct answers are at the end of the chapter.

Getting Economic Rights

Today's French women have received a good education; they hold post-secondary degrees and enjoy rewarding careers and the economic independence that comes with it. This new deal has considerably changed society, in more ways than one can imagine.

Getting Economic Rights	
subvenir à	provide for
les besoins (m)	needs
la mère au foyer	homemaker, housewife
une prestation	benefit
l'embauche (f.)	hiring

Working Girl

From time immemorial, women have been working: in the fields, as maids in rich households, as assembly-line workers, or as teachers. Stay-at-home moms were the happy few: They were part of the wealthy minorities of nobles or bourgeoisie. So what's new in the twenty-first century?

La femme française du XXIe siècle doit, elle aussi, continuer par son travail à subvenir aux besoins de sa famille. Dans les milieux ruraux, la femme reste souvent à la maison, mais en ville, il faut payer un loyer élevé et elle doit donc souvent travailler pour des raisons financières.

Les conditions de travail et le monde du travail lui-même ont par contre changé. Il y a de plus en plus de femmes sur le marché du travail. Le nombre de femmes actives en 1901 s'élevait à 7 millions (36% de la population des femmes) alors qu'en 1998 il s'élève à 12.6 millions (47.6%), c'est-à-dire que le pourcentage des femmes qui travaillent est de plus en plus important dans la population féminine.

Mais une difficulté majeure de la femme au travail est de devoir concilier sa vie professionnelle et sa vie privée: c'est ce qui s'appelle la double journée.

Pay Equity?

Une des principales difficultés que les femmes rencontrent dans leur milieu de travail est de s'assurer que l'égalité salariale soit respectée. Malgré les lois, l'écart entre les salaires des hommes et des femmes était de 22,5% en 1997. De plus, il existe toujours une discrimination lors de l'embauche de femmes dans la plupart des professions. Les postes de haute responsabilité politique ou économique ne leur sont pas encore complètement ouverts; seules quelques femmes ont atteint ces sommets.

Jobs: His and Hers

What happens to a job when a woman holds it? Well, if the language is French, the old gender issue takes center stage: What linguistic changes are involved in making the name of a job feminine? The rules are the same as those for the feminine of adjectives. Here's a refresher, just in case.

Attention!

Remember the conjugation of the verb "vivre."

je vis: nous vivons

tu vis: vous vivez

il/elle vit: elles/ils vivent

participe passé: vécu

Note that the first three forms sound the same.

➤ **General rule.** To make the feminine form you add -*e* to the masculine form of nouns ending with a vowel or a consonant:

délégué: délégué**e**

marchand: marchand**e**

261

➤ **Unchanged nouns.** Nouns ending with an *-e* in the masculine stay the same for the feminine:

architecte, architecte

artiste, artiste

➤ **Specific suffixes.**

1. The feminine form of masculine nouns ending in *-eur* is *-euse:* vendeur: vendeu**se**

2. The feminine form of masculine nouns ending in *-teur* is either *-teuse* or *-trice:*

chanteur, chanteu**se**

directeur, direct**rice**

If there is a verb form with the same root as the masculine, then the feminine is *-teuse:*

verb: acheter: masculine noun=acheteur, feminine noun = acheteu**se**

Otherwise the feminine is *-trice:*

verb: no verb exists: masculine noun = directeur, feminine noun: direct**rice**

3. The feminine form of masculine nouns ending in *-er* is *-ère:* boulanger, boulang**ère**

4. If the masculine noun ends with a vowel plus a consonant, like *el, en, an,* and *on,* you double the consonant then add an *-e* to make the feminine form:

colonel: colone**lle**

gardien: gardie**nne**

baron: baro**nne**

Attention!

When using the verbs *être* and *devenir* as the answer to the question "Que fais-tu?" (What's your job?), the article is omitted: *Je suis professeur.* However, the article is used if the noun is modified by an adjective: *Je suis un excellent professeur,* and with the structure "C'est"/"Ce sont" as the answer to the question "Qui est-ce?": (Who is she/he?): *C'est une députée.*

➤ **Nouns that exist only in one form:** There are a few nouns that do not have a feminine form. These apply to professions that used to be only for men. Examples of these are words like auteur, médecin, and professeur. Conversely, there is no masculine for "sage-femme" (midwife).

Incroyable mais vrai

There is a very lively debate on the subject of feminization of professions. In France, the masculine forms tend to still be used while in Quebec the feminine forms "une auteure," "une professeure" have been implemented. In 1998, l'Académie française, the official watchdog of the French language, wrote to the President to complain about an innovation which had been introduced the year before: They did not approve of the new way to address a female member of the government: "Madame la ministre."

Je vous ai compris! 4

What are the feminine forms of these professions?

Masculine	**Feminine**
un fonctionnaire	_____
un avocat	_____
un dentiste	_____
un médecin	_____
un auteur	_____
un écrivain	_____
un pilote	_____
un vendeur	_____
un traducteur	_____
un plombier	_____
un instituteur	_____
un fermier	_____
un commerçant	_____
un informaticien	_____
un psychologue	_____

Correct answers are at the end of the chapter.

Getting Reproductive Rights

In 1943, a woman was put to death because she had performed 27 abortions. Because of its strong Catholic background, France once opposed abortion and birth control. But today's picture is quite different.

Reproductive Rights

avoir besoin de	to need
une revendication	claim/demand
suivre	to follow
clandestin	illegal
la pilule	contraceptive pill
un préservatif	a condom

Entre 1965 et 1967, les femmes n'ont plus besoin de la permission de leur mari pour travailler ni pour utiliser un moyen de contraception, ayant ainsi le droit de choisir d'avoir des enfants. L'avortement a été la revendication la plus importante des femmes au début des années 70. De 1970 à 1975, une série de lois fait que la femme n'est plus obligée d'obéir à son mari ni de le suivre comme le devait sa mère. La loi Simone Veil (1975) légalise l'avortement. Les avortements clandestins si dangereux disparaissent et on remarque même une diminution des demandes d'avortement parce que les femmes et les adolescentes utilisent maintenant d'autres moyens de contraception comme la pilule ou les préservatifs. La contraception est de plus en plus pratiquée et de plus en plus tôt.

Je vous ai compris! 5

Answer the following questions using information from the preceding passage.

Quelle a été la demande la plus importante des femmes dans les années 1970?

Quelles étaient les obligations de la femme envers son mari avant 1970?

Qu'est-ce que la loi Veil?

Comment expliquer la baisse du nombre d'avortements après la légalisation de cette procédure?

Pouvez-vous nommer deux moyens de contraception?

Correct answers are at the end of the chapter.

Speak Your Mind: Parlez haut et fort!

Women's lib: What do you think are the five milestones as far as American women's rights are concerned? Present them orally using the appropriate past tense (Passé composé or Imparfait).

The Least You Need to Know

➤ Even though women have the same rights as men, they hold virtually no political office and are often discriminated against in the workplace, especially in upper management positions and scientific careers.

➤ The *Passé composé* is used for events (or their outcomes) that happened at a specific time in the past.

➤ The *Imparfait* is used to describe a past situation, the process of an action going on in the past, or something that used to take place on a regular basis.

➤ Feminine names of occupations are formed by applying the same rules as those for the feminine adjectives.

Je vous ai compris! Answers

1. V, V, V, V, F, F, F, F

2. 1948/5 à 6%/35/577/53%/21/1947/1974/deuxième/1991

3.

	Démocratiser	Éducation	Enseignement
Noun	la démocratie	éducateur	enseignant
	la démocratisation	éducationnel	
Verb	démocratiser	éduquer	enseigner
Adjective	démocratique	éducatif	
	démocrate	éducable	
Adverb	démocratiquement		

continues

continued

	Féminin	Littéraires
Noun	le féminisme	la littérature
	la femme	les lettres
	la féminisation	la littéralité
	la féminité	la littérarité
		un littérateur
Verb	féminiser	
Adjective	féminisant	littéraire
	féministe	
Adverb		littérairement

	Scientifique	École
Noun	la science	un écolier
	la scientificité	scolarisation
	un scientiste	
		scolarité
Verb		scolariser
Adjective	scientiste	écolier
		scolaire
		scolastique
Adverb	scientifiquement	scolairement

4. une fonctionnaire/une avocate/une dentiste/une femme médecin/une auteure/une écrivaine/une pilote/une vendeuse/une traductrice/une plombière/une institutrice/une fermière/une commerçante/une informaticienne/une psychologue

5. Le droit de choisir d'avoir des enfants.

La femme devait obéir à son mari et le suivre.

Elle devait obtenir son autorisation pour travailler ou obtenir des moyens de contraception.

La loi Veil légalise l'avortement.

Utilisation grandissante d'autres moyens de contraception.

La pilule et les préservatifs.

Part 5

Education: Within and Outside the Family Unit

In French, the word education refers not to academic training, but to child rearing: Educating a child is raising him or her according to strong principles and values and with one underlying concept—respect. You'll learn about child-rearing principles and vocabulary, French-style.

Formal schooling—l'instruction—is another major influence that shapes French minds. The state-funded, centralized school system welcomes children as young as two and sees them through college, virtually free of charge. You'll see how French thinking evolved through centuries of literary and philosophical history. You'll also find out about academia and its jargon.

The last major player in shaping the French mind is undoubtedly—and perhaps increasingly—the media. Newspapers and magazines, television, radio, the Internet, all play an important role in the way the French think. You'll become familiar with them all, and one hopes, you'll make them part of your life, too.

Raising French Kids

As you know, France has a strong pro-family policy, from tax credits to benefits. France is indeed the European country that spends the highest part of its GNP on family incentives and policies (3.5 percent). But lately the concept of family has evolved dramatically, and the legislation is trailing behind.

The Family Unit

The traditional family—married mom and dad living full-time with their kids—has had its day. Today's family is a mosaic of complex situations: divorced, estranged, re-married or common-law parents, stepmoms and stepdads, same-sex couples; all are part of the new reality known as *la nouvelle famille*.

The Family Unit

une famille monoparentale	single-parent family
une femme seule	single woman
une mère célibataire	single mom
une famille nombreuse	large family
une famille recomposée	a stepfamily
une famille élargie	extended family
vivre ensemble	to live together
une union libre/le concubinage	common-law relationship
élever des enfants	to raise children
divorcer	to get a divorce
se séparer	to split up
à l'essai	on a trial basis
un ménage	household
un conjoint, une conjointe	spouse

Tip du jour

Have your kids, spouse, or co-workers pitch in and help you improve your French. They can clip out articles for you to read, mark relevant television listings or upcoming events involving French topics or speakers, pick up a French movie at the video rental store, remind you of your daily appointment with French, and—why not—join you on your learning journey.

Family Name(s)

Statistically, each French woman has 1.71 children, which is below the population renewal rate. In 1997, 725,000 children were born—many of them outside traditional wedlock.

La France d'aujourd'hui compte 8,9 millions de familles, dont 1,2 million de familles monoparentales. Parmi celles-ci, 86% sont constituées par des femmes seules qui élèvent leurs enfants à la suite d'une rupture d'union. Les familles nombreuses sont rares: Seulement 5% ont quatre enfants ou plus; toutefois, 21% en élèvent trois.

À la famille du XIXe siècle fondée sur le mariage et reposant sur un contrat et un héritage, succède l'alliance d'un homme et d'une femme qui n'ont pas nécessairement contracté de mariage avant de vivre ensemble. Cette union libre est fort bien tolérée, puisque 73% des Français pensent qu'il n'y a pas de limite d'âge pour vivre ensemble sans se marier, et que 61% considèrent qu'avoir des parents qui vivent ensemble en dehors du mariage n'est pas un handicap pour l'enfant.

Mais la notion de famille s'est élargie à des grands-parents qui élèvent leurs petits-enfants, à une personne divorcée vivant avec un ou plusieurs enfants, ou à un couple en union libre avec des enfants.

Je vous ai compris! 1

Write a one- to two-sentence definition in French for each of the following family units:

Une famille monoparentale

_____

Une mère célibataire

_____

Une famille nombreuse

_____

Une famille recomposée

_____

Une famille élargie

_____

Un couple en union libre

_____

Correct answers are at the end of the chapter.

Until Death Do Us Part ... No More

Over 284,500 marriages were celebrated in France in 1997, a remarkable increase since these figures plummeted in the early 1970s: Between 1972 and 1992, the number of marriages dropped 39 percent!

Un mariage sur trois en moyenne s'achève par un divorce (120 000 en 1997). Le concubinage se développe, surtout chez les jeunes qui l'adoptent comme un mariage à l'essai ou un nouveau modèle de couple. Le nombre de ces ménages hors mariage a été multiplié par neuf depuis 1960. Environ 250 000 mariages sont célébrés par an; l'union est de plus en plus tardive, les conjoints ayant en moyenne entre 25 et 28 ans.

Raising French Kids: A Legal Perspective

In Western societies, legally protecting children is a fairly recent issue: It only dates back to the industrial revolution of the mid-nineteenth century (originally aimed at protecting children from excessive labor). In the twentieth century, medical, social and legal protections were added to the concept.

In 1990, France signed the United Nation's Convention on Children's Rights, and applies similar principles in its Civil Code.

Raising French Kids	
la puissance	power
le chef de famille	head of family
la loi, le droit	law
reconnaître un enfant	to legally recognize a child
accorder un droit	to grant a right
le droit civil	civil law
un devoir	duty, obligation
la majorité civile	being legally overage
un tuteur	legal guardian
la défaillance parentale	parental incompetence
saisir un juge	to refer to a judge
la garde	custody
un avocat	lawyer
un mineur	underage person
dans le besoin	needy

À l'origine, l'homme avait tous les droits: la puissance paternelle, la puissance maritale et était chef de famille. La femme mariée était une incapable, même majeure.

La loi du 4 juin 1970 a supprimé la notion de chef de famille, mais elle a aussi accordé à la mère, dans tous les cas, l'autorité parentale sur l'enfant naturel alors qu'auparavant, le premier des deux parents qui avait reconnu l'enfant recevait cette autorité parentale, ou bien le père seul en cas de reconnaissance simultanée.

L'enfant a droit à une famille, la sienne ou une autre (par adoption). En cas de défaillance parentale, un tuteur est désigné. S'il estime être en danger physique ou moral, l'enfant a le droit de saisir un juge des enfants et d'être assisté d'un avocat. Si ses parents divorcent, il a le droit d'être entendu par le juge (à partir de 13 ans), et quel que soit son âge il peut exprimer son opinion sur toute décision concernant sa garde.

En contrepartie, l'enfant a aussi des devoirs: "à tout âge, l'enfant doit honneur et respect à ses parents" (article 371 du Code civil). Devenu adulte, il doit subvenir aux besoins de ses parents âgés (article 205 du Code civil).

La majorité civile est à 18 ans. Avant cet âge, l'enfant, sauf émancipation (à partir de 15 ans), est toujours sous la responsabilité d'un adulte (parent ou tuteur) ou d'une institution. Il a cependant des droits bien définis par la loi française: dans l'esprit de la convention internationale des droits de l'enfant, la loi du 8 janvier 1993 reconnaît en effet des droits à l'enfant mineur. Ainsi, son consentement est nécessaire (s'il a plus de treize ans) dans le cas d'une adoption ou d'un changement de nom ou de prénom.

Educational Principles

If language is a reflection of a people's frame of mind, it is very interesting to note that there is no French equivalent to the "terrible twos"; similarly, the word "no" is a well-known concept in parenting vocabulary. Parents are clearly the boss, and children are expected to obey.

Corporal punishment is no reason for children to take their parents to court, and spanking is a legitimate device in the discipline arsenal.

Incroyable mais vrai!

Charles Perrault, author of children's tales such as "Le petit chaperon rouge" (Little Red Riding Hood), wrote:

"Trop de bonté dans les parents cause la perte des enfants" (If parents are too good, they'll ruin their children).

Educational Principles

une punition	punishment
les bonnes manières	good manners
le fouet	whip
la fessée	spanking
un coup de règle	strapping
le bonnet d'âne	dunce's cap
le piquet, le coin	to stand in the corner
une tape, une claque	a slap

continues

continued

Educational Principles	
une gifle	a smack
une raclée	a thrashing
un enfant battu	abused child
intransigeant	strict

French Virtues

Les punitions corporelles ont toujours fait partie de la panoplie des outils de discipline. Les enfants désobéissants recevaient le martinet, sorte de petit fouet. La fessée a toujours été pratiquée par les parents. Dans les écoles, les institutrices donnaient des coups de règles sur la pulpe des doigts ou sur les fesses.

Les punitions psychologiques ont elles aussi été très utilisées. Le bonnet d'âne des écoles en est un excellent exemple. Autre outil de discipline scolaire: le coin, aussi appelé "le piquet."

Ce n'est que récemment que de telles pratiques ont été abandonnées. Mais la fessée et les petites claques sur les fesses ou sur les mains restent des moyens très largement répandus dans les familles françaises, toutes classes sociales confondues.

Incroyable mais vrai!

Jean-Jacques Rousseau, who wrote a treaty on educating children (Émile ou De l'éducation, 1762), abandoned his wife and kids!

The Ten Commandments

Today, a more subtle approach to discipline is favored, but the accent is still on setting firm limits, establishing rules, and getting children to listen and obey. Here's the latest advice from the pros.

L'enfant a besoin de rencontrer une certaine résistance. Sans limites, et avec trop de permissivité, il ne peut pas se structurer correctement, il ne conçoit pas les notions de bien et de mal.

1. S'il désobéit, mieux vaut lui expliquer les raisons de notre mécontentement et aussi ce que nous attendons de lui.

2. Il faut lui parler à la première personne du singulier: "Je ne veux pas que tu désobéisses, je n'aime pas que tu cries' et non pas 'tu m'énerves.'"

3. Gardons notre sang-froid. Dans le calme, chacun peut exprimer ce qu'il ressent. Mais inutile de se culpabiliser si la colère nous emporte, c'est une réaction bien humaine.

4. Si nos mots ont dépassé nos pensées, expliquons à notre chérubin que la colère nous a emportés. Il aurait vite fait de croire que nous ne l'aimons plus …

5. Les punitions ne doivent pas être démesurées, et surtout pas à retardement: il faut absolument traiter ses bêtises sur le moment.

6. Contrairement à ce que l'on peut lire actuellement, une fessée (et non une gifle ou une raclée!) ne fait pas d'un enfant un enfant battu, à condition qu'elle reste occasionnelle et mesurée (une tape avec les mains sur les fesses). Par contre, il est indispensable que le geste soit expliqué après la colère.

7. Chacun à sa place! Il est essentiel qu'un enfant comprenne que chacun a un rôle bien défini: il est l'enfant de ses parents et ses parents sont là pour l'aider à grandir, pour le guider, pour l'aimer. Aimer ne veut pas dire être permissif, mais au contraire imposer des limites à son enfant pour lui permettre de devenir un adulte responsable. Il comprend bien, si on lui explique, que tout n'est pas à sa portée. Il est important qu'il comprenne qu'il ne peut pas faire tout ce que font les plus grands, les adultes, et il est important qu'il sache que nous sommes certains de notre position. En clair, ne cédons pas mais confirmons notre position!

8. Ne jamais faire de promesse en l'air! Si nous lui disons: "Je ne veux plus que tu tapes ta soeur sinon je vais te mettre au coin" et s'il continue malgré tout, faisons ce que nous avons promis: mettons-le au coin! Sinon, il ne nous croira plus et nous n'aurons plus d'impact sur lui.

9. Être en accord avec soi et son conjoint! Devant l'enfant, il ne faut jamais montrer que nous sommes en désaccord avec notre conjoint concernant son éducation. Il vaut mieux en discuter avec lui (ou elle!) une fois l'enfant absent. Mais il faut être aussi en accord avec soi-même! Si l'on décide qu'il ne doit pas prendre sa tétine dans la journée, ne cédons pas au moindre caprice ou à la moindre raison!

10. N'être ni pas assez ni trop exigeant: un bébé, même tout petit, comprend très bien lorsque nous haussons le ton! Alors les parents doivent avoir dès le début une attitude ferme lorsqu'il le faut. Mais attention, nous ne pouvons pas tout exiger en même temps! Il vaut mieux alors être intransigeant pour les questions qui nous semblent les plus importantes, et laisser de côté, du moins temporairement, les petites attitudes qui ne nous conviennent pas mais qui au fond ne sont pas très graves.

Je vous ai compris! 2

List the educational principles that you apply or that you received as a child, then write a ten- to fifteen-line paragraph to compare them with what the French do. State which principles you agree or disagree with and explain why.

The Subjunctive Mood

Formation

The subjunctive mood is formed by adding a specific set of endings to the verb stem of the subjunctive, which is the stem of the verb in the first person plural, present indicative. The endings are:

-e, -es, -e, -ions, -iez, -ent

Examples:

Discipliner	disciplin-	+ endings of the subjunctive
Finir	finiss-	
Sortir	sort-	
Attendre	attend-	

Irregular verbs will have irregular stems:

Faire	fass-	fasse
Savoir	sach-	sachiez
Pouvoir	puiss-	puissent

Some irregular verbs have two subjunctive stems, one for "nous" and "vous" and the other for the remaining four pronouns:

Verb	je, tu, il, elle, ils, elles	nous, vous
aller	aill-	all-
devoir	doiv-	dev-
prendre	prenn-	pren-
tenir	tienn-	ten-

Verb	je, tu, il, elle, ils, elles	nous, vous
venir	vienn-	ven-
croire	croi-	croy-
voir	voi-	voy-
vouloir	veuill-	voul-

"Être" and "avoir" have special conjugation tables:

Être		Avoir	
je	sois	j'	aie
tu	sois	tu	aies
il	soit	il	ait
nous	soyons	nous	ayons
vous	soyez	vous	ayez
ils	soient	ils	aient

Uses

The subjunctive mood is used in a variety of situations in French. These include:

➤ After some verbs like "vouloir" to translate the structure "I want you to …"

➤ After some verbs of command, wish, emotions and feelings

➤ After some logical markers

➤ After impersonal phrases (see the following sections)

The Subjunctive Mood in Impersonal Phrases

il faut + que + subjunctive clause

il faudrait + que

il vaut mieux + que

il vaudrait mieux + que

il est + adjective + que

Sound Advice

Watch for the pronunciation of the following subjunctive forms:

Aille, ailles, aillent: like "i" in English

Veuille, veuilles, veuillent: as in "oeil," "feuille"

Sois, soies, soient: **swa**

Croie, croies, croient: **krwa**

Voie, voies, voient: **vwa**

Soyons, voyions, croyions: **wa-ions**

Soyez, voyiez, croyiez: **wa-iez**

Aie, aies, aient: **è**

Ayons: **è-ions**

Ayez: **è-iez**

Attention!

The indicative mood will be used if the impersonal phrase expresses certainty:

Il est évident/clair que

Il est vrai/incontestable que

Il est sûr/certain que

The subjunctive mood is used after impersonal phrases expressing opinion or judgement:

> Il est indispensable que le geste soit expliqué après la colère.

> Il est essentiel qu'un enfant comprenne que chacun a un rôle bien défini.

> Il est important qu'il comprenne qu'il ne peut pas faire tout ce que font les plus grands, les adultes, et il est important qu'il sache que nous sommes certains de notre position.

Other such phrases include:

Il est souhaitable que …	It is recommended that …
Il est regrettable/dommage/triste que …	It is sad that …
Il est surprenant que …	It is surprising that …
Il est amusant que …	It is funny that …

The subjunctive mood is used after impersonal phrases of the "il est + adjective + que" type when these express probability (but not certainty):

Il est possible/impossible que …	It is possible/impossible that …
Il est probable/improbable que …	It is likely/unlikely that …
Il est douteux que …	It is doubtful that …

Je vous ai compris! 3

Rewrite the following sentences from the previous passages using one of the preceding phrases and the subjunctive mood. Sometimes more than one phrase can be used.

L'enfant a besoin de rencontrer une certaine résistance.

_____

Sans limites, il ne peut pas se structurer correctement.

_____

Il faut absolument traiter ses bêtises sur le moment.

_____

Il ne faut jamais montrer que nous sommes en désaccord avec notre conjoint.

_____

Ne cédons pas au moindre caprice ou à la moindre raison!

_____

Les parents doivent avoir dès le début une attitude ferme.

_____

Nous ne pouvons pas tout exiger en même temps.

_____

Il vaut mieux être intransigeant pour les questions les plus importantes.

_____

Correct answers are at the end of the chapter.

A Little R-E-S-P-E-C-T

Maria Montessori, an Italian educator, has sparked a worldwide interest with her child-centered schools and programs. Many of her principles have been integrated in the French "écoles maternelles" system and adopted by families. Here is her view on one of the fundamental values in French families: respect.

L'amour n'est pas suffisant; le respect est la base essentielle des relations familiales saines. Quelquefois les parents essayent d'être les meilleurs amis de leurs enfants. C'est une erreur. Les enfants peuvent avoir des amis à l'extérieur, mais les parents, c'est une relation unique. Être fâché avec les parents fait partie de l'éducation. C'est comme cela que nous créons une distance entre nous et nos enfants. Dans l'idéal, les parents sont aimés, respectés, ce sont des confidents, mais pas des copains ni des camarades.

Le respect est à double sens. Nos enfants ont besoin qu'on les respecte en tant qu'êtres humains indépendants. Si nous attendons d'eux le respect en leur démontrant du respect, alors eux aussi nous respecterons.

Vocabulary: Cute Names for Kids

There are many words used to refer to children. The following list gives the most frequent ones in standard French. Slang has a lot more, of course …

Tiny Tots

Before kids start calling each other names, here are a few nice words you can teach them. Note that the last three entries are more colloquial than the rest.

Tiny Tots	
un enfant, une enfant	child
un bébé	baby
un nouveau-né	newborn
un nourrisson	infant
un tout-petit	toddler
un petit garçon	little boy
une petite fille	little girl
un bambin	little child
un chérubin	little angel
un rejeton	offspring
un marmot	kid
un gamin, une gamine	kid

Incroyable mais vrai!

In 1997, the most popular names for French kids were Manon, Léa, and Laura for girls and Quentin, Alexandre, and Nicolas for boys. In 1999, a noted trend was female names traditionally belonging to the French aristocracy: Victoire, Sixtine, Philippine, Sibylle—all made the top 20 list.

Although there are over 2,000 different French first names, only about 10 account for 25 to 30 percent of all the names given to newborns each year!

As They Grow

As children grow, they take on different social roles and new positions in the age pyramid. Here are useful words to refer to each stage of their young lives.

As They Grow	
un écolier, une écolière	school-age child
un préadolescent, une préadolescente	preteen
un adolescent, une adolescente	teenager
un ado	a teen
un jeune	a youth
les jeunes	young people
une jeune fille	young girl (virgin)
un jeune homme	young man
une jeune femme	young woman

Speak Your Mind: Parlez haut et fort!

Tell us how your parents raised you: What principles did they believe in? How did they apply them? How did you react to them? What are the ones you agreed with and the ones you disagreed with?

The Least You Need to Know

➤ The French family unit now includes divorced, estranged, remarried or common-law parents, stepmoms and stepdads, and same-sex couples.

➤ Educational principles are stricter in France than in the United States.

➤ The subjunctive mood is formed by adding the following endings: *-e, -es, -e, -ions, -iez, -ent* to the stem of the verb in the first person plural, present indicative.

➤ The subjunctive mood is used after verbs like "vouloir," after some logical markers, and after impersonal phrases of the type "il est + adjective + que" expressing judgment, opinion, and probability/doubt.

Je vous ai compris! Answers

1. Answers will vary. For example: Une famille monoparentale est une famille où il n'y a que le père ou la mère pour élever les enfants.

Une mère célibataire est une femme non mariée qui a un ou plusieurs enfants.

Une famille nombreuse est une famille qui a plusieurs enfants (au minimum plus de trois).

Une famille recomposée est le résultat du remariage d'un des parents.

Une famille élargie est une famille qui comprend la cellule familiale (père, mère et enfants) et d'autres membres de la famille (grand-parents, oncle, tante).

Un couple en union libre est un couple qui vit en concubinage. Les deux membres du couple vivent ensemble, mais ne sont pas mariés.

2. Answers will vary depending on the educational principle you believe in.

3. Answers will vary, for example: Il est nécessaire que l'enfant rencontre une certaine résistance.

Il est peu probable que, sans limites, l'enfant puisse se structurer correctement.

Il faut absolument que les parents traitent ses bêtises sur le moment.

Il est souhaitable qu'on ne soit pas en désaccord avec notre conjoint.

Il ne faut pas que nous cédions au moindre caprice ou à la moindre raison!

Il est important que les parents aient dès le début une attitude ferme.

Il est douteux que nous puissions tout exiger en même temps.

Il vaut mieux que nous soyons intransigeants pour les questions les plus importantes.

The School System

In France, school is public, nondenominational, mandatory, and centralized. Academically speaking, France is divided into 27 *académies* or administrative units, each being responsible for its own operations. But the Ministère de l'éducation nationale decides everything—from budgets to standards, from curricula to dates for the national exams, from salary to postings, and everything in between. The total budget for education is 21 percent of the total national budget.

From Jules Ferry to Y2K

The French education system is the product of its historical past and a tradition deeply rooted in the founding principles of the French Revolution and the Republic.

The School System	
l'éducation (f.)	schooling
la laïcité	secularity
la gratuité	the fact of being free of charge
obligatoire	mandatory
le milieu	environment, origin

Incroyable mais vrai!

French school children learn about Charlemagne, "the Emperor with the flower-laden beard" who, around A.D. 800, "invented" school. It is partly true, since it was during his reign that the main academic infrastructures (churches and schools) were created. Saint-Charlemagne Day—the old man is the patron saint of school children—is celebrated in schools on January 28.

Tip du jour

If there is a college or university nearby with a French department, make sure you phone the administrative assistant and ask for any ongoing or special events that are open to the public. If there is a Cercle français, join in and attend their meetings and special activities (they almost always go to excellent French restaurants at least a few times a year!).

The Founding Principles

Getting an education was for centuries the privilege of the rich. Home-schooling was *de rigueur* and rich aristocratic families would hire a *précepteur* (private tutor) to teach their male offspring. Poorer families had no choice but to send their sons to *le séminaire,* where they would receive a religious education. Sometimes undisciplined young ladies were sent off to *le couvent* (nunnery) until their parents found them a suitable husband. Talk about detention!

L'éducation en France est basée sur trois grands principes républicains: ceux de liberté, de laïcité et de gratuité. Jules Ferry, le ministre de l'Instruction publique de l'époque, a également fait adopter les principales lois de l'enseignement public: enseignement primaire laïque, gratuit et obligatoire jusqu'à l'âge de 13 ans pour les garçons en 1881, puis pour les filles en 1882. Mais l'enseignement secondaire a longtemps encore été réservé à une certaine élite, et il faudra attendre 1933 pour voir les débuts d'une ouverture de l'enseignement supérieur.

Depuis les années 1970, on assiste régulièrement à des réformes de l'enseignement pour réorganiser le système scolaire et universitaire et apporter des modifications structurelles et pédagogiques contre lesquelles les étudiants protestent généralement par des grèves et des manifestations.

De nos jours, l'école est obligatoire de 6 ans à 16 ans. L'école est gratuite en totalité pour le primaire et en partie pour le secondaire. Les élèves doivent cependant acheter leurs livres à la coopérative de l'école. L'école est laïque et publique; en conséquence, la religion en est absente, mais il existe des écoles privées ou *libres* dans lesquelles on dispense aussi un enseignement religieux. Pour en savoir plus sur l'enseignement ou la scolarité en France, consultez le site du Ministère de l'éducation nationale www. education.gouv.fr.

Je vous ai compris! 1

Find in the previous passage words formed on the same root or stem as the following words, and indicate whether they are nouns (N), verbs (V), adverbs (ADV), or adjectives (ADJ):

Word	Derivative	(N, V, ADV, ADJ)
école	_____	_____
égal	_____	_____
gratuitement	_____	_____
laïc	_____	_____
libérer	_____	_____
obliger	_____	_____
principalement	_____	_____
religion	_____	_____
république	_____	_____
achat	_____	_____

Correct answers are at the end of the chapter.

Grammar: Compound Relative Pronouns

The relative pronouns are used to replace nouns introduced by prepositions other than "de" are "*qui*" and "*lequel.*"

Use the relative pronoun *"lequel"* when the noun it replaces is a thing; otherwise use "qui."

➤ *Lequel* will agree in gender (masculine/feminine) and in number (singular/ plural) according to the noun it replaces:

Example: des **modifications** contre **lesquelles** les étudiants protestent

	singular	plural
masculine	lequel	lesquels
feminine	laquelle	lesquelles

➤ Remember that **lequel, lesquels, lesquelles** will contract as follows when used in conjunction with **à** and compound prepositions containing **à** or **de** (such as *à côté de, face à*):

Auquel, auxquels, auxquelles

Duquel, desquels, desquelles

➤ Note that in French the preposition precedes the relative pronoun and cannot be postponed until the end of the sentence as it can be in English:

des modifications **contre lesquelles** les étudiants protestent

Sound Advice

Auquel, auxquels, and auxquelles all sound the same: **okell.**

Desquels and desquelles both sound the same: **dékell.**

The Academic Year

France is among the countries with the shortest school year and the longest school days.

Les enfants en France ont de plus en plus de vacances—50 jours en 1800, 117 en 1999—distribuées sur différents moments de l'année: les vacances de Noël, d'hiver en février, de Pâques en avril et de la Toussaint en novembre. Pour les grandes vacances, en été, les enfants profitent de 11 semaines de vacances de la fin juin au début du mois de septembre. L'université commence encore plus tard, à la mi-octobre!

Par contre, la semaine de classe est longue et les journées sont très lourdes. Il y a école le samedi matin, et la journée commence à 8 h 30 (8 h au secondaire) pour finir à 16 h 30 (17 heures ou même 18 heures dans le secondaire). Au primaire, l'enfant passe environ 26 heures par semaine à l'école. Au secondaire, cela varie de 27 à 30 heures par semaine. Dans la semaine, les écoles ont une journée de congé: le mercredi.

Je vous ai compris! 2

Complete the following sentences with the compound relative pronoun *lequel*. The first one has been done for you.

Le ministre a proposé des modifications contre _____ les étudiants protestent.

C'est la photo de mon lycée à _____ je tiens beaucoup.

Voici la grande école dans _____ j'ai étudié.

Les petits bancs d'école sur _____ on était assis, nous marquent pour la vie.

Le ministère pour_____ mon neveu travaille est localisé à Paris.

Le port du voile islamique contre _____ on s'est battu n'est pas encore bien accepté dans les écoles laïques.

Le lycée en face de _____ j'habite a été rénové.

Correct answers are at the end of the chapter.

Je vous ai compris! 3

Compare the academic schedule of a typical French school child with that of the school attended by your own child or children in your area (or find a school on the Web). Write a ten-line paragraph contrasting the duration of the academic year: the beginning and end dates, the number and length of breaks, the duration of the school day, and the academic subjects taught. Do not forget to conclude by stating which situation seems better to you and why.

Starting Out

The French school system is quite different from the North American school system both in terms of structure and of philosophy. In France, you go to school to learn facts, not to have an educational experience; the focus is more on analysis than on projects; more on academics than on social skills. The French believe that parents are responsible for socializing their offspring; school is there to teach them their lessons.

Starting Out	
accueillir	to welcome
facultatif	optional
la disponibilité	availability
les capacités motrices (f.)	motor skills
les capacités verbales (f.)	verbal skills
les arts plastiques (m.)	fine arts
prêter serment	to take an oath
les activités manuelles (f.)	arts and crafts
un formateur	training specialist
un concours	competition
à l'étranger	abroad
le salaire brut	gross income
stagiaire	in training

Attention!

The verb **accueillir** is special in many ways: The "cuei" ("cue") part is pronounced like the "cu" in the English word "cut." In the present indicative, subjunctive, conditional, and future, it is conjugated like a regular **-er** verb: *je cueille, je cueillerai, je cueillerais.* Its past participle is *cueilli.* Verbs formed on the same root (or stem) follow the same pattern: *cueillir* (to pick), **re**cueillir (to gather, to take in).

The First Years: **L'école maternelle**

They say the first three years are crucial in a child's life. In France, they are crucial to their future education: Most toddlers get a jump-start in academic life by going to school as soon as they are toilet-trained!

L'école maternelle offre un enseignement facultatif sur trois ans. *La maîtresse* y accueille les enfants de deux ans et plus. L'objectif de cette école est d'initier l'enfant à la vie de groupe et de développer ses capacités motrices et verbales. À la fin de la troisième année, l'enfant a reçu des rudiments de lecture et d'écriture, de mathématiques et d'arts plastiques.

Primary/Elementary School

Elementary school is when serious stuff begins—still only one teacher, but many subjects, and that writing tool to master: the pen, held between the thumb, index, and middle fingers. School children do not write with pencils, but with blue pens. The message is clear: No mistakes allowed!

L'école primaire/élémentaire est obligatoire pour les enfants à partir de six ans. Elle se divise en trois cycles sur une durée de cinq ans: cours préparatoire (CP), cours élémentaire (CE 1 et 2), cours moyen (CM 1 et 2). On s'assure que les enfants possèdent des connaissances de base en lecture, écriture, calcul, et des connaissances générales. Il n'existe pas de service d'autobus scolaire en ville.

Becoming a Primary/Elementary School Teacher

Teacher's education has changed a lot in the past fifteen years. Teachers-to-be must now have completed their B.A. degree before applying to training institutes, which are now integrated within the university system.

Depuis 1992, l'instituteur, est recruté au niveau de la licence. Devenu *professeur des écoles*, il est formé, comme le professeur des lycées et des collèges, dans un Institut universitaire de formation des maîtres (IUFM), et reçoit le même salaire.

Si vous étiez professeur des écoles, vous pourriez travailler avec des enfants de deux à 11 ans, c'est-à-dire de la première année de maternelle à la dernière année de l'école élémentaire. Vous assureriez 26 heures d'enseignement hebdomadaire et vous consacreriez une heure par semaine à la concertation pédagogique avec vos collègues. Vous enseigneriez différents domaines: français, mathématiques, histoire et géographie, sciences expérimentales, langue vivante, musique, arts plastiques, activités manuelles, et éducation physique.

Si vous étiez reçu au concours, votre salaire brut mensuel comme professeur stagiaire se monterait à 9 559 F. Si vous deveniez titulaire, un an plus tard, il atteindrait 10 858 F. Si vous poursuiviez dans ce domaine, le salaire brut serait de 13 621 F en milieu de carrière et il irait de 18 124 F à 21 578 F en fin de carrière.

Je vous ai compris! 4

Indicate whether the following statements on primary and secondary school are true or false by checking the appropriate column.

Vrai	Faux	
_____	_____	L'école maternelle est obligatoire.
_____	_____	L'école maternelle commence à partir de deux ans.
_____	_____	L'école primaire dure six ans.
_____	_____	Aucun service d'autobus scolaire n'est disponible.
_____	_____	Les enseignants sont formés à l'université.
_____	_____	Ils enseignent une dizaine de matières.
_____	_____	Ils enseignent vingt-sept heures par semaine.
_____	_____	Le salaire double pratiquement entre le début et la fin de carrière.

Correct answers are at the end of the chapter.

Making Hypotheses: "Si" + Imparfait, Conditionnel Présent

The preceding passage talks about what you would do if you were a French teacher; as a result, many verbs were in the conditional.

Reminder: The conditional is formed by adding the endings of the imparfait to the infinitive form of the verb.

Imparfait Endings	Infinitive	Conditional
ais, ais, ait,	monter	le salaire se monterait à
ions, iez, aient	consacrer	vous consacreriez 26 heures

Verbs that had irregular stem forms for the future stems will use these forms as a base for the conditional:

Infinitive	Future Stem	Conditional
pouvoir	pourr-	Vous pourriez travailler …
être	ser-	Le salaire brut serait de …

The conditional is the mood used to express hypothetical situation. A conditional sentence is built using two clauses: a **"si"** clause stating the condition: Si vous étiez reçu au concours, the main clause stating the result: votre salaire se monterait à 9 559 F. The **si** clause is in the imparfait and the main clause is in the present conditional.

Si becomes **s'** only before "il" or "ils."

High School: Le collège et le lycée

Sound Advice

Note that the following verb forms sound exactly the same: -rais, -rais, -rait, -raient.

Big school—getting there is only half the fun: You get to meet new friends, explore new subjects, and start worrying about the Big Scare—the Baccalauréat, or high school diploma. It's scarier than prom night, and there isn't even a prom to celebrate it!

Choosing the Right Path

French students do not get the opportunity to mix and match subjects according to their preferences and strengths. They simply follow the path, and only when they reach secondary school can they decide to focus on math, science, or language.

L'objectif de l'enseignement secondaire est de donner une bonne culture générale, de former les étudiants à la réflexion, et de développer leur esprit critique. Le programme d'étude couvre de nombreux domaines: langues vivantes, mathématiques, sciences, physique, chimie, littérature française, histoire, géographie, auxquels s'ajoute, en dernière année, une introduction à la philosophie.

Incroyable mais vrai

French schools count backward when it comes to school years. Like a countdown to *le baccalauréat,* the system starts with the first year of high school, which is six years before D–day, and calls it *la sixième;* it then counts all the way down to the last year, *la terminale,* at the end of which the dreaded exam takes place.

Grades are given based on a scale of 20, not out of 100. Anything above 10 is considered satisfactory.

Rite of Passage: Le Baccalauréat

At the end of high school, there is no graduation night to look forward to. Instead, there is a graduation degree, which students must pass in order to continue their studies. If they fail, they will have to repeat their last year. Studying for that exam is known as *le bachotage:* trying to cram everything into one's brain with a short-term goal.

À la fin du secondaire, les lycéens passent le baccalauréat (le *bac*) correspondant à la section suivie pendant les trois années de lycée. Le système scolaire français étant centralisé, le baccalauréat, préparé sous le contrôle du Ministère de l'éducation nationale, est le même pour tous les étudiants d'une même section sur tout le territoire français. Aujourd'hui, 60% des jeunes Français obtiennent ce diplôme, indispensable à l'accès aux études supérieures. Le but du Ministère de l'éducation nationale est d'amener ce pourcentage à 80%.

➤ For the Baccalauréat, marks greater than ten earn the student a special distinction or "mention."

➤ There is no ceremony at the end of the school year in France. Students leaving high school or university receive their degree from the state, not from their particular institution.

➤ This Web site will give you a glimpse of past Baccalauréat exams along with answers: www.editions-hatier.fr/annabac.

Post-Secondary Education

After French students get a Baccalauréat, many choose to attend university, if only because it's virtually free, but they're in for a big shock: Old and impractical buildings, overcrowded lecture halls and classrooms, and teachers who are typically unavailable and never get to know their students' names. It's a jungle out there! Others may select the more elitist path of Grandes Écoles, a genuinely French concept, but they'll have to work hard not only to get in, but to get beyond the first year. It's definitely not as easy as ABC!

Post-Secondary Education	
inscrit	registered
le droit	law
les frais d'inscription	registration fees
une bourse d'études	scholarship
un cours magistral	a lecture
bondé	overcrowded
un étage	floor, storey
une prise	outlet
un colocataire	roommate
un point de coupure	cut-off point
un haut fonctionnaire	top-ranking public servant
odontologie (f.)	dental sciences

Incroyable mais vrai

Latin was the official language at the Sorbonne (founded by Robert de Sorbon in 1258) until 1793; hence the name of this district of Paris: *le quartier latin*.

University

Most high school graduates go to the university. It's free, it's fun, and it's a great way to spend a few years before entering the real world.

Le nombre d'étudiants inscrits dans les universités est en hausse constante: un million en 1980, 1 446 736 en 1997.

Les universités sont publiques et comprennent plusieurs facultés: sciences, lettres et sciences humaines, droit, sciences économiques, médecine, pharmacie. Les frais d'inscription sont bas, environ 800 Francs par an, et des bourses d'études sont disponibles pour les étudiants à revenu modeste. En général, les étudiants habitent seuls dans une chambre en résidence universitaire ou en ville, ou continuent à vivre chez leurs parents puisqu'ils vont le plus souvent à l'université la plus proche de chez eux (il n'y a pas, officiellement, de classement des universités).

Les études sont réparties en trois cycles sanctionnés par des diplômes. On peut obtenir un diplôme d'études universitaires générales (D.E.U.G.) à la fin du premier cycle, après deux ans; le deuxième cycle mène à une license (après trois ans au total) et une maîtrise (au bout de quatre ans); le troisième cycle comprend le diplôme d'études approfondies, un an après la maîtrise (DEA), et le doctorat (deux à quatre ans après le DEA).

L'admission à la faculté de médecine ou d'odontologie se fait sur concours à la fin de la première année (le PCEM, premier cycle d'études de médecine); les études durent six ans, auxquels s'ajoutent deux années de résidence pour les futurs médecins, et plus encore pour l'obtention du doctorat. Les études de pharmacie durent également six ans.

Attention!

Remember never to use the conditional form in the clause starting with "si." As a way to keep this in mind, French school children are taught that "les scies (si) mangent les raies" (-rais, ending of the conditional).

Sound Advice

Getting a degree is one thing, being able to pronounce its name is another. Pronounce the following degree as a single word: DEUG. (DEUG sounds like the English word "dug.")

Spell out each letter separately in the following degrees: DEA, PCEM.

Prepping Up: *Les classes préparatoires*

Les meilleurs lycéens peuvent faire *les classes préparatoires* ou "prépas" en deux ou trois ans afin de se préparer aux concours qui leur permettront d'entrer dans une Grande École, la crème de la crème de l'enseignement supérieur. Les classes préparatoires pour les grandes écoles scientifiques sont Math Sup et Math Spé (pour Mathématique Supérieure et Spéciale) avec des options particulières selon les grandes écoles visées: Math Sup/Spé Bio pour ceux qui se destinent aux écoles de sciences bi-ologiques, Math Sup/Spé Techno pour les étudiants qui visent les formations tech-niques et technologiques. Les préparations à l'École Normale Supérieure (Normale Sup) sont appelées hypokhâgne et khâgne.

The Nation's Élite: *Les grandes écoles*

Les grandes écoles proposent un système élitiste unique au monde, parallèle à l'Université, dans tous les domaines (ingénierie, commerce, armée, administration, enseignement). Il en existe 210 mais certaines d'entre elles, situées principalement à Paris, ont un statut plus prestigieux que les autres. On se doit de citer Polytechnique, Hautes Études Commerciales (HEC), Centrale, les Mines, les Ponts et Chaussées, les Arts et Métiers pour les ingénieurs; les Écoles Normales Supérieures pour la littérature la philosophie et l'histoire; École Nationale d'Administration (l'ENA) pour les hauts fonctionnaires de l'État.

Rites of Passage Cont'd: *Les rites d'initiation*

Les étudiants de première année—les *bizuts* dans l'argot des écoles—des Grandes Écoles ou des classes préparatoires passaient autrefois par le *bizutage,* cérémonie estu-diantine d'initiation comportant des épreuves plus ou moins agréables: se faire bar-bouiller de cirage, de crème à raser ou d'oeufs cassés, faire des pompes ou des déclarations d'amour à de parfaits inconnus, se faire réveiller en pleine nuit …

Rites of Passage	
l'argot (m.)	slang
barbouiller	to smear
le cirage	shoe polish
la crème à raser	shaving cream
une pompe	pushup
un parfait inconnu	a total stranger
bon enfant	friendly, well-meaning
une tournure	a turn
interdit	prohibited
une peine	penalty
un délit	criminal offense
la prison	jail
une amende	fine

Ces manifestations sortaient parfois de l'école pour se répandre dans les rues en longues files d'étudiants se tenant par les épaules—les *monômes*, en argot de Polytechnique. Le bizutage, qui était bon enfant à une époque, a récemment pris des tournures dangereuses, à tel point qu'il est désormais interdit par la loi: le *délit de bizutage* a été instauré en juin 1998 et prévoit des peines jusqu'à six mois de prison et 50 000 francs d'amende!

Speak Your Mind: Parlez haut et fort!

Can you name five differences between the French and the American school systems?

Sound Advice

Congratulations! You've made it to that prestigious *grande école!* But can you say its name properly?

Pronounce the following as words: CROUS, ENA.

Spell out each letter separately for the following: ENSPC, HEC, IUFM.

The Least You Need to Know

➤ The French school system is free, nondenominational, centralized, and standardized; children can start school as young as age two.

➤ The *Grandes écoles system,* parallel to university education, shapes the nation's elite; it has a long tradition of excellence—and recruit bashing!

➤ The conditional is formed by adding the endings of the imparfait to the infinitive verb form and is used to express a hypothetical action. The condition can be expressed by a clause introduced by *si* with the verb in the imperfect.

➤ The relative pronoun *lequel* is used with prepositions other than *de;* it agrees in gender and number with the noun it replaces.

Je vous ai compris! Answers

1.

école	scolaire (ADJ)	scolarité (N)
égal		également (ADV)
gratuitement	gratuité (N)	gratuit (ADJ)
laïc	laïcité (N)	laïque (ADJ)

obliger		obligatoire(ADJ)
principalement	principes (N)	
religion		religieux (ADJ)
république	républicains (ADJ)	
achat		acheter (V)

2. lesquelles/laquelle/laquelle/lesquels/lequel/lequel/duquel

3. Answers will vary.

4. F, V, F, F, V, V, F, F

Chapter 21

Thinking French: The Cartesian Mind

In This Chapter

➤ Exploring the importance of critical thinking and reasoning

➤ Conjugating *-indre* verbs

➤ Learning about France's many literary prizes

➤ Seeing the cultural significance of cinema

➤ Learning about agreement of past participles used with *avoir*

Culture and language are two sides of one coin. The French language, born from Latin, was carved and polished by the great artists and scientists who used it in their work. This enabled French to permeate all the spheres of life occupied by Latin and to gradually replace it. Brilliant minds disseminated not only their knowledge, but also their language throughout the country and beyond.

It's All in ... Descartes

The major philosopher René Descartes was so essential to French thinking that his name generated an adjective, *cartésien,* which describes the ability to think rationally and logically.

The Power of Reason	
la preuve	proof
la clarté	clear thinking
la pensée critique	critical thinking
le siècle des lumières	Enlightment
un penseur	a thinker
un maître à penser	intellectual guide
un intellectuel de gauche	a leftist thinker

Cogito Ergo Sum

Descartes, philosophe et mathématicien, a vécu de 1596 à 1650. Sa philosophie, résumée dans la célèbre phrase "Je pense, donc je suis" (en latin, *cogito ergo sum*), est que l'expérience du doute est la seule preuve de la pensée et de l'existence de celui qui pense. Les Français, qui se disent cartésiens, mettent en valeur les notions de clarté, de rigueur, de méthode et de pensée critique dans la réflexion intellectuelle.

Tip du jour

Take some time each day to formulate one thought in French, a thought as ordinary as what you need from the grocery store or as elaborate as the engraving you want on your tombstone. Write it down, and check it for grammatical and lexical accuracy.

Take advantage of every opportunity to try out hypotheses: Infer a new word from an existing one.

Let There Be Light

De tout temps, les philosophes ont joué un rôle important dans la société française. Mais c'est au dix-huitième siècle, dit Siècle des Lumières, que l'expression philosophique a connu son apogée avec l'Encyclopédie, ouvrage qui recense les conceptions philosophiques de l'époque. Voltaire (1694–1778, pseudonyme de François Marie Arouet), Montesquieu (1689–1755), Diderot (1713–1784), Rousseau (1712–1778) sont les grands penseurs de ce siècle.

Critique impertinent, polémiste de génie forcé à l'exil loin de Paris, Voltaire a abordé tous les genres et tous les sujets avec une intelligence remarquable. Considéré comme "l'homme universel" et le champion de la tolérance, il fait à Paris un retour triomphal en étant élu directeur de l'Académie française. Il meurt à quatre-vingt-quatre ans, entouré de la ferveur populaire.

Twentieth-Century Thinking

Jean-Paul Sartre, Simone de Beauvoir, et le mouvement existentialiste ont marqué la France de l'après-guerre. L'existentialisme proposait un programme de vie mettant l'accent sur la liberté humaine, le rôle constitutif de l'action, la responsabilité envers l'autre et le souci éthique. Albert Camus est à l'origine de la philosophie de l'absurde, pour laquelle l'existence de l'homme et sa situation dans le monde n'ont pas de justification rationnelle.

De nos jours, les philosophes et les intellectuels sont considérés comme les maîtres à penser et la conscience politique de la société. Ils se prononcent sur les débats de société majeurs et engagent des actions militantes. Qui n'a pas entendu parler de BHL? Avec ses longs cheveux noirs et son éternelle chemise blanche, Bernard-Henry Lévy est l'archétype de l'intellectuel de gauche.

The Culture Club

Many French writers and playwrights have forever changed literature and are internationally acclaimed: Molière, Voltaire, Victor Hugo, Proust, to name just a few. But France's cultural sphere goes far beyond the arts: Buffon in natural sciences, Pasteur in biology, Durkheim in sociology, Saussure in linguistics, the Bourbaki group in math, the École des annales in history, Lacan in psychology and psychiatry, Lévi-Strauss (not the jeans guy) in ethnology, and Charpak in physics.

Incroyable mais vrai

Even French politicians have the culture bug! Most presidents under the Fifth Republic were conscious of the importance of being a friend of the arts: De Gaulle appointed André Malraux as Minister of Cultural Affairs, Pompidou published an anthology of French poetry, and Mitterrand wrote many books.

Pompidou created le Centre Georges Pompidou in Paris, a huge, square, boxy building holding libraries, museums, concert halls, exhibition spaces, and a center for modern artists. This cathedral of modern art is built of steel, concrete, and glass. Its external escalators, tubes, and industrial decorations give it the look of an oil refinery.

Mitterand initiated the BNF (Bibliothèque nationale de France) at www.bnf.fr/.

Philosophy 101

Philosophy was born in Athens, Greece, in the fifth century B.C.E. Twenty-five hundred years later it is on the Internet, with sites like Philonet (perso.infonie.fr/mper/Frames/present.htm) entirely devoted to the refinement and dissemination of knowledge and the sharpening of critical thinking.

La philosophie est une activité intellectuelle au service de la connaissance, un exercice de la pensée qui a pour objectif de donner à comprendre la réalité. Les étudiants des classes de terminale (dernière année d'école secondaire) sont initiés à cette discipline par la découverte des principaux penseurs à travers l'histoire ainsi que par l'étude des concepts clés. Le baccalauréat comporte une épreuve écrite de philosophie, très redoutée des candidats.

Un Café Philo est un débat organisé dans un café, lieu public par excellence. Il vise à établir un échange philosophique au cours duquel chacun peut prendre la parole. On écoute celui qui parle et on demande la parole. Le modérateur donne l'exemple par son attitude modeste et exigeante. Aucun sujet n'est philosophique en soi, mais tout sujet peut être traité philosophiquement. Le tout se fait sur une base publique et gratuite. D'autres cafés se sont ensuite joints au mouvement, et ils sont aujourd'hui 170 dans 20 pays.

Je vous ai compris! 1

Go to perso.infonie.fr/mper/cours/Pens/Philo.html. Read the page explaining philosophy, then click on the scroll and take the quiz.

Conjugating -indre Verbs

Des curieux sont venus se joindre au groupe.

D'autres cafés se sont ensuite joints au mouvement ...

There are three categories of **-indre** verbs: verbs ending in *-aindre, -eindre,* and *-oindre.*

➤ In the present, they have a special conjugation with one stem for the singular and one stem for the plural. The endings are the same as those of -ir verbs modeled on *partir: -s, -s, -t, -ons, -ez, -ent.*

je	crains	peins	joins
tu	crains	peins	joins
il/elle	craint	peint	joint
nous	craignons	peignons	joignons
vous	craignez	peignez	joignez
ils/elles	craignent	peignent	joignent

➤ In the imparfait, these verbs are regular: They add the endings of the imparfait to the stem of the first person plural of the indicative present (*nous*).

joindre	je joignais
peindre	je peignais
craindre	je craignais

The past participle of these verbs ends in *-t:*

joindre	joint
peindre	peint
craindre	craint

Sound Advice

The verb stem for the singular contains a nasal sound; it sounds like "ain" (as in the French word "bain") for all *-indre* verbs. The plural stem form contains an oral sound; it sounds like "è" for both *-aindre* and *-eindre* verbs, and like "a" for *-oindre* verbs.

Pivot of the Literary World

Bernard Pivot, 61, has been an icon in French literary life for almost forty years. He started on television in the early 1970s with a series on authors called *Ouvrez les guillemets*. In 1975, he started *Apostrophes*, a weekly program in which he interviewed a half-dozen people about their own and each other's books.

Apostrophes, l'émission de Pivot a été, de 1975 à 1990, le *must* des passionnés de littérature. À son heure de gloire, plus de cinq millions de personnes, soit près de 10% des Français, étaient des *aficionados* de cette émission. Les plus grands auteurs français et étrangers, les maîtres à penser, de nombreux universitaires, tous ont participé à *Apostrophes* que ce soit Solszhenitsyn, Nabokov, Eco, Mailer, Bellow, Günter Grass, ou encore Arthur Miller.

Attention!

Watch for the correct spelling of the word *littérature* and words derived from it: littéraire, littéralement, and so on.

Apostrophes a été remplacée en 1991 par *Bouillon de culture* qui a une portée plus large et accorde au cinéma une place importante par rapport à la littérature. Pour connaître le programme de cette émission, consulter la page suivante: www.france2.fr/bouillon/bouillon.htm.

Lexical Borrowings

French has borrowed many words from other languages over the centuries in order to describe things or concepts that did not exist in French. In the past, these words mostly belonged to the world of arts and came from Italian or Spanish. Lately, many

Sound Advice

Words borrowed from other languages are pronounced the French way: Letters sound as they would in French, and stress is on the last pronounced syllable.

technology-related English words have entered the language. On top of that, there is a certain kind of snobbery that prompts people to use English words when French equivalents exist—very chic.

Here is a sampling of borrowed arts-related words:

> From Spanish: Les Français sont des *aficionados* de cette émission

> From Italian: Un *opéra*, un *scénario*, *la commedia dell'arte*, un western *spaghetti*

> From English: Le *must* des passionnés de littérature, un *one-man-show*, un *road-movie*, un *fan*

And the Winner Is—*Les grands prix littéraires français*

Some 1,500 literary prizes are awarded each year in Paris. The fall is high season. Amazingly, the most prestigious prizes award extremely little money!

Le prix le plus convoité est sans conteste le Goncourt, créé le 21 décembre 1903 par Edmond Goncourt en la mémoire de son frère Jules. Ce prix, d'un montant symbolique de 50 francs, est décerné le deuxième lundi de novembre au restaurant Drouant et attribué presque uniquement à un roman. Il vise à encourager les lettres et l'écriture. *La Fnac*, le grand magasin, propose des renseignements sur les livres primés au site suivant: www.fnac.fr/html/goncourt.html.

Le prix Femina, créé en 1904 par des collaboratrices du magazine *La vie heureuse,* qui devint par la suite la revue *Femina,* a pour but d'encourager les lettres et de rapprocher les femmes de lettres. Il est décerné le premier mercredi de novembre.

Le prix Médicis a été créé en 1958. Il est remis le même jour que le prix Femina. Le montant de 4500 francs est remis à un écrivain qui, dans les 12 mois précédents, a publié un roman ou un recueil de nouvelles qui apporte un ton ou un style nouveau.

Incroyable mais vrai

In recent years, the Goncourt awards were so controversial that some jury members were hit with cream pies or ketchup!

Le prix Interallié a été créé en 1930 par 30 journalistes qui attendaient dans un salon les délibérations du prix Femina de cette année-là; pour passer le temps, ils décidèrent d'attribuer eux aussi un prix! Il est décerné en novembre, en général à un roman de journaliste.

Le prix Renaudot a été créé en 1925. Il est également décerné en novembre à un auteur jeune ou méconnu ayant publié dans l'année. L'unique critère est le talent. Le montant de ce prix est un déjeuner l'année suivante.

Le prix Marguerite Yourcenar est plus récent: il a été créé en 1992; d'un montant de 8000 francs, il récompense un auteur français résidant en permanence aux États-Unis.

Les prix font le bonheur des auteurs et des éditeurs qui voient leurs ventes grimper. Les maisons d'éditions les plus primées sont Gallimard, Grasset et Le Seuil, surnommé le trio "Galligrasseuil."

Je vous ai compris! 2

Read the different texts on the literary prizes and indicate to which prize each statement applies (a statement may apply to more that one prize):

	G	M	F	I	R	MY
Il récompense un auteur français vivant aux États-Unis.	—	—	—	—	—	—
Il a été créé en 1925.	—	—	—	—	—	—
Il est accompagné d'un montant de 8000 francs.	—	—	—	—	—	—
Il consiste en un déjeuner au restaurant.	—	—	—	—	—	—
Il est décerné en novembre.	—	—	—	—	—	—
Il est le plus recherché.	—	—	—	—	—	—
Il est décerné à un auteur journaliste.	—	—	—	—	—	—
Il est décerné à un auteur féminin.	—	—	—	—	—	—
Il a été créé en la mémoire de son frère.	—	—	—	—	—	—
Les délibérations ont lieu au restaurant Drouant.	—	—	—	—	—	—

Correct answers are at the end of the chapter.

At the Movies

Going to the movies is a popular pastime in France. People of all ages indulge in a night out, preferably Mondays to take advantage of discounted admission rates. New movies are released on Wednesdays.

At the Movies	
un long/court métrage	full/short-length film
un documentaire	documentary
le doublage	dubbing
le générique	credits
un film muet	silent movie
un dessin animé	cartoon
la séance	performance
une salle de cinéma	theater
un complexe cinéma	cineplex
une cinémathèque	film library
le cinéma d'art et d'essai	theater répertoire

Roll Over, Sylvester

Paris est la capitale mondiale du septième art. La variété de films qu'on y passe est infinie, du long métrage au documentaire en version originale ou sous-titrée, en passant par le film muet en noir et blanc ou d'animation …

Incroyable mais vrai

More than 300 different movies are shown weekly in Paris.

Want to get the big picture? Don't miss the country's largest screens, at the Gaumont grand écran on place d'Italie or the Géode in the Cité des sciences. The screen of the Géode is 1000 square meters!

Paris offre également plusieurs cinémathèques, la plus ancienne étant la Cinémathèque française fondée en 1936. Elle contient la collection la plus riche de films au monde et propose régulièrement des rétrospectives sur un thème, un acteur ou un cinéaste. Pour en savoir plus sur le programme de la cinémathèque, vous pouvez visiter sa page: www.allocine.fr/actus/actus.asp?art=20533&ARG140= 156681920000124000137.

Le Quartier latin compte de nombreuses salles d'art et d'essai. Ces petites salles proposent une programmation passionnante en version originale.

And the Cesar Goes to ...

Aux États-Unis, il y a la nuit des Oscars. En France, le cinéma français est à l'honneur lors de la remise des Césars. Si vous voulez savoir quels films sont en compétition cette année, consultez ce site: www.allocine.fr/actus/actus.asp?art= 24933&ARG140=156681920000124000137.

L'autre grand moment du cinéma en France se passe à Cannes. Pendant deux semaines en mai, cette ville de la Côte d'Azur héberge le célèbre festival international du film. Le festival aurait dû débuter en 1939, mais la seconde guerre mondiale a repoussé son ouverture et ce n'est qu'en 1946 qu'il a réellement commencé. Le festival prime différents films dans plusieurs catégories et décerne la Palme d'Or au meilleur. Les sites suivants listent tous les films que le festival de Cannes a primés: www.cannes-fest.com/jury39.html.

Les festivals se suivent mais ne se ressemblent pas. Vous pourrez aller à Annecy pour le festival international du film d'animation ou à Gérardmer pour le festival Fantastic'Arts, qui a succédé au festival international du film fantastique d'Avoriaz. Le festival de Rennes met en vedette le voyage avec le festival du Travelling. Deauville propose le festival du cinéma américain chaque année en septembre depuis 25 ans.

Agreement of the Past Participle with Avoir

Past participles are used in conjunction with the auxiliaries *être* or *avoir* in compound tenses, as well as in the passive mood. As you know, past participles used with *être* agree in gender and in number with the subject of the verb. For *avoir* it is a little more complex.

➤ As a rule, there is no agreement of the past participle of verbs conjugated with *avoir*:

La seconde guerre mondiale a repouss**é** l'ouverture du festival.

La dernière édition a **eu** lieu en 1993.

➤ However, if there is a direct object that precedes the past participle of a verb conjugated with *avoir*, the past participle will agree in gender and number with the direct object. This happens in a limited number of cases, such as sentences containing the relative pronoun *que*, the personal object pronoun, and the interrogative adjective *quel* followed by a noun in an interrogative sentence:

Les films que le festival de Cannes a prim**és**.

Je vous ai compris! 3

Indicate whether the following statements are true or false by checking the appropriate box.

Vrai	Faux	
_____	_____	Le César récompense le meilleur film international.
_____	_____	Pour voir des films de science-fiction, il faut aller à Deauville.
_____	_____	Avoriaz est la capitale du film de science-fiction.
_____	_____	Le festival de Rennes célèbre le thème du voyage.
_____	_____	Cannes se trouve en Normandie.
_____	_____	La récompense du festival de Deauville est la Palme d'or.
_____	_____	Le festival de Cannes a commencé avant la seconde guerre mondiale.
_____	_____	Le festival international du film d'animation s'appelle Fantastic'Arts.
_____	_____	Le festival du film d'animation a lieu à Annecy.
_____	_____	Le festival du film américain a lieu en septembre.
_____	_____	Le festival de science-fiction a déménagé à Géradmer.

The correct answers are at the end of the chapter.

Je vous ai compris! 4

Read the following passage and determine if the italicized past participles should agree or not; then make changes as required.

J'ai *assisté* _____ à tous les films du festival de Deauville.

Quel film as tu *vu* _____ hier?

Les longs métrages que nous avons *visionné* _____ cette fin de semaine étaient mauvais.

J'ai *regardé* _____ la remise des Césars à la télévision.

Quelle réception a *eu* _____ le nouveau film de Spielberg?

La dernière émission de cette série vient enfin de sortir en vidéo et je l'ai *loué* _____.

Mon film préféré a *remporté* _____ la Palme d'or à Cannes.

Correct answers are at the end of the chapter.

Speak Your Mind: Parlez haut et fort!

What would you say are the five main differences between French and American cinema?

The Least You Need to Know

➤ The French value critical and logical thinking and the ability to methodically analyze all aspects of a situation. Philosophy is taught in the final year of high school.

➤ Some 1,500 literary prizes are awarded each year in Paris, and Bernard Pivot's *Apostrophes* literary TV show drew record audiences during its 15 years of existence.

➤ French cinema is not about commercial success stories, but rather about innovative filming and screenplay writing, reflection over action.

➤ There is no agreement of the past participle of verbs conjugated with *avoir* unless a direct object precedes that verb; in that case the past participle will agree in gender and number with the direct object.

Je vous ai compris! Answers

1. Answers will vary.

2.

	G	M	F	I	R	MY
Il récompense un auteur français vivant aux États-Unis.						X
Il a été créé en 1925.					X	
Il est accompagné d'un montant de 8000 francs.						X
Il consiste en un déjeuner au restaurant.						X
Il est décerné en novembre.	X	X	X	X	X	
Il est le plus recherché.	X					
Il est décerné à un auteur journaliste.				X		
Il est décerné à un auteur féminin.			X			
Il a été créé en la mémoire de son frère.	X					
Les délibérations ont lieu au restaurant Drouant	X					

3. V, F, F, V, F, F, F, F, V, V, V

4. assisté/vu/visionnés/regardé/eue/louée/remporté

Chapter 22

The French Media

In This Chapter

➤ Learning the vocabulary of the press, television, and radio

➤ Using the subjunctive after verbs of command, volition, emotion, and feelings

➤ Getting plugged in to Internet vocabulary

France has a long journalistic tradition: It is the home of the first printed periodical, which dates back to 1631!

The Written Press

Almost 20 percent of all French people read a national or regional daily newspaper. This low figure can be explained by the fact that the dailies are quite expensive: Their price, which used to be indexed on the price of the postage stamp, was multiplied by eight between 1970 and 1980!

The Written Press

un quotidien	a daily paper
un hebdomadaire	a weekly publication
l'actualité (f.)	the news
une petite annonce	classified(s)

continues

continued

The Written Press	
une page pratique	everyday life issues
un lecteur	reader
diffuser	to circulate
la diffusion, le tirage	circulation
le kiosque	newsstand
un abonnement	subscription

Give Us This Day Our Daily News: National vs. Regional Media

The most important daily newspapers in France are all published in Paris. These nationals, such as *Le Monde* and *le Figaro* are complemented by a rich regional press.

Véritable institution en France, journal de référence à l'étranger, *Le Monde,* qui a célébré en 1995 son cinquantième anniversaire, est considéré comme le plus complet et le mieux informé des quotidiens français. Dès 13 heures et pour sept francs (1,40 dollar), il donne le ton de la journée politique et offre un panorama de l'actualité internationale, assorti de pages ou de suppléments thématiques sur l'économie, les livres, la radio, et la télévision.

Tip du jour

When you're on the Internet, allocate ten minutes of your surfing time to browsing Web pages in French. When you're watching television, look for programs in French. Keep a French magazine in the bathroom; keep another in your briefcase or tote to read in your doctor's or dentist's waiting rooms.

Né en 1826, *Le Figaro* est l'aïeul de la presse quotidienne française. Longtemps ultra-conservateur, il est aujourd'hui plus modéré et publie des informations générales brutes. Accordant une place importante à l'actualité internationale, *Le Figaro* (sept francs, soit 1,40 dollars) propose aussi plusieurs pages de petites annonces, des pages pratiques, un cahier économique et financier, un guide de la vie culturelle, un supplément littéraire et un cahier multimédia.

Libération, créé par des militants d'extrême-gauche en 1973, s'est modéré au fil des ans et entend proposer tous les journaux en un: en plus des pages classiques d'actualité, Libé III offre un cahier régional et un journal de la vie quotidienne et de l'individu. Chaque numéro comprend plusieurs dizaines de photographies.

La presse quotidienne thématique connaît elle aussi un succès certain, en particulier la presse quotidienne sportive avec *L'Équipe* (381 000 exemplaires en semaine, plus de 400 000 le lundi).

La presse quotidienne régionale (publiée en province) est beaucoup plus dynamique et beaucoup plus diffusée que la presse nationale. Elle donne des informations sur l'actualité nationale et internationale mais elle est centrée essentiellement sur la région. *Ouest-France* est le premier des quotidiens régionaux français.

Ainsi, avec environ sept millions d'exemplaires vendus quotidiennement, soit plus de 20 millions de lecteurs, la presse quotidienne régionale dispute à la télévision le titre de premier média national.

Je vous ai compris! 1

Indicate which characteristics describe which national daily paper by checking the corresponding column. Note the following abbreviations: LM = *Le monde*, LF = *Le Figaro*, LB = *Libération*, LE = *L'Équipe*, OF = *Ouest-France*.

	LM	LF	LB	LE	OF
Quotidien régional	—	—	—	—	—
Quotidien sportif	—	—	—	—	—
Contient de nombreuses photographies	—	—	—	—	—
Offre un supplément multimédia	—	—	—	—	—
Le plus ancien	—	—	—	—	—
Le plus respecté	—	—	—	—	—
À l'origine très à gauche	—	—	—	—	—
À l'origine très à droite	—	—	—	—	—

For correct answers see the end of the chapter.

Magazines for All Tastes

Weekly and monthly magazines are very popular and are read by about half the population.

Parmi les hebdomadaires d'information générale les plus connus, il faut citer *L'Événement du jeudi, L'Express, Le Point, Le Nouvel observateur, Paris-Match, VSD* (pour vendredi, samedi, dimanche). Ils proposent analyse et réflexions sur les événements de la semaine. Leurs prix s'échelonnent de 14 à 30 francs (2,50 à 5,40 dollars).

Sound Advice

The **gn** letter combination is typically pronounced *nj* ("n" sound + yod): Espagnole, Allemagne, campagne, gagner, magnifique ... However, in a handful of words, **gn** is pronounced as in English (hard g sound + n sound): magnum, agnostique, diagnostic.

En marge des magazines d'actualité, *Le Canard Enchaîné*, hebdomadaire satirique indépendant, incarne l'irrévérence et la liberté d'informer quel que soit le pouvoir politique en place. Il critique les abus de pouvoir et dénonce, à coups de caricatures et jeux de mots, les scandales en tout genre. Ses lecteurs sont nombreux (plus de 2,5 millions).

Les hebdomadaires de radio-télévision figurent parmi les plus forts tirages. *Télé 7 Jours*, *Télé Star*, *Télé Z*, et *Télé Loisirs* sont les principaux titres.

Quant à la presse thématique, une quinzaine de magazines sont consacrés à la voiture, six à la moto, neuf à la photographie ou au cinéma, vingt à la gastronomie, au tourisme et aux voyages, sept aux sciences, six à la musique, seize à l'informatique, trente-deux aux sports, onze à la littérature, à l'histoire et aux beaux-arts, vingt-trois à la maison et au jardin, et onze à la chasse et à la pêche.

De la naissance d'un enfant (*Parents, Enfants Magazine*) à la retraite (*Notre Temps*), chaque âge a son magazine. La presse pour la jeunesse compte dix-huit titres destinés aux adolescents et vingt-huit aux enfants.

La presse féminine est florissante et contribue à propager à l'étranger l'image traditionnelle de la France: la mode, la beauté, l'art de vivre. Elle compte des titres comme *Femme actuelle, Prima, Modes et Travaux, Madame Figaro, Marie-Claire*. La plus prestigieuse et la plus influente de ces publications est sans doute *Elle*. Vendu 13 francs (2,40 dollars), *Elle* existe en versions anglaise, allemande, italienne, espagnole, japonaise, arabe, et chinoise.

La presse "people" fait le bonheur des adolescentes et des classes plus défavorisées qui ajoutent ainsi un peu de rêve à leur vie. Les titres les plus vendus sont *Voici* et *Gala*.

Je vous ai compris! 2

Go to your favorite French newsstand or library and obtain a copy of a French magazine that caters to your tastes. Read it through then write a fifteen-sentence paragraph describing what you liked most and least about it, how different or similar it is to its English-language counterpart(s), and what is distinctly French about it.

Television

Radio and television were state monopolies until 1982, when the newly elected socialist administration created an independent regulatory body modeled on what exists in North America, the Conseil supérieur de l'audiovisuel (CSA).

Television	
un horaire	schedule
une émission	program, show
une chaîne	channel, station
un téléspectateur	viewer
le début de soirée	prime-time
la fin de soirée	late-night
diffuser	to broadcast, to air
une subvention	funding
la publicité	commercials, advertising
un actionnaire privé	private-sector shareholder
crypté	scrambled
un décodeur	descrambler
Les types d'émission	
un journal télévisé	television news
un bulletin d'information	newsflash
un magazine d'actualités	news magazine
un reportage	report
une enquête	investigation
un documentaire	documentary
une série	series
un feuilleton	serial/soap
un film	movie
un jeu	game show
une émission sportive	sports program
de variétés	entertainment program
un téléfilm	made-for-television movie
une tranche horaire	time slot

Je vous ai compris! 3

Go online to the Web site of one of the television channels listed in the following "Twenty-Seven Channels and Nothing On" section and find the name of a program for eight of the program types in the preceding list. Alternatively, find a program guide listing French channels available in your area and identify the shows using the categories from the preceding "Les types d'émission" vocabulary table.

Correct answers are at the end of the chapter.

Programming

Most French households (95 percent) are equipped with a TV. The average person watches TV about 3½ hours a day.

Les horaires de programmation sont très différents des États-Unis. Les émissions n'ont pas une durée fixe et les téléspectateurs sont souvent furieux que les émissions de fin de soirée aient parfois un retard de plus de trente minutes. Deux grands bulletins de nouvelles sont diffusés, l'un à 13 heures et l'autre à 20 heures. Le film commence vers 21 heures.

Les téléspectateurs français aiment avant tout les films, la fiction télévisuelle, et l'information (journaux, magazines, documentaires). Les journaux de 20 heures de TF1 et de France deux, notamment, sont de grands rendez-vous nationaux.

Apparues avec les débuts de la télévision, disparues avec le triomphe de la technologie, les speakerines incarnent l'âge classique du petit écran. Leur unique fonction était d'annoncer les programmes tout au long de la journée. La première speakerine, Suzy Winker, a débuté en 1935. Aujourd'hui, les Français regrettent que Chloé, la speakerine virtuelle de Canal Plus, soit la seule trace de cette tradition.

Incroyable mais vrai

The most famous *speakerine*, Denise Fabre, got her job by accident! She was escorting a friend to an interview for that job in the office of Télé Monte Carlo's CEO. The man fell in love with the friend, they became engaged, and since he did not want his future wife entering every French household on a daily basis, he gave the job to Denise!

The Subjunctive After Verbs of Emotion and Feelings

Les téléspectateurs sont furieux que les émissions de fin de soirée aient parfois un retard de plus de trente minutes. Les français regrettent que Chloé, la speakerine virtuelle de Canal Plus, soit la seule trace de cette tradition.

Verbs expressing emotions and feelings are followed by the subjunctive. The most common are …

> Être: triste, content, heureux, désolé, ravi, furieux, étonné, and surpris … que.
>
> S'étonner (que/de ce que)
>
> Craindre, avoir peur (que)
>
> Regretter (que)
>
> Aimer, aimer mieux, préférer (que)

However, when the subject of the verb of command is the same as that of the verb of the "que" clause, the infinitive must replace the subjunctive. Compare the following:

> Je suis triste que cette émission ait disparu (two subjects).
>
> Je suis triste d'apprendre cette nouvelle (one subject, *je*).

> **Attention!**
>
> In the negative form, verbs like *craindre* and *avoir peur* are usually followed by an expletive *ne* (in other words, not a negative form, but a cosmetic one) that is placed directly before the verb in the subjunctive:
>
> Je crains que le film de fin de soirée **ne** soit en retard.
>
> Il a peur que son émission préférée **ne** soit annulée.
>
> The *ne* is not required; it just adds a formal touch.

Twenty-Seven Channels and Nothing On

Il existe sept chaînes de télévision diffusées par voie hertzienne. Quatre appartiennent au secteur public et sont financées par un impôt spécial, la redevance (650 francs, soit 118 dollars, par an et par téléviseur), ainsi que par des subventions de l'État et par la publicité: France 2, France 3, la chaîne culturelle franco-allemande Arte, et la chaîne éducative La Cinquième. Trois dépendent du secteur privé: TF1, M6, et Canal Plus, chaîne cryptée payante (abonnement 175 francs/mois et 500 francs pour le décodeur). Il existe également une vingtaine de chaînes de télévision par câble et par satellite, dont Canal J Chaîne pour les jeunes, Canal Jimmy (émissions principalement destinées aux nostalgiques des années soixante et soixante-dix), Ciné Cinémas, Planète (chaîne de documentaires), et des chaînes internationales telles que Disney Channel, histoire, ou la chaîne musicale MCM.

> ### *Je vous ai compris! 4*
>
> List the ten best reasons not to own a television.
>
> Possible correct answers are at the end of the chapter.

On the Radio

As was the case for television, radio used to be totally state-owned and state-controlled, but that monopoly was abolished in 1981 and now radio, like television, is monitored by an independent body. There are now four national radio corporations as well as a variety of private stations. The main players are France Inter, RTL, and Europe 1.

On the Radio	
la radiodiffusion	radio broadcasting
un réseau	network
l'information continue	nonstop news
la circulation	traffic
une offre d'emploi	employment opportunity
une radio associative	community service radio station

Public vs. Private

Far from being harmed by television, radio experienced a revival in 1982, when the new legislation paved the way for a variety of new stations. It is now the favorite media of the French, except in the evening when prime time television is a clear winner. The French spend a daily average of one hour and fifteen minutes listening to the radio.

Le secteur radiophonique public est représenté par la Société nationale de radiodiffusion Radio France, réseau de 53 radios: Cinq radios nationales, 39 radios locales, et neuf radios d'accompagnement. Comme la télévision publique, les radios du service public sont financées par la redevance audiovisuelle et par l'État; la publicité y est strictement non commerciale.

Les cinq radios nationales sont France-Inter, deuxième radio de France derrière RTL; France-Culture; France-Musique, qui diffuse plus de mille concerts par an; Radio Bleue, qui propose aux plus de cinquante ans des chansons françaises; et France Info, première radio française et européenne d'information continue.

Les radios d'accompagnement (FIP) diffusent 24 heures sur 24 des informations, des messages de service: météo, spectacles, circulation automobile, offres d'emploi, programmes de télévision et de radio, sur un fond musical.

Radio-France Internationale (RFI), outil de diffusion de la langue et de la culture française dans le monde, offre des programmes en 20 langues différentes. Elle est largement financée par le budget de l'État. RFO (Radio-France Outre-mer) programme, produit et diffuse des émissions de télévision et de radio dans les départements, les territoires, et les collectivités locales d'outre-mer.

Il existe trois radios privées de dimension nationale: RTL, la plus écoutée; Europe 1; et Radio Monte-Carlo ou RMC. Il existe aussi des radios nationales à dominante musicale en modulation de fréquence (FM), parmi lesquelles NRJ, Nostalgie, Europe 2, Fun Radio, et Skyrock. Une loi de 1994 exige qu'au moins 40% de la programmation musicale soit des chansons françaises et impose que sur ce nombre, au moins la moitié provienne de nouveaux talents.

On compte encore une trentaine de radios régionales privées. Il faut enfin signaler plus de 350 radios associatives, soit au total 450 programmes sur environ 2 650 fréquences.

Attention!

Remember that when the subject of the verb of command is the same as that of the verb of the "que" clause, the infinitive must replace the subjunctive:

Je veux que tu **écoutes** RTL (different subjects).

Je veux **écouter** RTL (one subject, "je").

The Subjunctive After Verbs of Command and Volition

Une loi exige qu'au moins 40% de la programmation musicale soit des chansons françaises et impose que sur ce nombre, au moins la moitié provienne de nouveaux talents.

Verbs expressing commands and wishes are followed by the subjunctive. The most frequently used are:

> vouloir (que), commander (que), demander (que), exiger (que)
>
> imposer (que), ordonner (que)
>
> accepter (que), consentir (à ce que)
>
> tenir (à ce que), souhaiter (que), désirer (que), proposer (que), recommander (que), suggérer (que)
>
> s'opposer (à ce que), empêcher (que), refuser (que), interdire (que)

317

The Internet

France is among the slowest on the information superhighway, especially when compared to its German or British neighbors. The main culprits are: the disastrous decision of the government in the 1980s to develop a French computer from scratch instead of using reliable foreign products; high telecommunication rates; and the Minitel, the phone-based miniterminal invented in 1982 by the national telephone company.

The Internet

l'autoroute de l'information	information superhighway
la toile	the Web
un ordinateur	computer
un fournisseur de service	service provider
le commerce électronique	e-commerce
un site Internet	Web site
un forum de discussion	chat room
un moteur de recherche	search engine

Bien qu'elle soit encore très en retard sur Internet, la France connectée a enregistré en 1998 une remarquable progression. En effet, le nombre de Français utilisant Internet a triplé en un an, s'élevant à 2,9 millions en mai 1998. Le nombre d'ordinateurs connectés à Internet a augmenté de 66% en un an et le nombre de sites français de commerce électronique a progressé de 175%!

Wanadoo, service d'accès à Internet proposé par France Télécom, est l'équivalent français des grands fournisseurs tels qu'AmericaOnLine. Le service, qui a été lancé en France le 2 mai 1996, comptait plus de 600 000 abonnés en 1999.

Les principaux moteurs de recherche, ou portails d'entrée, sont les suivants: Excite, Nomade, Hachette, Francité, Voilà, Yahoo, Lycos, et Hotbot.

Speak Your Mind: Parlez haut et fort!

Prepare and record (paying special attention to pronunciation) five announcements to be broadcast on community radio stations. Choose five different topics and give all necessary details.

The Least You Need to Know

➤ The daily national French press is struggling, while regional dailies and thematic weekly or monthly magazines are booming.

➤ French television and radio used to be a state monopoly until the 1980s. There are now over 27 channels available on air, via cable or satellite, but radio still is the number one daytime choice, and the prime time favorite is television.

➤ Verbs expressing commands, wishes, emotions, and feelings are followed by the subjunctive.

➤ Verbs usually followed by the subjunctive must be followed by an infinitive if the subject of those verbs is the same as that of the verb of the "que" clause.

➤ France is among the slowest on the information superhighway, mainly because of the Minitel, the phone-based miniterminal invented in 1982.

Je vous ai compris! Answers

1.

	LM	LF	LB	LE	OF
Quotidien régional					X
Quotidien sportif				X	
Contient de nombreuses photographies			X		
Offre un supplément multimédia		X			
Le plus ancien		X			
Le plus respecté	X				
À l'origine très à gauche				X	
À l'origine très à droite		X			

2. Answers will vary according to your choice of magazines.

3. Answers will vary according to the TV channels chosen and the program types chosen, for example: pour france3 sur le site internet www.france3.fr/.

un magazine sur la mer	Thalassa
un bulletin d'information	Euronews
	Hebdo de RFO
un film	cinéma de minuit
un jeu	Kadox

319

une émission sportive	magazine du cheval
	magazine olympique
un documentaire	les dossiers de l'histoire
un téléfim	policier: L'inspecteur Lavardin
une émission littéraire	Texto
une émission de variétés	Eurovision 2000

4. Answers could vary, but here are some examples: Je n'ai pas le temps de regarder la télévision.

Si je n'achète psa le cable, je n'ai aucun programme intéressant.

Je préfère la compagnie d'un bon auteur.

Je je ne veux pas que mes enfants regardent des programmes violents.

Part 6

How Does France Work ... and Play?

Two interesting concepts that are truly French are actually exact opposites, but equally important on the French scene. They are the "petit commerce" or traditional retail specialty shop and "le supermarché," a unique take on large-scale, sell-everything stores. You'll learn how opposites attract and how to make the best of both worlds.

Métro, boulot, dodo ... Despite this dreary motto: commuting, working, sleeping, there is life after work, and this part tells you how the French spend their ample free time, whether it is a regular weekend hobby or a long-awaited summer vacation. You'll become fluent (linguistically, at any rate) in soccer, biking, boules, and other French favorites.

And by the end of this part—and this book—you'll know enough about the French and the French language to hop on that flight and get your hands into it. Remember, practice makes perfect!

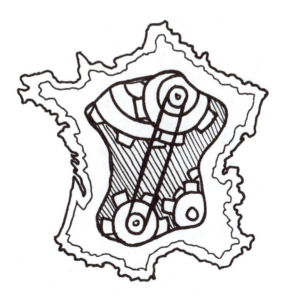

Chapter 23

The Supermarket

In This Chapter

➤ Shopping in modern France

➤ Buying groceries

➤ Shopping in department stores, chain stores, and specialty shops

➤ Using complex and multiple negatives

➤ Making lists

France is often depicted as a community of villages with lively streets lined with scores of small retail shops operated by friendly, talkative owners. While this used to be true, the real picture has changed dramatically over the past twenty years with the arrival of large department stores, chain stores, huge franchises, and shopping malls. Many retailers were forced to close down because they simply could not compete with the prices offered by their mammoth competitors.

Tip du jour

If you live in a big city, there might be a *Maison de la presse internationale* where you will find most French newspapers, magazines, and books. It's worth investing a few dollars each week to buy a magazine that relates to your hobbies or special interests. You'll also keep up-to-date with whatever is going on in France at all times. Why not treat yourself to a subscription?

Les grands magasins

Macy's, Bloomingdale's … These names conjure up images of upscale department stores where designer items, gorgeous décor and friendly service are the norm. There are such stores in France, too, and they date back to Napoleon! But with the fall of the Empire and the dawning of the Republic came the democratization of shopping. There are now department stores for every segment of the population—the rich and the poor, and everyone in between.

In the Beginning

Les grands magasins sont apparus à Paris au milieu du XIXème siècle. En 1853, Napoléon III nomme le baron Georges Haussmann préfet de la Seine. Celui-ci prend en main l'urbanisation de Paris et, pendant 17 ans, il modernise la capitale en agrandissant les rues et en créant les grands boulevards autour de l'Arc de triomphe. Les plus célèbres grands magasins de cette époque sont le Printemps, les Galeries Lafayette, et les Nouvelles Galeries.

Department Stores

l'urbanisation (f.)	urban planning
un grand magasin	department store
une succursale	a branch
un magasin populaire	discount/value store
un magasin haut de gamme	upscale department store
un article	item
courant	ordinary
une enseigne	store name

La plupart de ces grands magasins ont par la suite ouvert des succursales dans les grandes villes de province. Les magasins populaires sont apparus plus tard, entre les deux guerres; ils sont plus modestes, offrent moins de produits de luxe et plus d'articles courants et de qualité inférieure. Il s'agit de magasins comme Monoprix, Prisunic et Uniprix, et Tati.

En 1932, en pleine crise économique, les Galeries Lafayette lancent l'enseigne Monoprix, qui offre "tout à cinq et dix francs." En 1992, les Galeries Lafayette rachètent les Nouvelles Galeries et occupe ainsi le premier rang des grands magasins français (35 000 employés, cinq enseignes, 392 magasins et 115 magasins affiliés).

Incroyable mais vrai

Tati first opened in 1949 in Paris on Boulevard Barbès. It was a small, self-service store specializing in clothes and linens. Today, Tati stores have outrageous Barbie-pink signs, and shopping bags and pink and white checkerboard decoration. Everything is ordinary and dirt-cheap. You can buy a fairytale wedding gown, lacy and white as a dream, for as little as $100! Tati is a big success story: It has eight big stores in Paris, and others elsewhere in France and throughout the French world, as well as in foreign capitals such as Berlin, Jerusalem, and Geneva. Today, the stores sell jewelry and optic products along with their textiles.

In Modern France

Les grandes surfaces ont modifié les habitudes de consommation des Français. Les Français font plus de 60% de leurs courses en grande surface, en général une fois par semaine, et ils achètent en grande quantité pour la semaine, parfois même pour le mois: ils font leurs provisions.

Modern Supermarkets

une grande surface	a large-scale store
une supérette	small grocery store
un supermarché	supermarket
un hypermarché	large-scale supermarket
un rayon	a department, a section
le libre-service	self-serve
la banlieue	surburb
faire des provisions	to stockpile basic necessities

Le paysage urbain a lui aussi été considérablement modifié: Les épiceries de quartier ont pratiquement disparu et les grandes surfaces se sont installées en banlieue ou à l'extérieur des villes. Elles sont généralement ouvertes de neuf heures jusqu'à vingt-deux heures (la plupart ne ferment pas à l'heure du déjeuner) et obligatoirement fermées le dimanche.

On compte au minimun trois types de magasins: la supérette, le supermarché, et l'hypermarché. Les supérettes sont d'assez petits magasins d'alimentation en libre-service d'une superficie entre 120 et 400 mètres carrés. Les supermarchés et hyper-marchés, en plus de l'alimentation, proposent bien d'autres marchandises et services sur une surface beaucoup plus vaste.

Je vous ai compris! 1

Indicate if the following questions are true or false by checking the appropriate column:

Vrai	Faux	
_____	_____	Les Français font la majorité de leurs courses dans les grandes surfaces.
_____	_____	Les Français vont au supermarché une fois par mois.
_____	_____	Les épiceries de quartier se sont installées en banlieue.
_____	_____	Les grandes surfaces ont envahi les centres villes.
_____	_____	Les grandes surfaces sont ouvertes le dimanche.
_____	_____	Les grandes surfaces sont ouvertes tard le soir.
_____	_____	Il existe trois types de grandes surfaces.
_____	_____	On classe les grandes surfaces selon leur taille.
_____	_____	Les supérettes sont en libre-service.

For correct answers see the end of the chapter.

Anatomy of a Giant

Big is beautiful! Crowded downtown centers were ideal for tiny retail shops, but suburbia has allowed the development of sprawling giants with warehouse-style architecture and parking lots the size of several football fields. The up side: free parking and everything under one roof. The down side: It's a jungle out there!

Les Supermarchés

Les supermarchés sont de vastes magasins qui vendent en libre-service un très large assortiment de produits alimentaires. Leurs rayons offrent une très grande variété de produits; on peut déambuler allée après allée dans la section des produits laitiers: les yaourts aux mille genres (nature, aux fruits, maigres, au bifidus); les fromage blancs natures ou aux fruits; les mousses au chocolat, à la crème de marrons; les crèmes au chocolat, au caramel ou à la vanille; les îles flottantes. Sans parler du fromage, préemballé ou à la coupe.

A Shopping Cart Full	
un produit laitier	dairy product
la crème de marrons	chesnut purée
une île flottante	floating island
préemballé	packaged
à la coupe	freshly cut
peser	to weigh
une étiquette	a label
un sachet	a plastic bag
un appareil électroménager	appliance
le linge de table	table linen
le linge de maison	linen
un équipement automobile	car equipment
une allée	aisle
un chariot, un caddie	a shopping cart
la consigne	deposit
la caisse	cash register
un caissier, une caissière	cashier
ranger soi-même	bag-your-own

Un rayon particulièrement impressionnant à voir est celui des vins et spiritueux: allée après allée se succèdent les vins de toutes couleurs et toutes qualités, les bières blondes, brunes ou rousses, les apéritifs, anisés, à base de vins cuits, de grains, les digestifs, à des prix de rêve. Certains magasins proposent même des clubs de dégustation!

Ces magasins sont en libre-service: Si vous achetez des fruits et des légumes, vous devrez les peser vous-même sur une machine qui vous donnera une étiquette à coller sur le paquet ou le sachet.

Sound Advice

Hypermarché: silent "h" + "y" sounds like the French "I" (*ee*)

Mar**ch**é: "sh" sound

Rayon: two syllables: rai-yon (nasal "on")

Lib**re**-service: the "e" in bold is pronounced

En plus des produits courants, on trouve au supermarché des appareils électroménagers (les produits "bruns") et audiovisuels, des livres, des vêtements, de la lingerie, du linge de table et de maison (le "blanc"), des articles de sport, de l'équipement automobile, électrique.

Les consommateurs déposent leurs achats dans un chariot ou "caddie" soumis à un système de consigne: Vous devez introduire une pièce de 10 francs dans un petit boîtier pour pouvoir libérer le chariot de son stationnement.

Le concept de libre-service se retrouve aussi à la caisse: Vous devez ranger vous-même vos achats dans les sacs, toujours en plastique. Une fois vos courses payées, ne laissez pas votre chariot sans surveillance car il se pourrait fort bien que le contenu disparaisse!

On peut citer dans cette catégorie les marques Cora, Casino, Carrefour, Auchan, Continent, Leclerc.

Les Hypermarchés

Un hypermarché est un supermarché géant souvent installé dans une galerie marchande. Tout est à grande échelle dans un hyper. On y trouve de nombreuses caisses de sorties (plus de 20) et un parc de stationnement immense avec souvent plus de 1000 emplacements. Les chariots sont nombreux, en moyenne plus de 1000, et il y a également une dizaine de pompes à essence. Ils sont très bien desservis par les transports en commun (bus et parfois métro).

Shopping on a Large Scale	
a grande échelle	large-scale
l'électroménager (m.)	appliances
une pompe à essence	gas pump
la galerie marchande	integrated shopping mall
la livraison à domicile	home delivery
la parapharmacie	personal care products
une liste de mariage	bridal registry
un bon d'achat	gift certificate

On peut tout acheter dans un hyper et les services y sont nombreux: la nourriture, certes, mais aussi des services comme le crédit, les assurances, les vacances, des distributeurs automatiques de billets, la livraison à domicile, la parapharmacie, un bureau de poste, des listes de mariage, des bons d'achat.

On retrouve les mêmes noms que pour les supermarchés: Cora, Casino, Carrefour, Auchan, Continent, Leclerc.

Je vous ai compris! 2

Read the previous passage again and list the following:

Three elements proving that service is not part of this type of store:

_____

_____

_____

Three examples of items not found in North American department stores:

_____

_____

_____

Take your shopping list for the grocery store and translate it into French. Make it a weekly habit!

Correct answers are at the end of the chapter.

Warehouse Style: *Les magasins entrepôts*

Ce concept n'est pas français du tout; c'est une des conséquences de l'union européenne. Un des premiers magasins entrepôts à s'implanter en France a été Ed (European Distribution), une chaîne allemande. Ces magasins ressemblent à d'immenses hangars, aucun effort n'est fait pour dissimuler l'électricité et la plomberie, les produits sont empilés jusqu'au plafond et il n'y a jamais personne pour vous renseigner ou vous servir. Ils n'offrent ni choix ni service et on se jure chaque fois qu'on n'y retournera plus jamais, mais rien n'y fait: On y revient toujours car leur politique d'achat de masse leur permet d'offrir des prix que nul autre magasin ne peut afficher! Mais la majorité des français n'a pas encore réussi à s'habituer au caractère froid et impersonnel de ces magasins et préfère les supermarchés et hypermarchés "bien français."

Complex and Multiple Negatives

As we saw earlier, there is more than one way to say "no." Beyond the basic "ne ... pas" negative form are many richer, more complex formulations, as shown in the sentences taken from the previous passage:

Complex and Multiple Negatives	
ce n'est pas français du tout	not ... at all
aucun effort n'est fait	no (effort)
il n'y a jamais personne	never anyone
ils n'offrent ni choix ni service	neither ... nor
qu'on n'y retournera plus jamais	never again
rien n'y fait	nothing
nul autre magasin ne peut afficher ces prix	no other
la majorité n'a pas encore réussi	not yet

Attention!

When used as subjects, negative markers are placed before *ne:*

Personne ne va dans les épiceries de quartier.

Nul ne va dans les épiceries de quartier.

Aucun entrepôt ne s'installe en centre ville.

Rien n'est agréable dans les magasins entrepôts.

Note that in all cases the first part of the basic negative form, "ne," is used, and that with the exception of "pas du tout" and "pas encore," the second part, "pas," is replaced with another word or phrase.

Some forms actually combine two negations: For example, "ne ... plus jamais" (ne ... plus + ne ... jamais) and "ne ... jamais personne" (ne ... jamais and ne ... personne). Two (or even three) negative forms can be combined and still retain a negative meaning provided "pas" is removed from the negative phrase and "ne" is used only once.

Aucun magasin **n'a jamais** offert des prix aussi bas.

Plus personne ne va **jamais** dans les petits magasins.

Il **n'y a plus ni** choix **ni** service dans les magasins entrepôts.

The Chain Gang: *Les magasins de chaîne*

Ce sont de grands magasins spécialisés dans un domaine, avec des succursales dans toutes les grandes villes de France. Ce quasi-monopole dans un domaine a entrainé le déclin et même souvent la disparition des petits commerçants spécialisés dans ce domaine. Les plus connus tournent autour du bricolage, la construction et la quincaillerie, tels Castorama ou Leroy-Merlin; d'autres se spécialisent dans la culture et les loisirs comme la FNAC où on peut trouver disques, livres, vidéos, équipement photo, informatique, billetterie pour les concerts et spectacles; d'autres vendent de l'électroménager, comme Darty, de l'ameublement, comme Conforama, des jouets, comme Toys R Us, ou de l'équipement sportif, comme Décathlon et Go Sport; enfin, certains magasins se spécialisent dans les vêtements (Kiabi) ou les chaussures (Chauss'Land).

Chain Stores

la construction	building
la quincaillerie	hardware
la plomberie	plumbing
le rayon informatique	computer equipment isle
la billetterie	ticket sales office
un jouet	toy

Je vous ai compris! 3

Would you know where to go if you have something special on your shopping list? Read the entire "Anatomy of a Giant" section again and indicate which store sells what by checking the appropriate column(s):

	vêtements	culture	sport	aliments	électroménager	meubles	quincaillerie
Auchan	_____	_____	_____	_____	_____	_____	_____
Carrefour	_____	_____	_____	_____	_____	_____	_____
Castorama	_____	_____	_____	_____	_____	_____	_____
Conforama	_____	_____	_____	_____	_____	_____	_____
Darty	_____	_____	_____	_____	_____	_____	_____
Décathlon	_____	_____	_____	_____	_____	_____	_____
FNAC	_____	_____	_____	_____	_____	_____	_____
Kiabi	_____	_____	_____	_____	_____	_____	_____
Leclerc	_____	_____	_____	_____	_____	_____	_____
Leroy-Merlin	_____	_____	_____	_____	_____	_____	_____

Correct answers are at the end of the chapter.

Making a List

As you have noticed from the entire chapter, there are lots of store types and lots of store names. We have listed their specialties and the products they offer. Let's look at the different ways to list things (this might be particularly useful come Christmastime).

Sound Advice

Remember to drop the "e" before the -*ment* suffix of adverbs: finalement, premièrement, deuxièmement, troisièmement, non seulement.

Certains ..., d'autres ...

Par exemple, ...

(Tout) d'abord, ...; ensuite, ...; enfin/finalement/ pour finir, ...

Premièrement, ...; deuxièmement, ...; troisièmement, ...

Ou (bien) ..., ou (bien) ...

Non seulement ... mais aussi ...

D'une part, ..., d'autre part, ...

Speak Your Mind: Parlez haut et fort!

Compare department stores in France and in the United States in terms of service and services.

The Least You Need to Know

➤ French department stores first appeared in Paris in the middle of the nineteenth century.

➤ A typical "supermarché" or "hypermarché" offers more products and services than North American large scale stores; the only thing it does not offer is service.

➤ Beyond the basic "ne ... pas" negative form are many richer, more complex formulations; the first part of the basic negative form ("ne") is used, and the second part ("pas") is replaced with another word or phrase.

➤ There are many ways to list things, for example, chronologically, sequentially, contrastingly.

Je vous ai compris! Answers

1. V, V, F, F, F, V, V, V, V

2. Three elements proving that service is not part of this type of store:

> 1. Si vous achetez des fruits et des légumes, vous devrez les peser vous-même sur une machine qui vous donnera une étiquette à coller sur le paquet ou le sachet.

> 2. Le concept de libre-service se retrouve aussi à la caisse: vous devez ranger vous-même vos achats dans les sacs.

> 3. Vous devez 'louer' votre chariot.

Three examples of items not found in North American supermarkets: Answers will vary.

3.

	vêtements	culture	sport	aliments	électroménager	meubles	quincaillerie
Auchan	X				X	X	
Carrefour	X		X		X		
Castorama							X
Conforama				X			
Darty					X		
Décathlon			X				
FNAC		X					
Kiabi	X						
Leclerc	X			X	X		
Leroy-Merlin							X

A French Icon: *Le petit commerce*

Le petit commerce, which used to be to France what the Statue of Liberty is to America, has almost vanished from the urban scene. Thousands of small shops closed their doors in the sixties, or were forced to become upscale groceries in order to survive the invasion of the shopping malls (see Chapter 23, "The Supermarket," for more on superstores and chains). Today's corner stores are owned and operated by immigrants, either from Southeast Asia or from North Africa.

However, some types of small shops have survived, because they sell products essential to the French psyche: Bread, pastries, fine foods, cheeses, meats and deli, as well as prepared meals are alive and well in a variety of die-hard stores operated by hard-working *petits commerçants.*

The Bakery: La boulangerie

When large supermarkets began selling bread, scores of bakeries closed because they simply could not compete with the low prices. However, there has been a swing of the pendulum and the French, realizing the difference in quality and taste, are flocking back to their favorite bakers.

A Baker's World

le pâton	unbaked shaped dough
le pétrin	kneading machine
pétrir	to knead
le pétrissage	kneading process
le fournil	bakehouse
la farine	flour
le four	oven
le levain	starter
la levure	yeast
cuire	to bake
la cuisson	baking process

Tip du jour

Listen to an audio tape (of a French radio program, a favorite song, a language learning method) and repeat some sentences aloud for five minutes every day to exercise your listening skills and practice pronunciation. Read a passage in French, too, a few pages of a novel or an article. Make sure to write down any new vocabulary words and practice using the words you learned.

Give Us This Day Our Daily Bread

Les Français consomment de nos jours cinq fois moins de pain qu'au début du siècle (de 328 kg par personne et par an en 1900, la consommation moyenne est passée à 58 kg aujourd'hui). Mais ils n'en restent pas moins des amateurs avertis, très attentifs à la qualité. Les Français font confiance, en priorité, aux boulangeries artisanales, qui produisent plus de 70% du pain distribué. En dépit d'une uniformisation amorcée dans les années 40, la France dispose encore de nos jours de 81 pains régionaux, sans compter l'éventail des pains spéciaux. Le marché reste néanmoins largement dominé par la baguette (80% des achats).

Les industriels de la boulangerie/pâtisserie et grandes surfaces tiennent 30% du marché. En effet, la création de fours (terminaux de cuisson) pour la pâte surgelée crue a encouragé le développement du pain industriel. Un croissant sur deux est aujourd'hui produit industriellement.

La concurrence des supermarchés et de leur pain industriel a causé la fermeture de bien des boulangeries artisanales (35 000 aujourd'hui contre 48 000 en 1965). Heureusement, la loi française est venue au secours des boulangers. Seuls peuvent s'appeler "boulangers" ceux qui, à partir de matières premières choisies, pétrissent le pain, surveillent sa fermentation, le forment et le cuisent sur le lieu de vente pour le consommateur final. Les autres ne peuvent revendiquer que l'appellation "dépôt de pain." Les produits ne peuvent à aucun moment de la production ou de la vente être surgelés.

Je vous ai compris! 1

Visit the following Web site between 5:00 A.M. and 8:00 P.M. local time (France's time is EST plus six hours): 212.198.46.45/. It offers a virtual tour of a real French baker's oven. Take note of all the items you can identify in French. Make a list of these items and check them against the vocabulary table at the beginning of this section.

Bread is a basic product that is part and parcel of the French identity: 94 percent of French households buy bread, out of which 62 percent do so on a daily basis; 96 percent of French households believe that bread is part of a healthy diet; 97 percent of the French buy their bread in a bakery, rather than in a supermarket.

Je vous ai compris! 2

Answer the following questions based on information from the preceding passage.

Quelle est la consommation annuelle de pain en France?

Où la majorité des Français achètent-ils leur pain?

Quelle est la meilleure vente de pains en France?

Combien de pains régionaux peut-on trouver en France?

Comment est réparti le marché de la vente du pain?

Quelle invention a permis le développement de la boulangerie industrielle?

Quelle est la différence entre une boulangerie artisanale et un dépôt de pain?

Combien de boulangeries artisanales ont fermé depuis 1965?

Quel pourcentage de croissants est fabriqué artisanalement?

Correct answers are at the end of the chapter.

The Official Palace Baker

Dans sa boulangerie située Boulevard Haussman en plein cœur de Paris, René Saint Ouen prépare soigneusement sa pâte. Fournisseur du président Chirac, le boulanger approvisionne le palais de l'Elysée deux fois par jour. Quoique plus cher que les autres, le pain est travaillé chez lui à la manière traditionnelle, sans apport d'additifs, ce qui lui donne un goût spécial. Autre originalité de cet artiste-boulanger: des brioches en forme d'animaux ou de monuments nationaux. Son plus grand succès: la Tour Eiffel!

Expressing Opposition

There is more than the toddler's "no!" when it comes to objecting, opposing, and contrasting, as shown in the following phrases, taken from the two previous passages:

Mais ils **n'en** restent **pas moins** des amateurs avertis.

En dépit d'une uniformisation, la France dispose encore de 81 pains régionaux.

Le marché reste **néanmoins** largement dominé par la baguette.

Quoique plus cher que les autres, le pain est travaillé chez lui à la manière traditionnelle.

Opposing and Objecting	
mais	but
ne ... pas moins	nonetheless
en dépit de	despite, in spite of
malgré	despite, in spite of
néanmoins	nevertheless
quoique	although
bien que	although
même si	even though
cependant	however
toutefois	however
pourtant	yet

The Subjunctive in Subordinate Clauses

When followed by a clause and not by a noun or an adjective, the following opposition markers require that the verb of the clause be in the subjunctive:

➤ bien que and quoique:

Bien que les Français soient attachés à leur pain, ils en consomment moins qu'avant.

Quoiqu'il ait un prix plus élevé que les autres, le pain de Monsieur Saint Ouen a meilleur goût.

Remember the *élision* (dropping the final e) in the following words when the next word begins with a vowel or a silent h: *en dépit de, bien que, quoique.*

➤ Other markers also require that the verb of the clause be in the subjunctive: pour que, afin que (so that); pourvu que (provided); à moins que (unless); sans que (without).

Pour que le pain ait bon goût, René Saint Ouen n'emploie pas d'additifs.

Les Français acceptent de payer le pain plus cher pourvu qu'il soit bon.

Je vous ai compris! 3

Read the following sentences and rewrite them replacing *cependant* in the second segment of the sentence with an opposition marker (*bien que* or *quoique*) in the first segment of the proposition. Remember that these markers must be followed by the subjunctive.

Les Français sont attachés à leur pain cependant ils en consomment moins qu'avant.

Les Français aiment les produits *made in France* cependant ils achètent des produits étrangers.

Les consommateurs veulent des produits exotiques cependant ils se préoccupent peu des pratiques de conservation.

Le petit commerce disparaît du centre ville cependant on peut parfois découvrir une vieille boutique au coin d'une rue.

Le marché est uniformisé cependant on peut encore trouver quelques spécialités.

Correct answers are at the end of the chapter.

The Café

Cafés are the meeting places of choice in France. People go there any time of the day and night to read the paper, catch up on the latest gossip, meet friends, talk about nothing, just watch people and listen in on their conversations. Cafés have even spawned their own literary genre, known as "les brèves de comptoir," which usually are ramblings or oxymorons stuttered by drunk customers!

Incroyable mais vrai

It was in 1686 that the first coffee shop opened in Paris, le Procope. Today there are 12,000 cafés in Paris alone! There are more café than bakeries in France.

At the Café

une goutte	a drop
fort	strong
amer	bitter
la limonade	pale ginger ale-type drink
une rondelle de citron	a slice of lemon
un zeste	(lemon) zest
un citron pressé	lemonade
une orange pressée	orangeade
un lait fraise	strawberry milkshake
le sirop d'orgeat	almond syrup
de menthe	mint syrup
de grenadine	pomegranate syrup
un coca	a Coke
le serveur	waiter
la serveuse	waitress
l'addition	the check
le pourboire	tip
compris	included

Vous voulez vous plonger dans la vie mouvementée d'un café français? Allez faire un tour sur le site: www.greencafe.com/paris/index.html.

Couleur Café

Certains cafés de Paris sont très réputés en hommage aux hommes et femmes célèbres qui les ont fréquentés: par exemple, les auteurs existentialistes Jean-Paul Sartre, Simone de Beauvoir, et Albert Camus étaient des habitués du café de Flore (172 boulevard Saint-Germain) et du café Les Deux Magots (170 boulevard Saint-Germain) à Saint-Germain-des-Prés, sur la rive gauche.

Les cafés sont ouverts tous les jours de sept heures du matin à une ou deux heures du matin.

Vous désirez?

This is the way you will most likely be greeted by the waiter when you sit down for a drink. But contrary to what the name of the place suggests, your choices are not limited to coffee!

Quelles consommations prend-on dans un café? Évidemment, on y boit du café: un expresso ou "petit noir," qui peut coûter jusqu'à 10 francs; une noisette (expresso avec une goutte de lait); un café au lait; un café crème; un café glacé. Et pourquoi pas un mazagran (café accompagné d'eau-de-vie ou de rhum)? Le café est fort, épais, voire amer, et ne ressemble surtout pas à un jus sans goût et à peine coloré (appelé avec mépris le "jus de chaussettes").

Mais les consommations sont variées.

➤ **boissons alcoolisées:** la bière, à la pression ("un demi") ou en bouteilles, ou le panaché (mélange bière et limonade); ou tout l'éventail des apéritifs, le plus commun étant le pastis (le Ricard, le plus connu, est aussi surnommé "petit jaune," et se consomme additionné de cinq fois son volume d'eau), qui devient "une mauresque" additionné de sirop d'orgeat, une "tomate" avec de la grenadine, et "un perroquet" additionné de menthe

Attention!

All time markers require the indicative in the subordinate clause, with the following exceptions, which require the subjunctive: avant que (before); jusqu'à ce que, en attendant que (until).

Il faut manger le pain avant qu'il devienne sec.

Il faut laisser le levain reposer jusqu'à ce que la fermentation soit terminée.

Le boulanger prépare le four en attendant que le pain finisse de lever.

➤ **boissons à base d'eaux minérales ou de lait:** un Perrier zeste, Perrier-rondelle (de citron), ou Perrier-menthe (sirop de menthe et Perrier); une orange ou un citron pressé; un lait fraise ou un lait menthe

➤ **boissons gazeuses:** un "coca," un Orangina (à la pulpe d'oranges); un Gini (aux extraits d'écorces amères)

Au moment de partir, pour appeler le serveur, levez un doigt vers lui et dites "Garçon (ou mademoiselle), l'addition, s'il vous plaît!" N'oubliez pas le pourboire, jamais obligatoire en France car il est compris dans le prix des consommations, mais toujours apprécié, surtout si vous voulez devenir un "habitué"!

Je vous ai compris! 4

Make a list of all the supplies you will need to buy in order to prepare the following drinks:

une noisette: _____

un lait menthe: _____

une orangeade: _____

un panaché: _____

une mauresque: _____

Answers are at the end of the chapter.

Le bureau de tabac

The cigarette butt hanging from the mouth of a béret-wearing, bicycle-riding Frenchman is a mainstay of the stereotype, and indeed the French smoke a lot, especially the youngest segments of the population.

Every French citizen can recall the image of the late Serge Gainsbourg, ill-shaven, a half-smoked brown-tobacco cigarette hanging from his mouth, and his famous song "Dieu est un fumeur de Gitanes," which he sang in a duet with actress Catherine Deneuve.

Tobacco Talk	
le tabac	tobacco
tabac blond/brun	Virginia/Brown, dark tobacco
un paquet	a pack
une cartouche	a carton
un briquet	a lighter
une allumette	a match
un cendrier	an ashtray
un mégot	cigarette butt
fumer	to smoke
griller une cigarette	to light up (colloquial)
une clope	cigarette (slang)
un cigare	cigar
une Gauloise	brand of brown tobacco cigarette
mâcher	to chew
fumer comme un pompier	to be a heavy smoker

A Short History of Tobacco in France

The name *tabac* is thought to be derived from the Caribbean island of Tobago where the plant was cultivated.

L'histoire du tabac en France remonte à la découverte du Nouveau Monde. En 1492, Christophe Colomb découvre le tabac et l'importe pour la première fois en Europe. Dans les cours royales espagnole et portugaise, il a longtemps été utilisé comme plante décorative. Par la suite, on découvre ses vertus médicinales. En 1560, Jean Nicot introduit le tabac en France et le fait connaître pour ses "effets curatifs." Nicotine was given its name, *Nicotiana Tabacum*, in honor of Jean Nicot, who introduced tobacco to France.

Word Derivation: From Content to Container

Many names referring to containers can be derived from the word referring to their contents by adding a suffix: *-ier* or *-ière*, depending on whether the word will be masculine or feminine. But sometimes minor changes occur in the process, and whether the noun for the container will be masculine or feminine is anyone's guess.

Sound Advice

Tabac: The final "c" is not pronounced. Mégot: The final "t" is not pronounced. Cendrier: Has three syllables—cen-dri-ier.

le sucré—le sucrier: drop the final *-e* then add *-ier*

le tabac—la tabatière: change *-c* to *-t* then add *-ière*

Ce n'est que vers 1843, avec le début de l'industrialisation, qu'a été inventée et fabriquée la première cigarette. Cette nouvelle forme de tabagisme va marquer le début de l'expansion réelle du tabac. En 1875, la consommation de tabac était de 840 grammes par an. En 1877, la régie Française des tabacs lance les Hongroises, qui deviendront les Gauloises un peu plus tard, le plus grand succès du tabac français.

Je vous ai compris! 5

Here is a list of nouns. Find the nouns referring to the containers designed for them (a unilingual or bilingual dictionary will be helpful to confirm your educated guesses).

Contents	Container (Masculine)
le beurre	_____
le poivre	_____
le vinaigre	_____
l'huile	_____
la moutarde	_____
la salade	_____

Contents	Container (Femimine)
le café	_____
le thé	_____
la soupe	_____
le sel	_____
les bonbons	_____

Correct answers are at the end of the chapter.

Incroyable mais vrai

Even though there is a legal age to purchase tobacco products in France, it is not enforced and any youngster can buy cigarettes in any tobacco shop in France without raising anyone's eyebrows.

En 1944, l'arrivée des soldats américains venus libérer l'Europe, mâchant leur chewing gum et fumant leurs cigarettes blondes, s'est accompagnée d'une invasion rapide de l'Europe par les tabacs blonds et les grands fabricants de cigares américains.

Ce n'est que depuis la dernière guerre mondiale que le tabac s'est répandu à des classes importantes de la société et aux femmes. La cigarette filtre, qui avait été inventée en 1930, n'a réellement été commercialisée qu'en 1950.

The Tobacco Shop

On va au bureau de tabac pour acheter des cigarettes, des cigares ou du tabac. En France, les gens fument énormément, que ce soit des blondes ou des brunes. La marque la plus connue des cigarettes de tabac brun est la Gauloise. Les cigarettes sont vendues par paquet de 20.

Les bureaux de tabac vendent également des timbres fiscaux, des timbres postes, des télécartes pour les téléphones publics, des journaux, des bonbons et de petites friandises.

You use different prepositions to indicate that you are going to an impersonal or abstract place or to the premises of the owner:

> On va au bureau de tabac (à + name of place).

> Les Français achètent leur pain à la boulangerie (à + abstract, "the bakery").

Attention!

Although words ending in *-al* make their plural in *-aux*, there are some exceptions, which actually follow the general rule of "plural = singular + s." One example is *étal* (plural: *étals*). Other *-al* words that take the *-s* plural ending are: un bal, un carnaval, un chacal, un festival, un régal, un récital.

But ...

> Je vais chez le boulanger (chez + premises of owner).

> Les Français achètent leur pain chez le boulanger (chez + collective premises, "the baker's").

The Farmer's Market: *Le Marché*

If you've seen the teleplay, *A Year in Provence,* then you know what an experience a French farmer's market is. The only impression the television series could not convey was the profusion of wonderful aromas!

A Versatile Market

Les courses au supermarché, c'est une obligation. Le marché, par contre, c'est le plaisir de la promenade, on y passe une heure ou deux, on y va en famille surtout si c'est un dimanche matin, on y cherche l'inspiration pour le repas à venir. Les étals croulent sous l'abondance des productions régionales: fruits, légumes, poissons, fromages et fleurs. Tous les sens sont stimulés: Les plaisirs visuels sont associés aux plaisirs olfactifs, l'ouïe est sans cesse sollicitée par les appels des marchands, et les papilles sont stimulées par les petits morceaux de fromage, de saucisson ou de fruits qui sont autant d'invitations à la gourmandise: "Goûtez-moi ça, ma petite dame!"

The Market le sens	Sense
olfactif	olfactory
l'ouïe	the sense of hearing
une papille	tastebud
un étal	stall
la mémoire	the memory
le souvenir	a memory
inoubliable	unforgettable
une effluve	emanation

More Opposing Words

The following sentence contains one expression of contrast between two elements: going to the market and going to the grocery store.

> Le marché, **par contre**, c'est le plaisir de la promenade.

Here are a few more ways to contrast two elements:

au contraire: conversely

au contraire de: contrary to

contrairement à: unlike

à la différence de: unlike

Le marché, **au contraire**, c'est le plaisir de la promenade

Au contraire du supermarché, le marché, c'est le plaisir de la promenade

à la différence du supermarché, le marché …
Contrairement au supermarché, le marché …

Attention!

Remember to contract the prepositions **à** and **de** with the definite articles **le** and **les** and to drop the final **e** in **de** (**d'**) when followed by a vowel or a silent **h**.

Speak Your Mind: Parlez haut et fort!

Supermarket or specialized retail store: What are the advantages and the disadvantages of each?

The Least You Need to Know

➤ Even though supermarkets and shopping malls have taken over, a few types of die-hard smaller stores remain: the bakery, the café, the tobacco shop, and the farmers' market.

➤ Several categories of words express contrast and opposition; some are followed by nouns, others by clauses in the indicative or in the subjunctive.

➤ Some markers that express opposition, intention, or provision require the use of the subjunctive in the subordinate clause.

➤ Names of containers can be derived from the nouns for their contents by adding the suffix *-ier* or *-ière* to the "content nouns."

Je vous ai compris! Answers

1. 58kg/dans une boulangerie/la baguette (80% des ventes)/81/30% industriel de la boulangerie; 70% boulangerie artisanale/la création de fours terminaux/Un dépot de pain ne fait que vendre un pain cuit dans une boulangerie à l'extérieur; Dans une boulangerie artisanale, on, pétri le pain, à partir de matières premières choisies, on surveille sa fermentation, on le forme et le cuit sur le lieu de vente pour le consommateur final/13 000/50%.

2. Quoique les Français soient attachés à leur pain, ils en consomment moins qu'avant.

Bien que les Français aiment les produits "made in France," ils achètent des produits étrangers.

Bien que les consommateurs veuillent des produits exotiques, ils se préoccupent peu des pratiques de conservation.

Bien que le petit commerce disparaisse du centre ville, on peut parfois découvrir une vieille boutique au coin d'une rue.

Quoique le marché soit uniformisé, on peut encore trouver quelques spécialités.

3. café/lait; lait/sirop de menthe; sirop d'orange/eau; bierre/limonade; pastis/sirop d'orgeat

4. un beurrier/un poivrier/un vinaigrier/un huilier/un moutardier/un saladier

5. la cafetière/la théière/la soupière/la salière/la bonbonnière

Five Weeks Paid Vacation

The Front Populaire government of Léon Blum in 1936 marked the heyday of social rights and a significant improvement of workers' lives. The first measures implemented under this government were a 7 to 20 percent salary increase, a maximum of 40 hours of work per week, and the cherry on the sundae: two weeks of paid vacation.

Who Gets Five Weeks with Pay?

French households devote more of their budget to leisure and culture than to housing equipment and maintenance (7.4 percent versus 7.3 percent). About 62 percent of them take annual vacations. Is that "art de vivre" or what?

Paid Vacations	
un congé	holiday
la hausse des salaires	salary increase
une colonie de vacances	vacation camp

Les congés payés sont apparus pour la première fois en France en juin 1936 avec les accords de Matignon qui prévoyaient entre autres deux semaines de congés payés pour tous les salariés français.

L'année suivante, *le billet Lagrange* offre aux salariés qui partent en congés annuels une réduction de 40% sur le transport en chemin de fer. C'est aussi l'époque des colonies de vacances (immortalisées en 1966 par Pierre Perret avec sa chanson "Les jolies colonies de vacances") et du développement des auberges de jeunesse. Vous pouvez lire les paroles de cette chanson sur le site suivant: altern.net/paroles/Auto/PierPer/PierPer01.html.

De 1956 à nos jours, la durée des congés payés légaux n'a fait que s'allonger: trois semaines en 1956, puis quatre semaines et, en 1982, cinq semaines par an.

Je vous ai compris! 1

Pretend you want to be a holiday camp counselor: Go to www.geocities.com/Colosseum/Rink/2104/FRA_formulaire.html and fill out the form, describing your personality, interests, and abilities to work with children.

Vacationing the French Way

Five weeks paid vacation—do they really take it all? When? Where do they go? How? And what do they like to do during their vacations?

When They Go: The Great Summer Migration

La majorité des Français (85%) prend ses vacances en juillet et en août, pour de multiples raisons. Historiquement, la loi prévoyait que les congés payés devaient se prendre entre le 14 juillet et le 31 août. De plus, cette période coïncide avec les vacances scolaires (*grandes vacances*). Avec l'allongement des congés, bien des Français découvrent les loisirs. Ils sont de plus en plus nombreux à partir en vacances: 8 millions en 1950, plus de 30 millions aujourd'hui.

The Great Summer Migration

l'allongement (m)	lengthening
un loisir	free time, leisure time
un bouchon/un embouteillage	traffic jam
la cohue	crowd
le littoral	coast
la meute	the mass, the pack
le troupeau	flock
à outrance	excessive
le surpeuplement	overcrowding

Incroyable mais vrai

Léo Lagrange (1900–1940) is a prominent figure in the social rights movement that began in the 1930s. This brilliant lawyer persuaded the socialist government of Léon Blum to invest in leisure for the workforce and to create a Department of Sports and Leisure. Here are some of his most famous achievements:

➤ The 40-hour workweek

➤ Forty percent off railway tickets for annual vacation trips

➤ Sixty percent off some designated trains

➤ Special weekend rates on train fares

➤ Special hotel rates for annual vacations

➤ Special rates on tourist and sports facilities

➤ Specially priced Mediterranean cruises

➤ Special weekends in Paris for farm workers

➤ Special rates for workers' unions and youth organizations in major theatres and museums

➤ The Cannes Film Festival

En été, tout fonctionne au ralenti dans les grandes villes désertées par leurs habitants. Les petits commerces ferment pendant quelques semaines (la fermeture annuelle du mois d'août). À Paris, on parle même de l'exode annuel qui vide la capitale: en août il y a plus de touristes que de Parisiens!

Cette migration entraine aussi la cohue dans les gares, dans les aéroports et dans les destinations privilégiées par les vacanciers. Les villes du littoral méditerranéen et atlantique sont envahies, et leurs résidents à l'année rejettent la meute de touristes, dénoncent les troupeaux de vacanciers et critiquent vivement le surpeuplement saisonnier, les problèmes de pollution des plages et le développement à outrance des régions touristiques.

Tip du jour

Whenever you sit down for your fifteen minutes of daily French, set aside a couple of minutes to review material from the previous day. Do it every day, weekends and holidays included. A doctor's note will be no excuse!

Verb Agreement with Collective Nouns and Expressions of Quantity

A collective noun is a word denoting a number of persons or things considered as one group or as a whole:

> a flock (of geese), the government, a couple

Even though the meaning of these words is plural, their grammatical form is singular and therefore the verb should be in the third person singular:

> Le gouvernement a voté la cinquième semaine de vacances.
>
> La famille française prend ses vacances d'été à la mer.
>
> La foule envahit la plage.

For expressions of quantity, you may or may not have a choice.

With the following expressions of quantity, the verb is always plural: la plupart, bien des, beaucoup de, un peu de, assez de, trop de, de plus en plus de:

> La plupart des Français continuent ...
>
> Bien des Français découvrent ...

Attention!

Two things to remember about dates: Use ordinal, not cardinal numbers (with the exception of *premier*): du **1er** mai au **31** octobre. The right order is weekday–number–month–year.

With expressions of quantity preceded by a definite article, the verb is always singular:

> La majorité des Français prend ses vacances l'été.

With expressions of quantity preceded by an indefinite article, the verb can be singular or plural depending on which element one wants to emphasize:

> Une foule de touristes arrive (emphasis on *foule*).

> Une foule de touristes arrivent (emphasis on *touristes*).

Sound Advice

A few tricky words here:

août: one syllable, silent "a": ou(t)

cohue: two syllables, silent "h": co-u

coïncide: three syllables: co-in-cide

envahies: three syllables, silent "h": en-va-i

aéroport: four syllables: a-é-ro-por

Where They Go

As many songs attest, the hottest spot is the beach. Being able to afford a vacation on the French Riviera has long been a status symbol in France. It is still true for most French people, although the newest and hippest trend seems to be cultural resourcing in the unspoiled *arrière-pays* or back country: Lubéron, and its town of Saint-Rémy-de Provence, is the place to be seen these days, with celebrities such as Princess Caroline of Monaco, as well as actors and writers.

Where's the Beach?

La plupart des Français (80%) continuent de prendre leurs vacances en France. 46% des Français partent au bord de la mer, en particulier sur les plages du Sud-est, au bord de la Méditerranée, et sur les plages du sud-ouest, au bord de l'Atlantique. Cette migration crée d'énormes problèmes sur les routes (bouchons et embouteillages): L'Autoroute du Soleil voit s'accumuler des millions d'automobilistes avides de chaleur et de détente.

Je vous ai compris! 2

What do you pack when you go on holidays? Classify the list of items in three categories.

	Indispensable	Utile	Agréable
de l'écran solaire	_____	_____	_____
des habits adaptés au climat	_____	_____	_____
des chaussures adaptés au climat	_____	_____	_____
des médicaments (antibiotique, aspirine ...)	_____	_____	_____
une ordonnance médicale	_____	_____	_____
un appareil photo	_____	_____	_____
des pellicules (photographiques)	_____	_____	_____
des lunettes de soleil	_____	_____	_____
un maillot de bain	_____	_____	_____
vos numéros de téléphone d'urgence	_____	_____	_____
les adresses de vos amis	_____	_____	_____
du linge de toilette	_____	_____	_____
une tente	_____	_____	_____
un sac de couchage	_____	_____	_____
des draps	_____	_____	_____
un petit sac à dos	_____	_____	_____
un adaptateur de prise électrique	_____	_____	_____
une casquette	_____	_____	_____
un livre	_____	_____	_____
du papier et des stylos	_____	_____	_____

Beachfront Activities

la plage	beach
la plongée sous-marine	diving
la promenade	taking a stroll
la randonnée	hiking

Beachfront Activities	
la voile	sailing
la planche à voile	windsurfing
le ski nautique	waterskiing
le pédalo	pedal boat
la pêche	fishing
la baignade	swimming
le bronzage	sunbathing
la thalassothérapie	sea water therapy

Mais les plages de Bretagne, de Normandie et de la mer du Nord attirent également les vacanciers, même si la température y est moins chaude. L'ambiance familiale et les tarifs abordables font oublier les journées pluvieuses et la fraîcheur de l'eau!

Green with Envy: Le tourisme vert

In the past 20 years or so, many French people, particularly families, tired of Côte d'Azur's overpopulated beaches, insane prices, and unwelcoming inhabitants, started looking elsewhere for a truly rewarding and relaxing vacation experience. Many turned to the countryside and the mountain regions, still relatively unspoiled and surprisingly hospitable.

Country Charm	
le sentier	path
un étang	pond
pêcher	to fish
pittoresque	picturesque
l'artisanat (m)	arts and crafts
la vannerie	basketweaving
le tissage	weaving
un prix forfaitaire	all-inclusive price
un forfait	a package
un voyagiste	tour operator
à la carte	custom
un circuit	tour
un pèlerin	pilgrim
une station de ski	ski resort

Attention!

When listing items, the article (definite or indefinite) is usually omitted: petits sentiers, randonnées pédestres, à cheval ou à vélo, étangs, petits villages pittoresques.

De plus en plus de Français vont en vacances à la campagne ou à la montagne pour éviter la foule. Même s'ils sont encore minoritaires (30%), leur nombre augmente régulièrement.

Le tourisme vert présente de nombreux visages: petits sentiers dans les forêts, randonnée pédestres, à cheval ou à vélo, étangs où l'on peut pêcher tranquillement, petits villages pittoresques aux innombrables "vieilles pierres" et trésors d'architecture médiévale. Ce tourisme vert se fait parfois sportif et permet de découvrir une région à vélo ou en canoë-kayak. Il peut aussi prendre un ton artisanal ou culturel en proposant des stages d'artisanat, qui remettent à l'honneur poterie, vannerie, tissage, ou des visites de musées et de monuments; il existe même des vacances musicales ou théâtrales.

Venturing Beyond the Border: Le tourisme à l'étranger

Les voyages à l'étranger ont pris un essor extraordinaire ces dernières années, grâce notamment à la baisse des prix des billets d'avion pour les destinations internationales. On assiste à une progression particulière des destinations soleil: De nombreux Français partent en Espagne ou en Italie, ou parfois plus loin, en Tunisie ou à Haïti. Des voyagistes comme le Club Méditerranée, Airtour, ou Vacances 2000 offrent des formules très variées de tourisme.

Le Club Méditerranée a été fondé par Gérard Blitz en 1950. Le concept a été par la suite repris et développé par Gilbert Trigano, propriétaire d'une entreprise qui était spécialisée dans la vente de matériel de camping et d'articles de sport. Ce type de vacances proposait, pour un prix forfaitaire, des petits déjeuners abondants, des buffets copieux et de nombreuses activités et animations. Récemment, les vacances forfaitaires ont été remplacées par le concept des vacances à la carte, ce qui permet d'individualiser les activités en fonction des goûts de chacun.

Agreement of the Past Participle with Être

The past participle of verbs conjugated with *être* agrees in gender and number with the subject of the verb. Believe it or not, there are no exceptions to this rule!

Le Club Méditerranée a été fondé en 1950.

Le concept a été repris.

Une entreprise qui était spécialisée dans la vente de matériel de camping et d'articles de sport.

Les vacances forfaitaires sont remplacées par les vacances à la carte.

> ### *Je vous ai compris! 3*
>
> Go to www.nouvelles-frontieres.fr/pub/nf.pub. Click on one of the options offered (snow vacations, cruises, sea therapy, weekend getaways, diving vacations, language learning vacations) and browse the various packages available (alternatively, obtain a brochure for all-inclusive vacation packages from a travel agency and randomly select five packages). Then, write a ten- to fifteen-line paragraph stating which package you would choose, explaining the reasons for your choice, describing how you would spend your time, and listing what you would pack.
>
> Go to www.paris.org/naviguer. html and more specifically to www.paris. org/Maps/MM/MMF.html and take a virtual tour of Paris' major tourist attractions.

Cultural Sites and Sights

Of course, culture means Paris, its museums, châteaux, monuments, and exhibitions. But all of France is a living encyclopaedia, and you might be surprised at what you will discover!

➤ **Circuits culturels.** Chaque région, chaque ville, chaque village possède des richesses culturelles dignes d'admiration et propose des circuits touristiques qui les mettent en valeur. Vous avez certainement entendu parler des châteaux de la Loire, mais connaissez-vous le circuit des "églises normandes," ou le parcours des pèlerins de Saint-Jacques-de-Compostelle, qui vous permet de retracer, à pied, le chemin suivi dès le Moyen-Âge par les pèlerins qui voulaient se rendre en Espagne?

➤ **Festivals.** L'été est la saison des festivals, surtout dans le sud de la France. Dans le domaine du théâtre, le plus connu est certainement le festival d'Avignon, lancé en 1947. Il met en scène de nombreuses pièces de théâtre, des concerts, des ballets.

Attention!

You will have to use different prepositions to indicate that you are staying in or going to a place:

"à" + city:	à Paris
"au" + masculine country:	au Portugal
"en" + feminine country:	en France
"aux" + plural country:	aux États-Unis
"à" + island country:	à Cuba

La musique fait elle aussi l'objet de plusieurs festivals: musique classique à Aix-en-Provence ou à Orange; jazz à Antibes-Juan les Pins; chanson francophone avec les Francofolies de La Rochelle; musiques du monde à Nantes.

Incroyable mais vrai

Virtually every French city and village has its own summer festival. For the Midi–Pyrénées region alone there are over fifty summer festivals and cultural events scheduled to take place! You can go to their general Web site at www.cr-mip.fr/guide/conv/htm/inter/carte.htm and click on any city on the map to get all the details.

Je vous ai compris! 4

Categorize the most frequently visited sites and attractions into the following: futuristic, traditional, international, quintessentially French.

	moderne	du passé	étrangère	typiquement française
Eurodisney	____	____	____	____
le centre Pompidou	____	____	____	____
la tour Eiffel	____	____	____	____
le musée du Louvre	____	____	____	____
la Cité des sciences de La Villette	____	____	____	____
le Château de Versailles	____	____	____	____
le Futuroscope de Poitiers	____	____	____	____
le Mont Saint-Michel	____	____	____	____
les Châteaux de la Loire	____	____	____	____
le Musée d'Orsay	____	____	____	____
la Cité de l'Espace de Toulouse	____	____	____	____
le Parc Astérix	____	____	____	____
Notre-Dame de Paris	____	____	____	____

The following Web sites might help you find out more about these attractions:

www.paris.org/naviguer.html

www.futuroscope.fr/

www.cite-espace.com/

www.rennet.org/tourism/stmichel/mont.htm

www.geocities.com/Hollywood/Boulevard/8913/chateaux.html

Correct answers are at the end of the chapter.

The Other Holidays

Thanks to generous school breaks, winter vacations are increasingly popular. France boasts top-quality resorts for alpine skiing, particularly in the Alps, where the most recent French Winter Olympics were held.

Les vacances en hiver, pendant les congés scolaires, ont de plus en plus d'adeptes. Leur but est différent des vacances d'été: ce sont des vacances actives, sportives. En effet, on part au ski à Noël, en février, en mars, et parfois même en avril. Les sports d'hiver se pratiquent dans les stations de ski des Alpes, mais aussi des Pyrénées, du Jura, ou des Vosges.

Speak Your Mind: Parlez haut et fort!

Describe your vacations: where you go, for how long, why, when, with whom, what you do, and so on.

The Least You Need to Know

➤ The French use up most of their five-week paid vacations; the overwhelming majority go to the beaches of Southern France between July and mid-August, but winter ski vacations are becoming increasingly popular.

➤ The past participle of verbs conjugated with *être* agrees with the subject of the verb.

➤ You will have to use different prepositions to indicate that you are in or are going to certain countries, and what the gender of the country's name is: *en, à, au, aux.*

➤ Collective nouns, even though they are plural in meaning, are singular in form; therefore the verb should always be third person singular.

Je vous ai compris! Answers

1. Answers will vary depending on your experience with children.

2. Answers will vary depending upon whether you are traveling student class or how big your car is!

3. Answers will vary.

4.

	moderne	du passé	étrangère	typiquement française
Eurodisney			X	
le centre Pompidou	X			
la tour Eiffel		X		X
le musée du Louvre		X		
la Cité des sciences de La Villette	X			
le Château de Versailles		X		X
le Futuroscope de Poitiers	X			
le Mont Saint-Michel		X		X
les Châteaux de la Loire		X		X
le Musée d'Orsay				X
la Cité de l'Espace de Toulouse	X			
le Parc Astérix				X
Notre-Dame de Paris		X		X

Chapter 26

The Sports Scene

In This Chapter

➤ Following French sports: soccer, cycling, and *boules*

➤ Learning about agreement of the past participle of pronominal verbs

➤ France's athletic alternatives: gambling and intellectual games

---

France loves sports. Famous names have left their marks in sailing, horse racing, Formula One racing, and tennis. But France's favorite sport is soccer—"le foot." Soccer is to France what football is to the United States and what hockey is to Canada: a part of the national identity, an almost genetic component of its people's makeup.

This passion for sports is not confined to the stadium or track, though. Thanks to television and the remote control, many French people indulge their love of sports without ever leaving the couch! Hence the phrase "sportif en pantoufles!"

Soccer

Modern soccer—le football—was born in England in the nineteenth century, where it was played in colleges. The first rules were written in 1846. At the time, there could be anywhere between 15 and 60 players on each team! But in 1870, the English Football Association ruled that each team would have eleven players, and the rest, as they say, is history.

Soccer	
une équipe	team
un joueur	player
un filet	net
une rencontre	game, match
la mi-temps	half-time
le temps réglementaire	regulation duration
une prolongation	overtime
un tir au but	shot at goal
le gardien de but	goalie
un coup de pied arrêté	penalty kick
un avant-bras	forearm
la surface de réparation	penalty area
un carton jaune	yellow (warning) card
un carton rouge	red (expulsion) card
un remplaçant	substitute player
un crampon	spikes
un maillot	jersey
un terrain	field

Tip du jour

Put your hobbies to use. If you're an avid golfer, assemble a glossary of French golf terms (the Internet might be an excellent place to start). If cooking is your cup of tea, buy or borrow cookbooks in French and collect menus from French restaurants. You'll find it much easier to memorize words if you can relate to the topic in a personal way.

Football, French-Style

Ce sport fait s'affronter deux équipes de onze joueurs autour d'un ballon rond qu'il faut envoyer dans les filets de l'adversaire. Une rencontre se dispute en deux périodes de quarante-cinq minutes chacune, séparées par une mi-temps de quinze minutes. Dans les compétitions de type Coupe du monde, si à la fin de ce temps réglementaire, les équipes ne se départagent pas, on a recours aux prolongations: deux périodes de quinze minutes chacune. Si à l'issue des prolongations les deux équipes sont encore à égalité, c'est l'épreuve redoutée des tirs au but.

L'usage des mains et des avant-bras est interdit, sauf pour le gardien de but tant qu'il reste dans sa "surface protégée," la surface de réparation. Un système de pénalités est prévu en cas de violence contre l'adversaire ou de contact avec les mains. Le carton jaune est un premier avertissement; au bout de deux cartons jaunes, c'est le carton rouge, qui signifie l'expulsion du joueur. Chaque équipe peut faire intervenir deux remplaçants par rencontre au maximum, mais il est interdit de faire remplacer un joueur expulsé.

Incroyable mais vrai

Soccer truly is an international sport. It is played on soccer fields, in the streets, in remote villages, and in huge stadiums alike. A whopping 193 national associations are members of the International Federation of Football Associations (FIFA), which is more than the United Nations has member countries! A quarter of a billion men and women play soccer worldwide, and this only takes into account licensed players!

The World Cup Story: If You Build It, They Will—Win!

Since 1986, France had been systematically eliminated during the very first round of each World Cup. So, France decided to host the 1998 edition which, as malicious gossip had it, guaranteed them a place in the competition since the host country is spared the preliminary rounds.

La Coupe du monde de football, créée en 1928, célèbre ce sport tous les quatre ans. En 1998, 172 pays ont participé à la Coupe du monde qui avait lieu en France. Le stade de France, à Saint-Denis, en région parisienne, a été construit spécialement pour abriter une partie des rencontres de ce mondial.

La France a gagné, le 12 juillet 1998, le match contre le Brésil, détenteur du titre. Pour la première fois de l'histoire de ce sport, l'équipe française était arrivée en finale et avait réussi à atteindre le but

Sound Advice

Remember that no liaison or élision can be made with the numeral adjective *onze* (or the ordinal *onzième*) even though it begins with a vowel:

une équipe **de** onze joueurs: "de" and not "d'"

les onze joueurs: no liaison between les and onze

le onzième joueur: "le" and not "l'"

ultime! L'équipe conduite par Zinedine Zidane a donné un véritable feu d'artifice, éclipsant le Brésil, grand nom du football s'il en est, sur le score sans appel de trois buts à zéro.

Les joueurs de l'équipe de France ont, du jour au lendemain, atteint avec cette victoire un statut mythique et sont devenus de véritables héros nationaux. Zinedine Zidane, auteur de deux des trois buts de la victoire, a même été décoré de la Légion d'honneur!

Je vous ai compris! 1

Write a fifteen- to twenty-line paragraph to describe the rules of the team sport of your choice, as shown in the preceding section, "Football, French-Style."

Cycling

Cycling became popular with the first paid vacations in the 1930s. It is still "la petite reine" to the French.

Cycling	
le vélo	bike
la selle	saddle
le guidon	handlebar
le peloton	group
la petite reine	queenie
enfourcher	to ride
le vélo tout terrain (VTT)	mountain bike
une course	race
une course contre la montre	race against the clock
une étape	leg (of a race)

À bicyclette

Le week-end, on remarque sur les routes de campagne les couleurs vives des maillots des "coureurs du dimanche," en peloton ou en solitaire, qui enfourchent leur vélo et font des parcours à l'extérieur des villes, des randonnées à bicyclette ou des courses contre la montre.

Plusieurs chansons françaises célèbrent ce moyen de transport. La plus connue est sans doute "La bicyclette" d'Yves Montand. Pour en lire les paroles, allez au: baobab.math.umn.edu/~foursov/chansons/montand/bicyclette.html. Pour en écouter un extrait, rendez-vous sur le site suivant: www.cdnow.com/cgi-bin/mserver/ SID=1462283077/pagename=/share/ensotrack2.html/UPC=4228247842/disc=01/ track=01/source=ENSO/ra.ram.

Incroyable mais vrai

France's most titled cyclist is a woman. Jeannie Longo, now in her forties, is the most famous and the most titled athlete in women's cycling: eleven-time world champion, Olympic champion in Atlanta, she has been on a world or Olympic podium a total of twenty-five times as of 1998!

The Tour de France

Cette compétition sportive a été lancée en 1903 par Henri Desgranges, directeur du journal, *l'Auto*. C'est la plus grande compétition du cyclisme mondial. Pendant trois semaines au mois de juillet, environ 200 coureurs pédalent sur les routes de France. Au cours des années, les étapes se sont multipliées, passant de 6 à 24. Les cyclistes font entre 200 et 300 kilomètres chaque jour. Le départ peut se faire à l'étranger, Europe oblige, mais le Tour de France se termine toujours par l'arrivée des coureurs sur les Champs Élysées.

Le Tour de France attire de nombreux spectateurs. Ils s'installent le long des routes pour acclamer leur coureur préféré ou plus simplement ils suivent l'étape du jour devant leur petit écran, ou maintenant sur Internet!

Sound Advice

Cyclisme, cycliste, bicyclette: "y" is pronounced *ee* as in "meet."

Les gagnants sont identifiés par le maillot qu'ils portent. Le maillot jaune (couleur du journal l'Auto, qui organisait le Tour jusqu'en 1939) récompense le cycliste le plus rapide, le maillot blanc à pois rouge récompense le meilleur cycliste en montagne et le maillot vert récompense celui qui a le plus de points.

Incroyable mais vrai

Macho, macho man ... The terms *maillot jaune* and *maillot vert* are trademarks of the Tour de France which is a men-only bicycle race. So when women wanted to start their own bicycle race, the men went to court to preserve their macho icons—and won! As a consequence the leader in the women's "Tour de France" does not wear a *maillot jaune* but a *maillot or*. Likewise, there is no *maillot vert* but a *maillot émeraude*.

Agreement of Past Participles: The Case of Pronominal Verbs

Pronominal verbs are always conjugated in compound tense with *être*. But when it comes to agreement of the past participle, they are rather special. Because they combine the use of *être* with a reflexive pronoun that can be the direct object of the verb, they follow a hybrid agreement rule combining elements of the rule with *être* and the rule with *avoir*.

Attention!

The rule we give here is a simplification. While it is not completely grammatically accurate, it is pedagogically sound—and very effective. For all the details and refinements of the agreement of pronominal verbs, complete with all subcategories and exceptions, we'll see you in *The Complete Idiot's Guide to Learning Advanced French!*

➤ The past participle will agree with the direct object of the pronominal verb, as represented by the reflexive pronoun (which refers to the subject as well).

> **la popularité** ne s'est jamais démenti**e**
>
> les **étapes se** sont multipli**ées**

➤ If there is no direct object or if the direct object is placed after the pronominal verb then the past participle of the verb stays invariable.

> nous **nous** sommes parlé (parler **à**, no direct object)
>
> la cycliste s'est cassé **la jambe** (direct object, after the verb)

Pétanque

This is one of the very few sports where Pastis is required equipment! Every village in Southeastern France and throughout Provence has its "terrain de boules," conveniently shadowed by century-old plane trees, complete with benches, and within shouting distance of a café. Archeologists found boules dating back to 5200 B.C.E. in the sarcophagus of a young Egyptian boy!

Although it is a fairly low-tech game, it has lots of dedicated Web sites. The best of them is undoubtedly www.laboulebleue.com/.

Boules	
le poids	weight
pointer	to place
tirer, lancer	to throw
éloigner	to move away
l'adresse (f.)	skill
gagner/perdre/reprendre un point	to win/lose/regain
une mène, une manche	a set
un pas	a step
une récompense	a reward

Boules *Rules*

With 480,000 members (65,000 women and 80,000 young people under 20), boules are the fourth national sport. Every year, 12 million French people play boules, at every level of the game; out of these, two million play on a regular basis.

On joue avec des boules métalliques d'un diamètre compris entre 705 et 800 mm et d'un poids allant de 650 grammes à 800. Il ne faut pas oublier le but, appelé aussi "cochonnet" ou "bouchon," petite boule en bois, d'un diamètre variant de 25 à 35mm. L'objectif du jeu est très simple: vous devez lancer depuis un cercle tracé au sol une boule le plus près possible du bouchon (le "but").

Chaque joueur a le choix entre "pointer" (placer sa propre boule encore plus près du but que celle de l'adversaire) et "tirer"(déplacer la boule adverse avec la sienne afin de l'éloigner du but). Lorsque chaque équipe a lancé sa première boule, celle qui n'a pas le point joue une de ses boules (ou plusieurs, cela dépend de son adresse!) pour tenter de le reprendre. Quand toutes les boules ont été lancées, on compte les points: c'est la fin de la "mène" ou manche. Chaque boule d'une même équipe compte alors pour un point, si aucune boule de l'équipe adverse n'est plus près du but. Les parties se jouent en 13 points.

Pétanque vs. Jeu Provençal

Pétanque derived from Jeu provençal and was invented in 1907 in the coastal city of La Ciotat, between Toulon and Marseille.

Incroyable mais vrai

The people of La Ciotat invented pétanque in order to allow one of their fellow citizens, who was paralyzed from the waist down, to join in their boules games. Since all the standing and running involved in Jeu Provençal was not an option, they decided to play from within a circle, with both feet together *pes tanques* in Provençal, which quickly became "pétanque," while their paralyzed friend would play sitting in his chair. The throwing distance was brought down to accommodate the new position. The first pétanque competition, organized by Ernest Petiot, took place in 1910 on the very same spot where the game was invented.

➤ **Pétanque.** Les joueurs lancent les boules de l'intérieur du cercle. Il est interdit de sortir les pieds du cercle. Il faut lancer le but entre 6 et 10 mètres de distance du cercle.

➤ **Jeu provençal.** La grande différence avec la pétanque, c'est la longueur du terrain: jusqu'à 24 mètres! Le but, une fois lancé, doit être à une distance du cercle comprise entre 15 et 20 mètres. Pour pointer, il faut obligatoirement faire un pas à l'extérieur du cercle. Pour tirer, le joueur doit effectuer trois pas avant de lancer sa boule.

Fanny Pack

This cherished tradition originated in Savoie, where the proverbial Fanny was a waitress in a boules-friendly café just before World War I.

Fanny, aimable serveuse, se laissait embrasser sur la joue par les clients qui venaient de perdre aux boules sans marquer de point. Mais le jour où le maire du village, qui avait perdu, est venu chercher sa *récompense,* ce n'est pas sa joue qu'elle lui a présenté mais … ses fesses! Le maire, peu impressionné, a alors déposé deux baisers sur le postérieur de la demoiselle! Depuis, dans tous les lieux où on joue aux boules, une place d'honneur est réservée à une Fanny postiche dont les malheureux perdants sont obligés de venir embrasser en public les fesses toujours bien rebondies.

Je vous ai compris! 2

Indicate which characteristic describes which game by checking the corresponding column in the following table (a characteristic may describe both games):

	Pétanque	Jeu provençal
Se joue de l'intérieur d'un cercle.	_____	_____
Le but est lancé entre 6 et 10 mètres.	_____	_____
On joue avec des boules en métal.	_____	_____
Chaque boule d'une même équipe compte pour un point.	_____	_____
Pour tirer il faut faire 3 pas.	_____	_____
Pour jouer il faut rester dans le cercle.	_____	_____
Le terrain mesure 24 mètres.	_____	_____
La partie se joue en 13 points.	_____	_____

Correct answers are at the end of the chapter.

Sports by Proxy

Many of the French are "sportifs en pantoufles": The closest things to sports shoes they'll ever wear are slippers. However, they do have a genuine interest in sports. So how can they indulge in sports that cater to their passion without driving them to the verge of exhaustion? Gambling on horses and on athletes is the answer!

Sports by Proxy	
parier	to bet, to gamble
un cheval	horse
une mise	a bet, a stake
un hippodrome	horse track
une casaque	blouse
une course hippique	horse race
un enjeu	stake

Sound Advice

The initial "h" in **h**ippique and **h**ippodrome is silent:

course hippique—enchaînement: coursippique

un hippodrome—liaison: un nippodrome

l'hippodrome—élision: lippodrome

Horsing Around: Le tiercé

The present-day Pari mutuel urbain (PMU) became legal in 1930. Doing it right is a time-consuming process: You have to get to know the horses, their past performances, their riders ("jockeys") and what people are willing to bet on them. Maybe this is why Tiercé is mainly a retiree's pastime!

Le PMU se joue avec une mise de base de 10 Francs. Dans le jeu simple gagnant, votre cheval doit obligatoirement gagner; dans le jeu simple placé il doit terminer dans les 3 premiers. Le couplé suit le même principe pour la même mise, pour deux chevaux. Le tiercé se joue avec une mise de base de 6 F. Pour gagner vous devez avoir les 3 premiers à l'arrivée. Le quarté + se joue avec une mise de base de 8 F. Pour gagner vous devez avoir les 4 premiers à l'arrivée. Enfin, le quinté se joue avec une mise de base de 10 F. Pour gagner vous devez avoir les 5 premiers à l'arrivée.

Trois sites internet donnent tous les détails sur le PMU et les courses de chevaux en France:

www.paristurf.tm.fr/pmu.html

www.lescourses.com/plan.htm

www.turf-fr.com/

Loto sportif

Le Loto sportif, lancé en 1985, avait pour objectif de financer le développement du sport: 30% des enjeux étaient réservés à cet effet. Multisport à l'origine, le Loto sportif a été par la suite recentré uniquement sur le football.

Bookmatch mondial, jeu de pronostics sur le nombre de buts du match du jour pour chaque équipe, fait son apparition en juin 1990, à l'occasion de la coupe du monde de football.

Le Loto foot, créé en 1997, propose deux types de jeux distincts: un pari sur les victoires, défaites ou matches nuls entre les équipes, et un pronostic sur les scores des rencontres. Le jeu porte sur les rencontres du championnat de France, mais une fois par mois il donne la possibilité de parier aussi sur les matches européens.

Je vous ai compris! 3

Indicate if the following statements are true or false by checking the appropriate column. If they are false, give the correct answer.

Vrai	Faux	
_____	_____	Pour le tiercé il faut trouver les trois premiers dans l'ordre d'arrivée.
_____	_____	Pour le couplé placé on doit trouver les deux premiers dans l'ordre d'arrivée.
_____	_____	Le quinté + coûte 10 francs.
_____	_____	Le Loto sportif a été créé en 1990.
_____	_____	À l'origine, le Loto sportif permettait de parier sur plusieurs sports.
_____	_____	Bookmatch est un jeu de pronostic sur le résultat des rencontres de football.
_____	_____	Loto foot a été créé à l'occasion de la Coupe du monde.
_____	_____	Loto foot permet de parier uniquement sur les matches du championnat français.
_____	_____	Loto foot offre deux types de jeu.

Correct answers are at the end of the chapter.

Cerebral Sports

Sport means exercise, but in Descartes' country it is not restricted to physical activities. You can—and should—exercise your brain, too. Fortunately there are a variety of options out there for your enjoyment!

Cerebral Sports	
tirer au sort	to draw randomly
un téléspectateur	TV viewer
le public	audience
un candidat	a contestant
une émission	TV program
un divertissement	entertainment
un jeu de société	board game
disputer une partie	to play a game

Easy as ABC? Des chiffres et des lettres

Initially a television game show, this program spawned myriad board games, hundreds of regional chapters, local as well as national competitions, and even international chapters. It is the longest-running game show in French television history: 35 years and counting!

C'est en 1965 qu'Armand Jammot crée *Le mot le plus long*. Il s'agit de combiner sept lettres (consonnes et voyelles) tirées au sort pour obtenir le mot le plus long possible. Très vite les téléspectateurs prennent l'habitude de jouer en même temps que les candidats.

En 1972, Armand Jammot y ajoute la dimension du calcul mental. Succès immédiat! Avec le temps, d'autres modifications sont apparues: Le tirage compte maintenant neuf lettres et c'est un ordinateur qui fait le choix des chiffres et des lettres.

Pour vous mesurer aux candidats, allez sur le site: cybercl.ctw.cc/cl/tele/012000/fm012000.html qui affiche les tirages de chiffres et de lettres des émissions télévisées (avec les solutions!).

Je vous ai compris! 4

If you had these letters, what French words could you create? Try for the longest possible words!

   E T Y G A G O R U   L U R O N U C E T

How about attaining the following scores from the numbers listed?

   75 6 9 1 5 2 === 977   7 3 8 50 100 3 === 132

Correct answers are at the end of the chapter.

Scrabble

What do Mel Gibson, Sting, and Queen Elizabeth II have in common? They all play Scrabble! This popular board game combines vocabulary knowledge with clever playing strategies in order to outsmart your opponent. No wonder it is a hit in France!

Le Scrabble, né aux États-Unis, a fait son entrée en France en 1951. Depuis, on assiste à une véritable passion pour ce divertissement intellectuel et plus de 40% des français se livrent à ce jeu de société, en famille ou de façon plus structurée en faisant partie d'un club.

Les club de Scrabble sont nombreux en France et les parties qui s'y disputent préparent leurs membres aux championnats: ceux de France et ceux du monde francophone. Ce type de jeux fascine les français en faisant appel à leurs connaissances intellectuelles.

Pour faire une partie avec PC Scrabble online (vous jouez contre l'ordinateur) allez au: www.azursoft.fr/pcs99/estart.htm.

Speak Your Mind: Parlez haut et fort!

Explain in French how to play your favorite sport: game rules, equipment, competition, and so on.

The Least You Need to Know

➤ Soccer is the national sport in France, where it is simply known as *le foot.* France won the 1998 World Cup.

➤ The Tour de France is a national icon; every July hundreds of cyclists challenge the hot weather and their opponents in order to capture the "Maillot jaune."

➤ The past participle of pronominal verbs agrees with the direct object of the verb, as represented by the reflexive pronoun. If there is no direct object or if the direct object is placed after the pronominal verb then the past participle of the verb stays invariable.

➤ *Boules* is France's fourth national sport; it has been traced back to 5200 B.C.E.!

➤ Gambling on sports is perfectly legal in France; you can take your pick among horse racing or soccer matches, and the State will reap the rewards!

➤ The French love intellectual exercise and particularly enjoy a game of Scrabble or a televised competition with the contestants in *des chiffres et des lettres.*

Je vous ai compris! Answers

1. Answers will vary depending on your knowledge of team sport.

2.

	Pétanque	Jeu provençal
Se joue de l'intérieur d'un cercle.	X	
Le but est lancé entre 6 et 10 mètres.	X	
On joue avec des boules en métal.	X	X
Chaque boule d'une même équipe compte pour un point.	X	X

continues

continued

	Pétanque	Jeu provençal
Pour tirer il faut faire 3 pas.		
Pour jouer il faut rester dans le cercle.	X	
Le terrain mesure 24 mètres.		X
La partie se joue en 13 points.	X	X

3. V, V, V, F, V, V, V, F, V

4. Answers will vary. Some possibilities: touareg, gargote, outrage, outragé, routage, royauté, locuteur

Solutions:

$9 + 5 = 14 - 1 = 13 \times 75 = 975 + 2 = 977 \ 7 - 3 = 4 \times 8 = 32 + 100 = 132$

Verb Conjugation

For all the verbs in this appendix, you will find the conjugation tables for the following tense or mood: the present indicative, the imperfect, the future, the present subjunctive, the conditional, and the past participle. Note that all verb forms bearing the same note number are pronounced the same.

The Ten Most Frequently Used French Verbs

These 10 verbs will go a long way because they can be used instead of many other, more complicated verbs. So make sure you know how to conjugate them properly!

	pres. ind.	imperf.	future	pres. sub.	cond.
être					
je/j'	suis	étais[2]	serai[3]	sois[6]	serais[7]
tu	es[1]	étais[2]	seras[4]	sois[6]	serais[7]
il	est[1]	était[2]	sera[4]	soit[6]	serait[7]
nous	sommes	étions	serons[5]	soyons	serions
vous	êtes	étiez	serez[3]	soyez	seriez
ils	sont	étaient[2]	seront[5]	soient[6]	seraient[7]
p.part.: été					
avoir					
j'	ai[1]	avais[3]	aurai[4]	aie[1]	aurais[7]
tu	as[2]	avais[3]	auras[5]	aies[1]	aurais[7]

continues

continued

	pres. ind.	imperf.	future	pres. sub.	cond.
avoir					
il	a[2]	avait[3]	aura[5]	ait[1]	aurait[7]
nous	avons	avions	aurons[6]	ayons	aurions
vous	avez	aviez	aurez[4]	ayez	auriez
ils	ont	avaient[3]	auront[6]	aient[1]	auraient[7]
p.part.: eu					
faire					
je	fais[1]	faisais[2]	ferai[3]	fasse[6]	ferais[7]
tu	fais[1]	faisais[2]	feras[4]	fasses[6]	ferais[7]
il	fait[1]	faisait[2]	fera[4]	fasse[6]	ferait[7]
nous	faisons	faisions	ferons[5]	fassions	ferions
vous	faites	faisiez	ferez[3]	fassiez	feriez
ils	font	faisaient[2]	feront[5]	fassent[6]	feraient[7]
p.part.: fait[1]					
aller					
je/j'	vais	allais[3]	irai[6]	aille[9]	irais[10]
tu	vas[1]	allais[3]	iras[7]	ailles[9]	irais[10]
il	va[1]	allait[3]	ira[7]	aille[9]	irait[10]
nous	allons	allions[4]	irons[8]	allions[4]	irions
vous	allez[2]	alliez[5]	irez[6]	alliez[5]	iriez
ils	vont	allaient[3]	iront[8]	aillent[9]	iraient[10]
p.part.: allé[2]					
venir					
je	viens[1]	venais[3]	viendrai[6]	vienne[2]	viendrais[9]
tu	viens[1]	venais[3]	viendras[7]	viennes[2]	viendrais[9]
il	vient[1]	venait[3]	viendra[7]	vienne[2]	viendrait[9]
nous	venons	venions[4]	viendrons[8]	venions[4]	viendrions
vous	venez	veniez[5]	viendrez[6]	veniez[5]	viendriez
ils	viennent[2]	venaient[3]	viendront[8]	viennent[2]	viendraient[9]
p.part.: venu					

	pres. ind.	imperf.	future	pres. sub.	cond
devoir					
je	dois[1]	devais[3]	devrai[6]	doive[2]	devrais[9]
tu	dois[1]	devais[3]	devras[7]	doives[2]	devrais[9]
il	doit[1]	devait[3]	devra[7]	doive[2]	devrait[9]
nous	devons	devions[4]	devrons[8]	devions[4]	devrions
vous	devez	deviez[5]	devrez[6]	deviez[5]	devriez
ils	doivent[2]	devaient[3]	devront[8]	doivent[2]	devraient[9]
p.part.: dû					
pouvoir					
je	peux[1]	pouvais[2]	pourrai[3]	puisse[6]	pourrais[7]
tu	peux[1]	pouvais[2]	pourras[4]	puisses[6]	pourrais[7]
il	peut[1]	pouvait[2]	pourra[4]	puisse[6]	pourrait[7]
nous	pouvons	pouvions	pourrons[5]	puissions	pourrions
vous	pouvez	pouviez	pourrez[3]	puissiez	pourriez
ils	peuvent	pouvaient[2]	pourront[5]	puissent[6]	pourraient[7]
p.part.: pu					
vouloir					
je	veux[1]	voulais[2]	voudrai[5]	veuille[8]	voudrais[9]
tu	veux[1]	voulais[2]	voudras[6]	veuilles[8]	voudrais[9]
il	veut[1]	voulait[2]	voudra[6]	veuille[8]	voudrait[9]
nous	voulons	voulions[3]	voudrons[7]	voulions[3]	voudrions
vous	voulez	vouliez[4]	voudrez[5]	vouliez[4]	voudriez
ils	veulent	voulaient[2]	voudront[7]	veuillent[8]	voudraient[9]
p.part.: voulu					
prendre					
je	prends[1]	prenais[3]	prendrai[6]	prenne[2]	prendrais[9]
tu	prends[1]	prenais[3]	prendras[7]	prennes[2]	prendrais[9]
il	prends[1]	prenait[3]	prendra[7]	prenne[2]	prendrait[9]
nous	prenons	prenions[4]	prendrons[8]	prenions[4]	prendrions
vous	prenez	preniez[5]	prendrez[6]	preniez[5]	prendriez
ils	prennent[2]	prenaient[3]	prendront[8]	prennent[2]	prendraient[9]
p.part.: pris					

continues

continued

	pres. ind.	imperf.	future	pres. sub.	cond
dire					
je	dis[1]	disais[3]	dirai[6]	dise[2]	dirais[9]
tu	dis[1]	disais[3]	diras[7]	dises[2]	dirais[9]
il	dit[1]	disait[3]	dira[7]	dise[2]	dirait[9]
nous	disons	disions[4]	dirons[8]	disions[4]	dirions
vous	dites	disiez[5]	direz[6]	disiez[5]	diriez
ils	disent[2]	disaient[3]	diront[8]	disent[2]	diraient[9]
p.part.: dit[1]					

First Group: *-er* Verbs

Here are the conjugation tables for regular *-er* verbs listed by importance.

	pres. ind.	imperf.	future	pres. sub	cond.
Aimer					
je	aime[1]	aimais[3]	aimerai[6]	aime[1]	aimerais[9]
tu	aimes[1]	aimais[3]	aimeras[7]	aimes[1]	aimerais[9]
il	aime[1]	aimait	aimera[7]	aime[1]	aimerait[9]
nous	aimons	aimions[4]	aimerons[8]	aimions[4]	aimerions
vous	aimez[2]	aimiez[5]	aimerez[6]	aimiez[5]	aimeriez
ils	aiment[1]	aimaient[3]	aimeront[8]	aiment[1]	aimeraient[9]
p.part.: aimé[2]					
Peser (Verbs ending in –emer, -eper, -erer, -eser, -ever, -evrer)					
je	pèse[1]	pesais[3]	pèserai[6]	pèse[1]	pèserais[9]
tu	pèses[1]	pesais[3]	pèseras[7]	pèses[1]	pèserais[9]
il	pèse[1]	pesait[3]	pèsera[7]	pèse[1]	pèserait[9]
nous	pesons	pesions[4]	pèserons[8]	pesions[4]	pèserions
vous	pesez[2]	pesiez[5]	pèserez[6]	pesiez[5]	pèseriez
ils	pèsent[1]	pesaient[3]	pèseront[8]	pèsent[1]	pèseraient[9]
p.part.: pesé[2]					
Céder (Verbs ending in –é + consonant + -er)					
je	cède[1]	cédais[3]	céderai[6]	cède[1]	céderais[9]
tu	cèdes[1]	cédais[3]	céderas[7]	cèdes[1]	céderais[9]
il	cède[1]	cédait[3]	cédera[7]	cède[1]	céderait[9]

	pres. ind.	imperf.	future	pres. sub	cond.

Céder (Verbs ending in –é + consonant + -er)

	pres. ind.	imperf.	future	pres. sub	cond.
nous	cédons	cédions[4]	céderons[8]	cédions[4]	céderions
vous	cédez[2]	cédiez[5]	céderez[6]	cédiez[5]	céderiez
ils	cèdent[1]	cédaient[3]	céderont[8]	cèdent[1]	céderaient[9]

p.part.: cédé[2]

Jeter (Verbs ending in –eler: appeler and compounds and –eter: jeter and compounds)

	pres. ind.	imperf.	future	pres. sub	cond.
je	jette[1]	jetais[3]	jetterai[6]	jette[1]	jetterais[9]
tu	jettes[1]	jetais[3]	jetteras[7]	jettes[1]	jetterais[9]
il	jette[1]	jetait[3]	jettera[7]	jette[1]	jetterait[9]
nous	jetons	jetions[4]	jetterons[8]	jetions[4]	jetterions
vous	jetez[2]	jetiez[5]	jetterez[6]	jetiez[5]	jetteriez
ils	jettent[1]	jetaient[3]	jetteront[8]	jettent[1]	jetteraient[9]

p.part.: jeté[2]

Modeler (Verbs ending in –eler: démanteler, écarteler, geler, marteler, peler; and in –eter: [acheter and compounds, crocheter, fureter])

	pres. ind.	imperf.	future	pres. sub	cond.
je	modèle[1]	modelais[4]	modèlerai[5]	modèle[1]	modèlerais[8]
tu	modèles[1]	modelais[4]	modèleras[6]	modèles[1]	modèlerais[8]
il	modèle[1]	modelait[4]	modèlera[6]	modèle[1]	modèlerait[8]
nous	modelons	modelions	modèlerons[7]	modelions[2]	modèlerions
vous	modelez	modeliez	modèlerez[5]	modeliez[3]	modèleriez
ils	modèlent[1]	modelaient[4]	modèleront[7]	modèlent[1]	modèleraient[8]

p.part.: modelé[3]

Payer

	pres. ind.	imperf.	future	pres. sub	cond.
je	paie[1]	payais[4]	paierai[7]	paie[1]	paierais[10]
tu	paies[1]	payais[4]	paieras[8]	paies[1]	paierais[10]
il	paie[1]	payait[4]	paiera[8]	paie[1]	paierait[10]
nous	payons[2]	payions[5]	paierons[9]	payions[5]	paierions
vous	payez[3]	payiez[6]	paierez[7]	payiez[6]	paieriez
ils	paient[1]	payaient[4]	paieront[9]	paient[1]	paieraient[10]

p.part.: payé[3]

Broyer (Verbs ending in –oyer [except envoyer and compounds] and -uyer)

	pres. ind.	imperf.	future	pres. sub	cond.
je	broie[1]	broyais[3]	broierai[6]	broie[1]	broierais[9]
tu	broies[1]	broyais[3]	broieras[7]	broies[1]	broierais[9]

continues

continued

	pres. ind.	imperf.	future	pres. sub	cond.
Broyer (Verbs ending in –oyer [except envoyer and compounds] and -uyer)					
il	broie[1]	broyait[3]	broiera[7]	broie[1]	broierait[9]
nous	broyons	broyions[4]	broierons[8]	broyions[4]	broierions
vous	broyez[2]	broyiez[5]	broierez	broyiez[5]	broieriez
ils	broient[1]	broyaient[3]	broieront[8]	broient[1]	broiraient[9]
p.part.: broyé[2]					
Envoyer (renvoyer)					
j'	envoie[1]	envoyais[3]	enverrai[6]	envoie[1]	enverrais[9]
tu	envoies[1]	envoyais[3]	enverras[7]	envoies[1]	enverrais[9]
il	envoie[1]	envoyait[3]	enverra[7]	envoie[1]	enverrait[9]
nous	envoyons	envoyions[4]	enverrons[8]	envoyions[4]	enverrions
vous	envoyez[2]	envoyiez[5]	enverrez[6]	envoyiez[5]	enverriez
ils	envoient[1]	envoyaient[3]	enverront[8]	envoient[1]	enverraient[9]
p.part.: envoyé[2]					

Second Group: *-ir* Verbs

This category contains around 300 verbs.

	pres. ind.	imperf.	future	pres. sub.	cond.
Finir					
je	finis[1]	finissais[3]	finirai[6]	finisse[2]	finirais[9]
tu	finis[1]	finissais[3]	finiras[7]	finisses[2]	finirais[9]
il	finit[1]	finissait[3]	finira[7]	finisse[2]	finirait[9]
nous	finissons	finissions[4]	finirons[8]	finissions[4]	finirions
vous	finissez	finissiez[5]	finirez[6]	finissiez[5]	finiriez
ils	finissent[2]	finissaient[3]	finiront[8]	finissent[2]	finiraient[9]
p.part.: fini[1]					

Third Group: The Other Verbs

These verbs are subdivided in three sections again:

First Section: –ir Verbs Whose Present Participle Is in –ant *and Not* –issant *Like the Second Group*

Tenir (Verbs ending in –enir like tenir and venir and their compounds)

je	tiens[1]	tenais[3]	tiendrai[6]	tienne[2]	tiendrais[9]
tu	tiens[1]	tenais[3]	tiendras[7]	tiennes[2]	tiendrais[9]
il	tient[1]	tenait[3]	tiendra[7]	tienne[2]	tiendrait[9]
nous	tenons	tenions[4]	tiendrons[8]	tenions[4]	tiendrions
vous	tenez	teniez[5]	tiendrez[6]	teniez[5]	tiendriez
ils	tiennent[2]	tenaient[3]	tiendront[8]	tiennent[2]	tiendraient[9]

p.part.: tenu

Sentir (mentir, partir, sortir)

je	sens[1]	sentais[3]	sentirai[6]	sente[9]	sentirais[10]
tu	sens[1]	sentais[3]	sentiras[7]	sentes[9]	sentirais[10]
il	sent[1]	sentait[3]	sentira[7]	sente[9]	sentirait[10]
nous	sentons	sentions[4]	sentirons[8]	sentions[4]	sentirions
vous	sentez	sentiez[5]	sentirez[6]	sentiez[5]	sentiriez
ils	sentent[2]	sentaient[3]	sentiront[8]	sentent[9]	sentiraient[10]

p.part.: senti

Couvrir (Verbs ending in –frir and –vrir like ouvrir, offrir, souffrir)

je	couvre[1]	couvrais[2]	couvrirai[5]	couvre[1]	couvrirais[8]
tu	couvres[1]	couvrais[2]	couvriras[6]	couvres[1]	couvrirais[8]
il	couvre[1]	couvrait[2]	couvrira[6]	couvre[1]	couvrirait[8]
nous	couvrons	couvrions[3]	couvrirons[7]	couvrions[3]	couvririons
vous	couvrez	couvriez[4]	couvrirez[5]	couvriez[4]	couvririez
ils	couvrent[1]	couvraient[2]	couvriront[7]	couvrent[1]	couvriraient[8]

p.part.: couvert

Cueillir (accueillir and recueillir)

je	cueille[1]	cueillais[2]	cueillerai[5]	cueille[1]	cueillerais[8]
tu	cueilles[1]	cueillais[2]	cueilleras[6]	cueilles[1]	cueillerais[8]
il	cueille[1]	cueillait[2]	cueillera[6]	cueille[1]	cueillerait[8]

continues

continued

Cueillir (accueillir and recueillir)

nous	cueillons[3]	cueillions[3]	cueillerons[7]	cueillions[3]	cueillerions
vous	cueillez	cueilliez[4]	cueillerez[5]	cueilliez[4]	cueilleriez
ils	cueillent[1]	cueillaient[2]	cueilleront[7]	cueillent[1]	cueiller-aient[8]

p.part.: cueilli

Dormir (and Compounds)

je	dors[1]	dormais[3]	dormirai[6]	dorme[2]	dormirais[9]
tu	dors[1]	dormais[3]	dormiras[7]	dormes[2]	dormirais[9]
il	dort[1]	dormait[3]	dormira[7]	dorme[2]	dormirait[9]
nous	dormons	dormions[4]	dormirons[8]	dormions[4]	dormirions
vous	dormez	dormiez[5]	dormirez[6]	dormiez[5]	dormiriez
ils	dorment[2]	dormaient[3]	dormiront[8]	dorment[2]	dormir-aient[9]

p.part.: dormi

Courir (and Compounds)

je	cours[1]	courrais[3]	courrai[6]	coure[2]	courrais[9]
tu	cours[1]	courrais[3]	courras[7]	coures[2]	courrais[9]
il	court[1]	courrait[3]	courra[7]	coure[2]	courrait[9]
nous	courrons	courrions[4]	courrons[8]	courions[4]	courrions
vous	courrez	courriez[5]	courrez[6]	couriez[5]	courriez
ils	courent[2]	courraient[3]	courront[8]	courent[2]	courraient[9]

p.part.: couru

Servir (desservir and resservir)

je	sers[1]	servais[3]	servirai[6]	serve[2]	servirais[9]
tu	sers[1]	servais[3]	serviras[7]	serves[2]	servirais[9]
il	sert[1]	servait[3]	servira[7]	serve[2]	servirait[9]
nous	servons	servions[4]	servirons[8]	servions[4]	servirions
vous	servez	serviez[5]	servirez[6]	serviez[5]	serviriez
ils	servent[2]	servaient[3]	serviront[8]	servent[2]	serviraient[9]

p.part.: servi

Second Section: –oir Verbs

	pres. ind.	imperf.	future	pres. sub.	cond.
Recevoir (apercevoir, concevoir, décevoir, percevoir)					
je	reçois[1]	recevais[3]	recevrai[6]	reçoive[2]	recevrais[9]
tu	reçois[1]	recevais[3]	recevras[7]	reçoives[2]	recevrais[9]
il	reçoit[1]	recevait[3]	recevra[7]	reçoive[2]	recevrait[9]
nous	recevons	recevions[4]	recevrons[8]	recevions[4]	recevrions
vous	recevez	receviez[5]	recevrez[6]	receviez[5]	recevriez
ils	reçoivent[2]	recevaient[3]	recevront[8]	reçoivent[2]	recevraient[9]
p.part.: reçu					
Voir (entrevoir, revoir)					
je	vois[1]	voyais[2]	verrai[5]	voie[1]	verrais[8]
tu	vois[1]	voyais[2]	verras[6]	voies[1]	verrais[8]
il	voit[1]	voyait[2]	verra[6]	voit[1]	verrait[8]
nous	voyons	voyions[3]	verrons[7]	voyions[3]	verrions
vous	voyez	voyiez[4]	verrez[5]	voyiez[4]	verriez
ils	voient[1]	voyaient[2]	verront[7]	voient[1]	verraient[8]
p.part.: vu					
Savoir					
je	sais[1]	savais[2]	saurai[3]	sache[6]	saurais[7]
tu	sais[1]	savais[2]	sauras[4]	saches[6]	saurais[7]
il	sait[1]	savait[2]	saura[4]	sache[6]	saurait[7]
nous	savons	savions[3]	saurons[5]	sachions	saurions
vous	savez	saviez[4]	saurez[3]	sachiez	sauriez
ils	savent	savaient[2]	sauront[5]	sachent[6]	sauraient[7]
p.part.: su					
Asseoir (This verb has two forms; they are presented together according to the most common form.)					
j'	assois[1]	asseyais[2]	assiérai[3]	assoie[1]	assiérais[6]
tu	assois[1]	asseyais[2]	assiéras[4]	assois[1]	assiérais[6]
il	assoit[1]	asseyait[2]	assiéra[4]	assoit[1]	assiérait[6]
nous	asseyons	asseyions	assiérons[5]	assoyions	assiérions
vous	asseyez	asseyiez	assiérez[3]	assoyiez	assiériez
ils	assoient[1]	asseyaient[2]	assiéront[5]	assoient[1]	assiéraient[6]
p.part.: assis					

Third Section: -re Verbs

	pres. ind.	imperf.	future	pres. sub.	cond.

Rendre (Verbs Ending in –andre, -endre, -ondre)

	pres. ind.	imperf.	future	pres. sub.	cond.
je	rends[1]	rendais[3]	rendrai[6]	rende[2]	rendrais[9]
tu	rends[1]	rendais[3]	rendras[7]	rendes[2]	rendrais[9]
il	rend[1]	rendait[3]	rendra[7]	rende[2]	rendrait[9]
nous	rendons	rendions[4]	rendrons[8]	rendions[4]	rendrions
vous	rendez	rendiez[5]	rendrez[6]	rendiez[5]	rendriez
ils	rendent[2]	rendaient[3]	rendront[8]	rendent[2]	rendraient[9]

p.part.: rendu

Prendre (and Compounds)

	pres. ind.	imperf.	future	pres. sub.	cond.
je	prends[1]	prenais[3]	prendrai[4]	prenne[2]	prendrais[7]
tu	prends[1]	prenais[3]	prendras[5]	prennes[2]	prendrais[7]
il	prends[1]	prenait[3]	prendra[5]	prenne[2]	prendrait[7]
nous	prenons	prenions[4]	prendrons[6]	prenions[4]	prendrions
vous	prenez	preniez[5]	prendrez[4]	preniez[5]	prendriez
ils	prennent[2]	prenaient[3]	prendront[6]	prennent[2]	prendraient[7]

p.part.: pris

Battre (and Compounds)

	pres. ind.	imperf.	future	pres. sub.	cond.
je	bats[1]	battais[3]	battrai[6]	batte[2]	battrais[9]
tu	bats[1]	battais[3]	battras[7]	battes[2]	battrais[9]
il	bat[1]	battait[3]	battra[7]	batte[2]	battrait[9]
nous	battons	battions[4]	battrons[8]	battions[4]	battrions
vous	battez	battiez[5]	battrez[6]	battiez[5]	battriez
ils	battent[2]	battaient[3]	battront[8]	battent[2]	battraient[9]

p.part.: battu

Mettre (and Compounds)

	pres. ind.	imperf.	future	pres. sub.	cond.
je	mets[1]	mettais[3]	mettrai[6]	mette[2]	mettrais[9]
tu	mets[1]	mettais[3]	mettras[7]	mettes[2]	mettrais[9]
il	met[1]	mettait[3]	mettra[7]	mette[2]	mettrait[9]
nous	mettons	mettions[4]	mettrons[8]	mettions[4]	mettrions
vous	mettez	mettiez[5]	mettrez[6]	mettiez[5]	mettriez
ils	mettent[2]	mettaient[3]	mettront[8]	mettent[2]	mettraient[9]

p.part.: mis

	pres. ind.	imperf.	future	pres. sub.	cond.

Peindre (and Verbs ending in -eindre)

	pres. ind.	imperf.	future	pres. sub.	cond.
je	peins[1]	peignais[3]	peindrai[6]	peigne[2]	peindrais[9]
tu	peins[1]	peignais[3]	peindras[7]	peignes[2]	peindrais[9]
il	peint[1]	peignait[3]	peindra[7]	peigne[2]	peindrait[9]
nous	peignons	peignions[4]	peindrons[8]	peignions[4]	peindrions
vous	peignez	peigniez[5]	peindrez[6]	peigniez[5]	peindriez
ils	peignent[2]	peignaient[3]	peindront[8]	peignent[2]	peindraient[9]

p.part.: peint[1]

Joindre (and Compounds)

	pres. ind.	imperf.	future	pres. sub.	cond.
je	joins[1]	joignais[2]	joindrai[5]	joigne[2]	joindrais[8]
tu	joins[1]	joignais[2]	joindras[6]	joignes[2]	joindrais[8]
il	joint[1]	joignait[2]	joindra[6]	joigne[2]	joindrait[8]
nous	joignons	joignions[3]	joindrons[7]	joignions[3]	joindrions
vous	joignez	joigniez[4]	joindrez[5]	joigniez[4]	joindriez
ils	joignent[2]	joignaient[2]	joindront[7]	joignent[2]	joindraient[8]

p.part.: joint[1]

Craindre (contraindre and plaindre)

	pres. ind.	imperf.	future	pres. sub.	cond.
je	crains[1]	craignais[3]	craindrai[6]	craigne[2]	craindrais[9]
tu	crains[1]	craignais[3]	craindras[7]	craignes[2]	craindrais[9]
il	craint[1]	craignait[3]	craindra[7]	craigne[2]	craindrait[9]
nous	craignons	craignions[4]	craindrons[8]	craignions[4]	craindrions
vous	craignez	craigniez[5]	craindrez[6]	craigniez[5]	craindriez
ils	craignent[2]	craignaient[3]	craindront[8]	craignent[2]	craindraient[9]

p.part.: craint[1]

Plaire (and Compounds and taire)

	pres. ind.	imperf.	future	pres. sub.	cond.
je	plais[1]	plaisais[3]	plairai[6]	plaise[2]	plairais[9]
tu	plais[1]	plaisais[3]	plairas[7]	plaises[2]	plairais[9]
il	plaît[1]	plaisait[3]	plaira[7]	plaise[2]	plairait[9]
nous	plaisons	plaisions[4]	plairons[8]	plaisions[4]	plairions
vous	plaisez	plaisiez[5]	plairez[6]	plaisiez[5]	plairiez
ils	plaisent[2]	plaisaient[3]	plairont[8]	plaisent[2]	plairaient[9]

p.part.: plu

continues

continued

	pres. ind.	imperf.	future	pres. sub.	cond.
Connaître (and Compounds; paraître and Compounds)					
je	connais[1]	connaissais[3]	connaîtrai[6]	connaisse[2]	connaîtrais[9]
tu	connais[1]	connaissais[3]	connaîtras[7]	connaisses[2]	connaîtrais[9]
il	connaît[1]	connaissait[3]	connaîtra[7]	connaisse[2]	connaîtrait[9]
nous	connaissons	connaissions[4]	connaîtrons[8]	connaissions[4]	connaîtrions
vous	connaissez	connaissiez[5]	connaîtrez[6]	connaissiez[5]	connaîtriez
ils	connaissent[2]	connaissaient[3]	connaîtront[8]	connaissent[2]	connaîtraient[9]
p.part.: connu					
Croire					
je	crois[1]	croyais[2]	croirai[5]	croie[1]	croirais[8]
tu	crois[1]	croyais[2]	croiras[6]	croies[1]	croirais[8]
il	croit[1]	croyait[2]	croira[6]	croit[1]	croirait[8]
nous	croyons	croyions[3]	croirons[7]	croyions	croirions
vous	croyez	croyiez[4]	croirez[5]	croyiez	croiriez
ils	croient[1]	croyaient[2]	croiront[7]	croient[1]	croiraient[8]
p.part.: cru					
Boire					
je	bois[1]	buvais[3]	boirai[6]	boive[2]	boirais[9]
tu	bois[1]	buvais[3]	boiras[7]	boives[2]	boirais[9]
il	boit[1]	buvait[3]	boira[7]	boive[2]	boirait
nous	buvons	buvions[4]	boirons[8]	buvions[4]	boirions
vous	buvez	buviez[5]	boirez[6]	buviez[5]	boiriez
ils	boivent[2]	buvaient[3]	boiront[8]	boivent[2]	boiraient[9]
p.part.: bu					
Conclure					
je	conclus[1]	concluais[2]	conclurai[5]	conclue[1]	conclurais[8]
tu	conclus[1]	concluais[2]	concluras[6]	conclues[1]	conclurais[8]
il	conclut[1]	concluait[2]	conclura[6]	conclut[1]	conclurait[8]
nous	concluons	concluions[3]	conclurons[7]	concluions[3]	conclurions
vous	concluez	concluiez[4]	conclurez[5]	concluiez[4]	concluriez
ils	concluent[1]	concluaient[2]	concluront[7]	concluent[1]	concluraient[8]
p.part.: conclu[1]					

	pres. ind.	imperf.	future	pres. sub.	cond.
Suivre (and Compounds)					
je	suis[1]	suivais[3]	suivrai[6]	suive[2]	suivrais[9]
tu	suis[1]	suivais[3]	suivras[7]	suives[2]	suivrais[9]
il	suit[1]	suivait[3]	suivra[7]	suive[2]	suivrait[9]
nous	suivons	suivions[4]	suivrons[8]	suivions[4]	suivrions
vous	suivez	suiviez[5]	suivrez[6]	suiviez[5]	suivriez
ils	suivent[2]	suivaient[3]	suivront[8]	suivent[2]	suivraient[9]
p.part.: suivi					
Vivre (and Compounds)					
je	vis[1]	vivais[3]	vivrai[6]	vive[2]	vivrais[9]
tu	vis[1]	vivais[3]	vivras[7]	vives[2]	vivrais[9]
il	vit[1]	vivait[3]	vivra[7]	vive[2]	vivrait[9]
nous	vivons	vivions[4]	vivrons[8]	vivions[4]	vivrions
vous	vivez	viviez[5]	vivrez[6]	viviez[5]	vivriez
ils	vivent[2]	vivaient[3]	vivront[8]	vivent[2]	vivraient[9]
p.part.: vécu					
Lire (élire, réélire, and relire)					
je	lis[1]	lisais[3]	lirai[6]	lise[2]	lirais[9]
tu	lis[1]	lisais[3]	liras[7]	lises[2]	lirais[9]
il	lit[1]	lisait[3]	lira[7]	lise[2]	lirait[9]
nous	lisons	lisions[4]	lirons[8]	lisions[4]	lirions
vous	lisez	lisiez[5]	lirez[6]	lisiez[5]	liriez
ils	lisent[2]	lisaient[3]	liront[8]	lisent[2]	liraient[9]
p.part.: lu					
Écrire (and Compounds)					
j'	écris[1]	écrivais[3]	écrirai[6]	écrive[2]	écrirais[9]
tu	écris[1]	écrivais[3]	écriras[7]	écrives[2]	écrirais[9]
il	écrit[1]	écrivait[3]	écrira[7]	écrive[2]	écrirait[9]
nous	écrivons	écrivions[4]	écrirons[8]	écrivions[4]	écririons
vous	écrivez	écriviez[5]	écrirez[6]	écriviez[5]	écririez
ils	écrivent[2]	écrivaient[3]	écriront[8]	écrivent[2]	écriraient[9]
p.part.: écrit[1]					

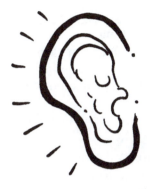

Phonetics

Phonetic Symbols

Spoken French has 16 vowels (12 oral vowels and four nasal vowels), 17 consonants, and three semi-vowels or semi-consonants (remember the old pessimist versus optimist joke?).

The French written alphabet only has six vowels (a, e, i, o, u, y), but the phonetic alphabet has 16 vowel sounds (12 oral and four nasal vowels). These constitute the backbone of spoken French—and the source of many difficulties for foreign speakers. Among the 17 consonants of the phonetic alphabet (the written alphabet has 20) the French "r" is the most commonly reported source of trouble. And only one of the three semi-vowels does not exist in English.

Here are these sounds along with their phonetic symbols and sample words:

Basic Terminology

Essential Phonetic Terms

l'accent	stress	the means used to put emphasis on a particular syllable
l'intonation	pitch	melodic pattern
la syllabe	syllable	a speech utterance that lasts one beat
syllabe ouverte	open	ends in a vowel sound
syllabe fermée	closed	ends in a consonant sound
la voyelle	vowel	continuous sound that forms the core of a French syllable
voyelle orale	oral	air passes through the mouth
voyelle nasale	nasal	air passes through the mouth and nose

continues

continued

Essential Phonetic Terms

la consonne	consonant	noise, stopped sound
consonne sonore	voiced	uttered with a vibration of the vocal chords
consonne sourde	voiceless	uttered without a vibration of the vocal chords
la longueur	length	the duration of a sound/syllable
le rythme	rhythm	the beat
l'enchaînement vocalique	vowel linking	pronouncing two consecutive vowels sounds without pausing
l'enchaînement consonantique	consonant linking	linking two words by pronouncing the last pronounced consonant of the first word as if it were the first sound of the second word
la liaison	liaison	linking two words by pronouncing the last consonant of the first word, which is usually silent, as if it were the first sound of the second word

Les voyelles

/i/ ici, midi, mythe	/y/ tu, puce, bulle	/u/ pour, fou, boule
/e/ été, mes, léger	/ø/ peu, feu, heureux	/o/ beau, mot, chose
/ɛ/ faire, père, belle	/œ/ peur, soeur, seul	/ɔ/ bol, vole, poche
/a/ salle, palace, plage	/ə/ je, petit, le	/ɑ/ pâte, pas, âme
/ɛ̃/ fin, main, plein	/ɑ̃/ quand, gens, semble	/ɔ̃/ bon, son, monde
/œ̃/ un, lundi, parfum		

Les consonnes

/p/ parapluie, pousser, peau	/b/ bien, bébé, bateau
/t/ tisser, attendre, tôt	/d/ danse, dodo, idéal
/k/ qui, cou, kiwi	/g/ gare, gris, goût
/f/ fou, parfait, fille	/v/ vivre, vallée, veuve
/s/ sens, cette, assis	/z/ zéro, désert, bizarre
/ʃ/ chercher, chic, chose	/ʒ/ joli, manger, jouer
/m/ maman, mal, mon	/n/ non, nez, dîner
/ɲ/ montagne, vigne, agneau	/l/ lilas, malle, alto
/R/ rare, partir, gros	

Les semi-consonnes:

/j/ fille, bien, bouteille
/ɥ/ lui, Suède, nuage
/w/ loi, oui, moins

Resources

This appendix lists resources—from the most ancient to the most recent—to help you further explore language, culture, and societal issues presented in this book. It is intended as a launching pad to get you started on your individual journey through the wonderful world of French!

Livres traditionnels traduits de l'anglais

Collection Bibliothèque américaine, Mercure de France

Collection Folio (les grands noms de la littérature anglo-axonne)

Livres et cassettes audio

The Livre qui parle series offers books on audio tapes; they can also be purchased online from www.alapage.com.

Go to www.departments.bucknell.edu/french for the lyrics of a wide selection of French songs.

Films

Few video stores offer movies in French. If you wish to buy French movies, you can do so by using the Web sites listed.

store.cinemazone.com/index.pl/movies/international/

www.reel.com/reel.asp?node=categories/foreign/25best

www.amazon.com/

www.departments.bucknell.edu/french/internet/videos/films.html. This site lists all the French movies available at the Bucknell University library, and for each title it offers a detailed description and links to the Internet Movie Database where you can purchase them.

Médias

Journaux et magazines

litterature-cinema-musique.info-presse.fr/pages/mot_revu/fiches/pg_130.htm lists over 300 French-language magazines listed by topic and accompanied by a short description (including subscription information). Ask your local library or bookstore to find out if any of these titles is available.

You can also check the Web sites of the French newspapers and magazines mentioned in this book (see following "Related Web Sites" section).

You may be able to find the following Canadian titles at your local newsstand:

Le Droit	*L'Actualité*
Le Devoir	*Châtelaine*

Radio

Check your local listings to find out if Radio France International or Radio Canada International is available in your area. (University radio stations often broadcast some parts of these programs at certain times.) Your best bet is probably the Internet, as many radio stations now have live online programming.

Radio France: www.radio-france.fr

RTL: www.rtl.fr

Europe 1: www.europeinfos.com

Radio Canada: www.radio-canada.ca/

Radio Canada International: www.rcinet.ca/pages/rci_prog.asp?langsm=fr

Télévision

Check with your local service provider to see if any of the following French-language channels are available. Or check out their Web sites:

France 2: www.france2.fr

France 3: www.france3.fr

TF1: www.tf1.fr

Radio-Canada: radio-canada.ca/

TFO (télévision française de l'Ontario): www.tfo.org/

Télévision Suisse Romande: www.tsr.ch/

Télévision belge francophone: www.rtbf.be/

Related Web Sites

This section lists Web sites that complement the themes and topics developed in the book.

Chapter 1: What to Eat When ... and How

www.saveurs.sympatico.ca/
Tout et plus sur l'alimentation

www.laprovence.com/noel.html
Un site sur la fête de Noël et les traditions provençales

mistral.culture.fr/culture/noel/franc/noel.htm
Un site sur les traditions de Noël en France et au Canada

Chapter 2: Say Cheese!

www.fromages.com/
Un site sur le fromage

myWeb.worldnet.net/festival/cheeses.html

www.france-gourmet.com/fr/cfm/boutique/index.cfm

Chapter 3: The French Spirit(s)

wine.delhaize-le-lion.be/chapters/glossary/fra.htmlla bière
Le répertoire du vocabulaire du vin

www.vins-bordeaux.fr/Francais/Decouverte.html
Un site sur les vins de Bordeaux

www.eaux-de-vie.com/indexf.html
Un site sur les eaux de vie d'Alsace

Chapter 4: Incredible Edibles

escargot.free.fr/
Un site sur les escargots

www.truffe-perigord-noir.com/fr_accueil.asp
Un site sur les truffes

www.anjou.com/colin/
Un site de pâtisserie à la française

Chapter 5: Gastronomic Geography of France

www.gaultmillau.fr/
Le site de Gault et Millau

www.bocuse.fr/default.htm
Le site officiel de Paul Bocuse

www.olive-oil.fr/page_carte.cfm
Un site sur l'huile d'olive

Chapter 6: Savoir-Vivre

recherche-quid.extense.com/bin/x2cgi_view.cgi?query=repas&url=http%3A%2F%
2Fwww.quid.fr%2FWeb%2FUSAGES%2FQ050700.
HTM#marker
Une page sur les bonnes manières

www.alibaba.online.fr/cybercartes/
Un site pour envoyer des cartes

Chapter 7: Truly French Celebrations

www.amba-ottawa.fr/presse/scolaire/fetes.htm
Un site sur les fêtes

www.geocities.com/Paris/Louvre/9647/
Un site sur les saints et fêtes de chaque jour

www.premier-ministre.gouv.fr/HIST/FETNAT.HTM
Un site sur le 14 juillet

Chapter 8: Le Body Language

Le site de Elle www.elle.fr

Chapter 9: Surviving the French Administration

www.caf.fr/formulaires/
Un site sur les prestations sociales

www.laposte.fr/
Le site de la Poste

Chapter 10: Who's Big in French Society?

www.johnny-hallyday.com
Le site de Johnny Halliday

www.laetitia-casta.com/
Le site de Laetitia Casta

www.asterix.tm.fr/
Le site officiel d'Astérix

www.barthez.net/index.htm
Le site de Fabien Barthès

Chapter 11: A French Taboo: Money Talk

www.banque-france.fr/gb/billets/main.htm
Un site pour admirer les billets français

www.finances.gouv.fr/patrimoine/musee_de_la_monnaie/visite/index-f.htm
Visite virtuelle du musée de la monnaie

www.bnpnet.bnp.fr/
Le site de la banque nationale de Paris et les transactions bancaires en ligne

Chapter 12: Leading Edge Technology

www.geocities.com/CapeCanaveral/Lab/8952/f_index.htm
Le site du Concorde

www.sncf.fr/co/materiel/tgv/index.htm
Le site du TGV

www.eurotunnel.fr/french/frame_e.htm
Le site de l'Eurotunnel

Chapter 13: A Little Luxury

www.champagne.fr/home.htm
Le site officiel du champagne

www.lamodefrancaise.tm.fr/index.htm
Le site de la mode française

www.chanel.com/french/index.htm
Le site de Chanel

www.christofle.com/
Le site de Christofle (Porcelaine, couverts, orfèvrerie, cristallerie …)

Chapter 14: Making Do with What You Have: Le système D

www.club-internet.fr/routard/
Le guide du routard

www.fuaj.fr/f~frame.htm
Le site Web de la FUAJ

www.gites-france-65.com/bin/francais/etapes
Le site des Gîtes de France

Chapter 15: Immigration: Understanding Today's Issues

www.geocities.com/CapitolHill/Congress/1855/
Le site Web de SOS Racisme

accessglobe.com/rock/bands/solaar.html
Un site pour écouter le chanteur MC Solar

www2.ac-nice.fr/radio/musiques/zebda.ram
Un site pour écouter le groupe Zebda

Chapter 16: Knowing Your Right from Your Left

www.elysee.fr/elysee/visite.htm
Le site de l'Élysée

www.premier-ministre.gouv.fr/
Le site du Premier ministre

www.france.diplomatie.fr/france/instit/execut01.html
Le site du ministère des affaires étrangères

Chapter 17: The State of the Union

www.cftc.fr/
Le site de la CFTC

www.fen.fr
Le site officiel de la Fen

www.cgt.fr
Le site de la CGT

www.lesgreves.com/derniereminute.html
Le site des grèves

Chapter 18: Women in French Society

www.aufeminin.com/
Un site sur la femme

recherchequid.extense.com/bin/x2cgi_view.cgi?query=condition+feminine&url=
http%3A%2F%2Fwww.quid.fr%2FWeb%2FFEMMES%2FQ016290.HTM#marker
Une page sur les femmes au gouvernement

Chapter 19: Raising French Kids

www.cg61.fr/ornais_celebres/segur/comtesse.htm
Un site sur la Comtesse de Ségur

www.prenoms.com/
Deux sites sur les prénoms

www.tf1.fr/services/prenoms/index.htm

Chapter 20: The School System

www.education.gouv.fr
Le site du Ministère de l'éducation nationale

www.corrigebac.com/default1.asp
Le site du baccalauréat pour toutes les matières et les séries

www.polytechnique.fr
Le site de Polytechnique

Chapter 21: Thinking French: The Cartesian Mind

www.bnf.fr/
Le site de la Bibliothèque nationale de France

perso.infonie.fr/mper/Frames/present.htm
Le site de Philonet, un cours de philosophie de terminale

socrate.com/liste-p.html
Le site des cafés philos

www.allocine.fr/
Le site du cinéma

www.cannes-fest.com/jury39.html

www.festival-deauville.com
Le site du festival du cinéma américain

Chapter 22: The French Media

www.humanite.presse.fr
Le site de L'Humanité

www.lemonde.fr
Le site du Monde

www.lefigaro.fr
Le site du Figaro

www.liberation.fr
Le site de Libération

www.lexpress.fr
Le site de L'Express

www.nouvelobs.com
Le site du Nouvel Observateur

www.parismatch.com
Le site de Paris-Match

www.elle.fr
Le site d'Elle

www.france2.fr
Le site de France 2

www.france3.fr
Le site de France 3

www.lacinquieme.fr
Le site de La Cinquième

www.tf1.fr
Le site de TF1

www.cplus.fr
Le site de Canal Plus

www.cinecinemas.tm.fr
Le site de Ciné Cinémas

www.planete.tm.fr/
Le site de Planète

www.radio-france.fr
Le site de Radio France

www.rtl.fr
Le site de RTL

www.europeinfos.com
Le site de Europe 1

www.rcinet.ca/pages/rci_prog.asp?langsm=fr
Le site de Radio Canada International

litterature-cinema-musique.info-presse.fr/pages/mot_revu/fiches/pg_130.htm
Ce site présente plus de 300 magazines classés par thèmes

Chapter 23: The Supermarket

www.carrefour.com/fr
Le site de Carrefour

www.galerieslafayette.com
Le site des Galeries Lafayette

www.printemps.fr/index.asp
Le site du Printemps

tati.fr/f_main.html
Le site de Tati

tartarus.math.umn.edu/~foursov/chansons/ferrat/ prisunic.html
Un site pour lire le texte de la chanson de Ferrat

Chapter 24: A French Icon: Le petit commerce

oav.univ-poitiers.fr/le_pain/Pages/Frindex.htm
Un site sur le pain

www.district-parthenay.fr/parthenay/creparth/poupeau/index.htm
Visite d'une boulangerie

www.paris.org/Cafes/
La page des cafés de Paris

www.greencafe.com/paris/index.html
Le site d'un petit café parisien

Chapter 25: Five Weeks Paid Vacation

www.education.gouv.fr/prat/cal.htm
Le site du calendrier scolaire en France

altern.net/paroles/Auto/PierPer/PierPer01.html
Un site pour lire le texte de la chanson de Pierre Perret

pariscope.fr/
Le site de Pariscope (tout pour sortir à Paris)

www.futuroscope.fr/

www.cite-espace.com/

www.rennet.org/tourism/stmichel/mont.htm

www.geocities.com/Hollywood/Boulevard/8913/chateaux. html

Chapter 26: The Sports Scene

www.france98.com/french/index.html
Le site du mondial 98

infos.tf1.fr/actu/infos/aujourdhui/sports/transferts.htm
Un site sur Zinedine Zidane

www.letour.fr/
Le site du Tour de France

www.laboulebleue.com/
Un site sur la pétanque

www.paristurf.tm.fr/pmu.html
Un site sur le PMU et les courses de chevaux en France

cybercl.ctw.cc/cl/tele/012000/fm012000.html
Un site pour jouer aux chiffres et aux lettres

www.azursoft.fr/ffsc/ffsc.htm
Le Site de la Fédération française de Scrabble

Index

M

413

U

V

Y-Z

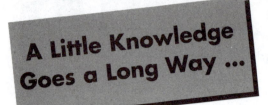

Check Out These
Best-Selling
COMPLETE IDIOT'S GUIDES©

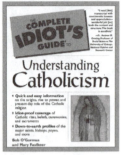

The Complete Idiot's Guide to
Understanding Catholicism

0-02-863639-2
$16.95

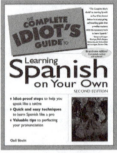

The Complete Idiot's Guide to
Learning Spanish on Your Own
SECOND EDITION

0-02-862743-1
$16.95

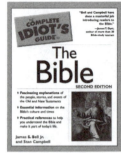

The Complete Idiot's Guide to
The Bible
SECOND EDITION

0-02-864382-8
$18.95

The Complete Idiot's Guide to
Feng Shui
SECOND EDITION

0-02-864339-9
$18.95

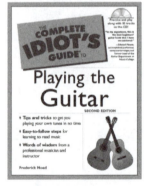

The Complete Idiot's Guide to
Playing the Guitar
SECOND EDITION

0-02-864244-9
$21.95 w/CD-ROM

The Complete Idiot's Guide to
Personal Finance in Your 20s & 30s
SECOND EDITION

0-02-864374-7
$19.95

The Complete Idiot's Guide to
Creating a Web Page
FIFTH EDITION

0-02-864316-X
$24.95 w/CD-ROM

The Complete Idiot's Guide to
Digital Photography
THIRD EDITION

0-02-864453-0
$19.95

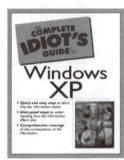

The Complete Idiot's Guide to
Windows XP

0-02-864232-5
$19.95

More than *400 titles* in *26 different categories*
Available at booksellers everywhere

ALPHA